NAZIS
MOVIE
HITLER
KITSCH
GENDAI

ナチス映画論

ヒトラー・キッチュ・現代

渋谷哲也・夏目深雪［編］

森話社

前書き――二一世紀に増殖するナチズム＝渋谷哲也 7

I ETHICS - REPRESENTATION

01 現代の映像環境とナチス映画――ゾンダーコマンドとヒトラーはどこを歩くのか＝夏目深雪 15

02 ホロコースト表象の転換点――『サウルの息子』の触感的《ハプティック》経験をめぐって＝田中 純 49

column フェイク／リアルは相反するのか――『帰ってきたヒトラー』＝森 達也 71

03 キッチュで殺せ――ナチス・映画・小市民＝生井英考 81

column ハイル、タノ！ 我が生徒たちとのファシズム体験＝田野大輔 109

II HITLER - GERMAN STUDIES

04 ナチス時代のドイツ人＝田野大輔 121

05 戦後ドイツにおけるヒトラーの表象――悪魔からコメディアンへ＝高橋秀寿 139

06 ナチスvsニュージャーマンシネマ＝渋谷哲也 163
column 壁の向こうの反ナチ映画――ドイツ民主共和国（東ドイツ）が描いたナチ時代＝渋谷哲也 189

III AFTERMATH - OTHER COUNTRIES - THEATER

07 石鹸と沈黙――イスラエル映画に見る生還者の表象＝四方田犬彦 205
column ジャン＝ピエール・メルヴィルの映画とナチス――「待つこと」をめぐって＝野崎 歓 227
08 アイヒマンの同郷人――ピナ・バウシュとナチズムの影＝鴻 英良 235
column クリストフ・シュリンゲンジーフとヒトラー――欲望と注視の再分配＝古後奈緒子 251

後書き――映画批評は生きているのか＝夏目深雪 261

ナチス映画50 322

〔凡例〕

◆映画作品、書籍、新聞、雑誌は『　』、音楽、美術作品は《　》、論文などは「　」で括った。映画作品については、各章の初出に制作年を付した。

◆引用文中の筆者による補足・注記は〔　〕で括った。

◆日本語文献の引用については、特定の固有名詞をのぞき旧漢字は新漢字に改め、仮名遣い、約物等は概ね原文のままとした。

前書き——二一世紀に増殖するナチズム

まるで雨後の筍の如く、ナチスを題材にした映画が次々と公開されている。ヒトラーの名を冠した映画も後を絶たない。このナチス映画ブームとも呼べる状況がなぜ今になって起こったのだろうか。とはいえいつの時代にもナチスは映画と深く結びついていた。ナチス自体が映画をプロパガンダとして積極的に利用しているのだ。一九三〇–四〇年代にはヒトラー総統を美化し、反ユダヤ主義や総力戦を肯定する映画が生み出された。一方、第二次大戦で敵国となったアメリカでは反ナチのプロパガンダ映画を量産した。そして戦後はこの犯罪的な国家を二度と生まないための反省を込めて、各国で反ファシズム映画が製作された。それだけでなくナチスとヒトラーは娯楽映画にも取り入れられ、コメディ、ホラー、ポルノなど様々なジャンルに素材を提供し続けた。

だが二一世紀におけるナチス映画インフレとも呼べる現象は、それ以前とは違う局面に入ったように思われる。世界各国に排外主義や国粋主義が蔓延する現状を見ると、ファシズムの脅威はもはや歴史の授業の項目ではなくなりつつある。しかもナチス以降も戦争、独裁、大量虐殺は世界のあちこちで起こり続けているが、それらを直接取り上げることは、アクチュアルであるがゆえにデリケートな政治問題を孕む。しかしナチスドイツとホロコーストは歴史的に完結した対象であり（もちろん関係者は生存しているが）、現在では寓話的な題材として扱うことが可能になったといえる。戦後七〇年以上を経て、ナチスを実際に体験した第一世代、彼らを親として直接対峙した第二世代、その対立を見ながら育った第三世代、そしてもはや遠い過去の出来事としてナチ時代を眺める第四世代がいる。こうして歴史が語り継がれるなかで、次第に当事者としての葛藤なくナチスの物語が再生産される時代に入ったのかもしれない。かつてはタブーに触れるような慎重さで取り扱われたヒトラーやホロコーストは、現在の若手作家の映画においては自由に新しい意匠を凝らして語られることになる。まさにナチスの歴史が喜劇も含め何でもありの状態で繰り返される昨今、実はナチズムとの対峙はこれからが正念場なのではないか。すでにパンドラの箱は開いてしまっている、世界中に散らばった禍々しいファシズムの要素が本格的に活動を始める時期が来たような不穏さを感じずにはいられない。

　ところで映画におけるナチスは、当初から風刺やキッチュと結びついていた。チャップリンとヒトラーが表裏一体であることは、映画を超えて極めて重大な意味を持つ。ナチスのどこか芝居がかって滑稽なイメージは、真摯な批判や警戒心をすり抜けて受け手に擦り寄ってくる。スーザン・ソンタグが「ファッシネイティング・ファシズム（魅惑するファシズム）」と評したように、ナチスやファシズムの表象は現在においても魅力的かつ効果的な商品価値を保ち続けている。その意味で映画はナチスに魅了されたメディアといってよい。ナチ時代のプロパガンダ映像が提示した独裁者崇拝、壮大なマスゲーム、ファッショナブルな制服や身振りは、ハリウッドを始めとした世界の娯楽映画にとって引用の宝庫だ。しかもナチスは古代ギリシャの美学、ドイツロマン主義芸術、ニーチェの哲学、神秘主義をも飲み込んでいわゆる高尚な芸術文化とも接点を持っている。だからこそ芸術的な視点でナチスを考察する映画も数多くつくられてきた。このようにナチスの影響力は、ハイカルチャーとマスカルチャー、主流文化とアンダーグラウンドの全てを包括して広がってゆく。

そして問題は時間である。ナチ時代が遠のくにつれ、ナチスに対するタブー意識は次第に薄れてゆく。例えばスピルバーグの『レイダース』（一九八一）では、メジャー映画としては画期的なことに、インディ・ジョーンズの敵役としてナチスはコミック的な悪役となって登場した。またそれに先立つテレビドラマ『ホロコースト』（一九七八）は、ユダヤ人大量虐殺という、おおよそ大衆向けではない題材をメロドラマ的に提示することにより、ヒューマンドラマとしてナチスを描く可能性を広げた。もちろん戦後まもなく出版された『アンネの日記』のように、ホロコーストに翻弄される家族の物語は一つのジャンルとして確立されていたが、こうしたホロコーストの通俗化の延長上に生まれた『シンドラーのリスト』（一九九三）や『ライフ・イズ・ビューティフル』（一九九七）のような感動作は、命を奪われる者の悲劇から生き残った者の幸運へと明らかに視点をシフトさせている。そこにはフランクルやプリーモ・レーヴィのような生き延びることの葛藤や内省はない。ナチスとホロコーストにポジティヴな視点を持ち込んだことが八〇年代以降の大きな転回点を特徴づける。

では二一世紀に登場したナチス映画には、どのような新しさがあるのだろうか。一つはタブーのないポストモダン的遊戯精神がさらに進んだことだろう。ナチ時代を舞台にした作品では、『ワルキューレ』（二〇〇八）のようにヒトラー暗殺計画の経過をリアルに追いかけた再現ドラマが製作される一方で、『イングロリアス・バスターズ』（二〇〇九）のように、地方の映画館でヒトラー暗殺を成功させてしまうという、史実を完全に無視したフィクションの時代劇が成立するようになった。その後『アイアンスカイ』（二〇一二）のように、月面にナチスの基地があったという荒唐無稽なSF設定で、右傾化する現代の政治状況への風刺を盛り込んだ作品も生まれている。もはやナチスは何でもありのゲーム素材としての地位を獲得したかに見えるが、それによって越えてはならない最後の一線が却って明確化されたことも確かだ。

その一線とはつまり、ナチスやヒトラーそのものを肯定してはならないという鉄則ともいえる約束事である。そもそもドイツ連邦共和国ではナチスの称賛や、ナチ式敬礼、鉤十字マークの使用は人権侵害に与することから刑法により禁じられている。また「ホロコースト否定論」に典型的に示されるように、ナチスの犯罪を否認または過小評価しようとする主張も同様に、犠牲者の人権を傷つける行為として激しく批判糾弾がなされている。つまりナチスやホロコーストを語る際、ポリティカル・コレクトネスの基準は現在も揺るがない。

にもかかわらずナチスを描くことが、常に警告とは裏腹に魅力を発揮してしまうこと、それが現在最大の危険なのかもしれない。ヒトラーの『わが闘争』は人種主義的主張ゆえにドイツでは長らく出版禁止されてきたが、そのヒトラーの言葉を大胆に活用した小説『帰ってきたヒトラー』（二〇一二）がドイツで出版・映画化され、世界的に大きな反響を呼んだ。二一世紀社会に甦ったヒトラーが社会の現状に対して嘆息し、人々を鼓舞しようとする物語である。ヒトラーは常に中心人物としてほとんど批判的距離をとることなく描かれる。読者や観客はファシズムの主張に直接対面することを余儀なくされる。この事態はもはやフィクションの枠を超えつつある。現在のドイツにおいてもネオナチ的な排外主義を唱える政党や政治家の声が次第に高まっている。もはやヒトラー的な身振りや言説を滑稽なコメディとして笑い飛ばせる時代ではなくなってきたのだ。

かつてドイツ映画では大衆向け作品でも、当事者の視点でファシズムの病理をわかりやすく解説する映画が作られてきた。全体主義化する集団心理の危険を取り上げる『es〔エス〕』（二〇〇一）や『THE WAVE ウェイヴ』（二〇〇八）といったサスペンス映画が知られているが、その結末では全体主義の暴走は食い止められた。これまでのところ。だが二一世紀に帰ってきたヒトラーの活動は始まったばかりだ。ヒトラー復活は低俗なリアリティーTVのネタではなく、資本主義の行き詰まりと民主主義の危機といった現代社会の急所を露呈させる徴候となる。もはやヒトラーとナチスをキッチュとして安全圏に囲っておくことができなくなった現在、おそらく初めてナチス、ヒトラー、ホロコーストというテーマと冷静かつ真摯に向かい合うことが緊急の課題として浮かび上がるのではないか。その際ヒトラーとナチスを単なる神話的キャラクターとしてではなく、政治・経済・歴史・文化のコンテクストのなかで実証的に読み解いてゆくことが求められるだろう。

そこで映画という切り口からナチス表象を読み直すこと、これが本書を作る最大の動機である。当初から単なるナチス映画アンソロジーにするつもりはなかった。そもそも対象とする映画の数が多すぎるだけでなく、ナチスやホロコーストについてあまりに膨大な研究の蓄積があるため、網羅的な本を目指すのは到底無理がある。むしろ我々にとってなじみのある映画を取っ掛かりに、現在の差し迫った問題に焦点を当て、様々な文化や歴史の専門的論考を交えてナチス表象の問題を立体的に浮き上がらせることを試みている。論考、エッセイ、映画ガイドはそれぞれ現代に生きる人たちにとって思考と行動を促す契機として、読者の皆さんにナチスと歴史・政治・文化の関連性から現在を考えるヒントを見出していただければと願う。

前置きの最後に、筆者が最近の映画においてナチスの取り上げ方がどこかおかしいと考えるきっかけとなったある映画のことを記しておきたい。一見ナチスとは無関係のアメリカのマーヴェル映画『X-MEN：アポカリプス』（二〇一六）である。監督は『ワルキューレ』を手がけたブライアン・シンガーだ。この映画の舞台は一九七〇−八〇年代で、冒頭ではマイケル・ファスベンダー演じるミュータントがポーランドで身を隠して生活している。そこで彼はミュータント狩りに遭い、ポーランド人の妻子を殺されるのだが、絶望した彼は目の前にあった人類虐殺の象徴であるアウシュヴィッツ強制収容所跡地を超能力によって木っ端みじんに粉砕してしまう。この場面を目の当たりにしたときの言葉にできぬ違和感は忘れられない。少なくともメジャー映画においてすら何かタガが外れたものを見てしまったという感覚だった。とはいえこれも表現の自由の範疇に入るかもしれない。映画ではこの破壊的衝動が悪のミュータントの世界征服に利用されてゆくという筋書きであり、別にホロコースト否定論を補強しているわけではないのだが、映画の本筋と関係なく、ホロコーストを記憶し、語り継ぐ歴史的使命を刻んだ現実の場所としてのアウシュビッツをフィクションの力で一気に無にしてしまうという発想の軽さに眩暈を覚えたのだった。ホロコーストの特殊性をあまりに神聖不可侵なものと見なす硬直した態度への若い世代からの批判かもしれない。だが一方で、これほどまでにアウシュヴィッツの道具化をラディカルに実践した場面もなく、これまで映画において何度も問われてきたホロコーストは表象可能なものなのかという問題への痛烈な皮肉の嘲笑すら聞こえてくるのだ。結局のところ映画においては、アウシュビッツであってもただのイメージにすぎない。映画は表象の形式によってしか現実の問題を取り扱えないというジレンマが露になったように思われた。ナチズムに対する倫理的な規範性が地盤から崩れつつある今日、その隙間に再びファシズムが増殖してゆく危険にいかに対峙すべきなのか。今こそ迫る「ファシズムの魅力」に対する水際の抵抗の声を本書から聞き取っていただければ幸いである。

渋谷哲也

I ETHICS - REPRESENTATION

I　ETHICS - REPRESENTATION　01

現代の映像環境とナチス映画

ゾンダーコマンドとヒトラーはどこを歩くのか

夏目深雪　NATSUME Miyuki

『熱狂』とボルタンスキー展が表象しているもの

劇団チョコレートケーキの『熱狂』（二〇一七）を見ながら、私は今までにない感覚に捉われていた。ヒトラー率いるナチス党が政権を取るまでを追ったこの演劇は、西尾友樹演じるヒトラーの弁舌巧みな演説と、それにより人々が熱狂の渦に巻き込まれていくところを描いている［図1］。西尾はまったくヒトラーには似ておらず、そもそも日本人であり、他のキャストも日本人であることが妙な効果をあげているとも言える。日本の現政権である自民党とナチス政権との類似を指摘する文脈はあるが、それをひしひしと実感することとなるからだ。実際に、私自身もハーケンクロイツのついた赤い旗、軍服を着た西尾演じるヒトラーの熱弁、そして何よりも徐々に熱を帯びていく雰囲気に呑まれ、興奮していった。「あの時代に生きていたら、自分だってナチスに抵抗できたかは分からない」というのは言説としては存在するが、それを実際に体感できる機会は数少ないだろう。

だが何よりも、私が驚いたのは「ヒトラーの巻き起こした熱狂、それのみを描く」というシンプルさだ。そこにはヒトラー＝悪というような図式はまったくといって見られない。とはいえ、イスラエルを舞台に、強制収容所を生き抜いた男が主人公である『あの記憶の記録』が同時上演であること、そしてそれを実際に観劇すれば（そしてもちろん常識的に考えて）、ヒトラーを善きものとして描いているわけはない。だが少なくとも『熱狂』のみを観ただけでは、生き生きと魅力的なヒトラーに観客自身が魅せられてしまい、そこに「ヒトラー＝悪」という図式を見出すことは難しい。

図1　劇団チョコレートケーキ『熱狂』（2017、俳優：西尾友樹、撮影：池村隆司）

『クリスチャン・ボルタンスキー　Lifetime』展（二〇一九）を観た時も、同じような感覚を味わった。ボルタンスキーはナチスの占領から解放された一九四四年のパリに生まれた。ユダヤ人の父親は占領時、母親と離婚したと偽装し、床下に隠れ住んでいたという。終戦後両親を訪ねてくる知人たちから聞かされた強制収容所の話がトラウマになったといい、ホロコーストを連想させる作品が有名だ。私は若い時から彼の作品に惹かれ親しんできたが、今回の大規模な回顧展で初めて有名な作品群のいくつかの実物を見ることになった。まず彼の作品の中で一種のアイコンともなった、子供たちの白黒写真が金属のフレームと電球に囲まれ、宗教的な祭壇を思わせる配置で並べられる《モニュメント》シリーズ（一九八五―）［図2］。そして大量の古着を使ったシリーズ（この回顧展では衣服が抜け殻のように吊り下げられた《保存室（カナダ）》（一九八八）が展示された）。

《モニュメント》シリーズは、実際にユダヤ人の子供たちの写真を使ったわけではなく、ユダヤ人との関連は

図2　クリスチャン・ボルタンスキー《モニュメント》（1986, 作家蔵, Photo by Elie Posner © The Israel Museum）

その後の派生作品である《シャス高校》（一九八七）、《プーリム祭》（一九八七―）のシリーズを待たなければならない。《シャス高校》では、一九三一年にウィーンのシャス高校の生徒であったユダヤ人の写真を使い、《プーリム祭》では、パリのイディッシュ語学校で撮影された集合写真を使っている。「プーリム祭」というのはユダヤ人の絶滅の危機を救った王妃エステルを称えるためにおこなわれる祭である。ボルタンスキーが積極的にユダヤ人を作品と絡めるようになったのは、一九八〇年代後半になってからである。ユダヤ系の父親を亡くしてから、自らをユダヤ人と位置づけるようになり、ユダヤ人に関連した本を集めて読むようになったことが作品制作に影響しているという。一九八五年はクロード・ランズマンの『ショア』が公開された年だという時代背景も考慮すべきだろう。

《プーリム祭》《シャス高校》ではよりピントの合わない写真が使われ、電球も《モニュメント》シリーズの温かみのある暖色が複数使われるような形ではなく、一つの写真に一つの白っぽいライトが当たるのみで、瞑想的な雰囲気を醸していた《モニュメント》シリーズに較べ、より不気味さを感じさせるものになっている。その変化を、作品が具体的にユダヤ人と結びついたからと分析することは可能だろう。

だが実際のところ、私の深層意識の中でははなからホロコーストと結びついていたのだが、今回ボルタンスキーの諸作品を目の当たりにして何よりも感じたのは、隠喩としてのホロコーストを示しながらも、イデオロギー的でない作品の大きさと拡がりであった。隠喩としてのホロコーストとはどういうことか。男女を含む無作為に選ばれた（ように見える）子供たちは同面積のフレームで囲われ、精緻なピラミッド型または無機的に並べられる。その無作為と匿名性、写真の配置から醸し出される増殖的な感覚が、アウシュビッツのガス室でおこなわれた大虐殺を想像させる。匿名性のある数の増殖性こそがボルタンスキー＝ホロコーストのイメージの真髄だと思われる。それは大量の古着を使ったシリーズにも引き継がれている。

そして、そこに「ガス室で殺された〇〇」などというネームプレートが入らないことが重要であろう。それでは反ホロコーストのプロパガンダに作品が堕してしまう。写真上の彼ら・彼女らに実際にホロコーストという厄災が降りかかったかどうかは可能性と想像に委ねられる。抽象性に開かれたその場所で、むしろ巨大な悪としてのホロコーストの姿が立ち上がる。「ナチス最大の犯罪は、多くの人を殺したことではなく、百万人の犯罪を産業プロセスに変えたこと」▽1というボルタンスキーの思想がそこに表れているのである。

もう一つボルタンスキー＝ホロコーストのイメージを支えているものは、ロラン・バルト的な不在への欲望であろう。バルトは、写真のノエマを〈それは＝かつて＝あった〉と名づける。

> 絵画や言説における模倣とちがって、「写真」の場合は、事物がかつてそこにあったということを決して否定できない。そこには、現実のものであり過去のものである、という切り離せない二重の指定がある。〔……〕いま私が見ているものは、無限の彼方と主体（撮影者または観客）とのあいだに広がるその場所に、そこに見出された。それはかつてそこにあった、がしかし、ただちに引き離されてしまった。それは絶対に、異論

の余地なく現前していた、がしかし、すでによそに移され相異している。[▽2]

「事物がそこにあった」という揺るぎないリアリズムと不在への欲望というロマンチシズムの両立は、大量の古着を使ったシリーズにも見受けられる。大量に積まれた古着は、それだけで明らかに強制収容所を連想させるのだが、《保存室（カナダ）》のように壁に吊るされた衣服は、その抜け殻のような形から、よりそれを着ていた人へと意識がいく。かように、強制収容所やホロコーストを想起させるイメージが、決して凄惨なものに成り下がらず、巨大な産業化を暗示し、それを産み出した現代社会への考察まで観客の思考を誘う。実はボルタンスキーが直接ホロコーストに言及した作品はそう多いわけではないのだが、回顧展では《モニュメント》シリーズや古着を使ったシリーズなどの有名作品がもつホロコーストのコンテキストが、他の作品にも派生していくようだった。ボルタンスキーこそ、ホロコーストという事象のもつ巨大さと複雑さを表すことができる唯一無二のアーティストではないかという印象を持った。

多くのナチス映画が作られる背景

『熱狂』とボルタンスキーの回顧展、この二つに清新な印象を持ったのは、ここのところナチス映画を観る機会が増えたせいだろう。ヒトラーやナチスドイツを扱った映画は近年明らかに増えている。ドイツ現代史研究者の増田好純によると、それは戦後七〇年が経過してドイツでもようやくヒトラーやナチスが歴史として認識されるようになってきたことが原因だという。

戦後のドイツは、ヒトラーやナチスが犯したユダヤ人大虐殺などの大規模犯罪と向き合うことで国際社会からの信頼を得てきたという経緯があります。その反面、自国でヒトラーやナチスを描くことにはとてもナーバスで、タブー視されてきました。『ヒトラー 最期の12日間』(〇四)は戦後初めてヒトラーを正面から描いたドイツ映画でしたが、政治的な解釈は回避した内容でした。ドイツは戦後ずっとナチ犯罪被害者への補償を続けてきたわけですが、一九九〇年代終わりに持ち上がったナチ政権下における強制労働に対する補償問題は〝最後の大規模なナチ犯罪〟と呼ばれ、紆余曲折しながらも二〇〇一年に基金が設けられ、二〇〇七年に補償金の支払いが終了しています。このことから、ドイツ人の喉元にずっと刺さったままだったナチズムの棘が国際政治的にようやく抜けたという感覚になったようです。それ以降、ヒトラーやナチスを題材にした小説や映画などがナチズムの再評価に関わらない限りで容認される雰囲気ができ、ここ数年で次々と形になってきているように感じます。▽3

増田は、ナチズム全体の〝大きな物語〟を描くよりも、ナチズムという体制を支えた名もなき人々の〝小さな物語〟に焦点を当てた作品が多いという。ヒトラーやナチスドイツ要人の暗殺事件、市井の人々がいかにナチスドイツに抵抗したか、当のユダヤ人たちがどうやってナチス占領下を生き残ったのかなど。

ユダヤ人撲滅という残酷な政策を、なぜ、ドイツは実行するに至ったのか。〝大きな物語〟だけでナチスを悪とし、ブラックボックス化していたら、本質に迫ることができなくなってしまう。[4]

近年のナチス関連作品の傾向は、周辺国へのナチスの影響を描くのがまず一つの潮流として挙げられるだろう。フランスでも限られた人しか知らなかった、一九四二年フランス警察がユダヤ人を自国の屋内競技場に閉じ込めたヴェルディヴ事件をもとにした小説の映画化である『サラの鍵』（二〇一〇）。第二次世界大戦直後のデンマークで、ナチスドイツが埋めた二〇〇万個におよぶ地雷を、異国に置き去りにされたドイツの少年兵たちが撤去させられた事実をもとに映画化した『ヒトラーの忘れもの』（二〇一五）［図3］。前者はフランス当局もユダヤ人迫害に加担した事実をはっきりと示し、後者はナチスドイツの犠牲になったのがユダヤ人だけではなく、本国ドイツ人でもあったという当然だが見逃されがちな事実を提示している。

図3　マーチン・ピータ・サンフリト『ヒトラーの忘れもの』(2015)

もう一つの潮流として、アイヒマンを始めとしたナチス残党の逮捕劇や裁判を描いた作品が挙げられる。アイヒマンの逮捕劇である『アイヒマンを追え！　ナチスがもっとも畏れた男』（二〇一五）や、戦後一九五八年の西ドイツで、元親衛隊員が教師やパン屋として市民生活をおこなっているなか、「フランクフルト・アウシュビッツ裁判」でナチスの罪を問うた一人の検事を描いた『顔のないヒトラーたち』（二〇一四）など。

またナチスドイツの事象全体や、それに関わった人々を、社会学・哲学などにより広義な視点から捉えようとした映画もある。アイヒマン裁判がおこなわれた一九六一年に実施された通称「アイヒマン実験」――解答者が答えを間違えるたびに電圧を加算した電気ショックを与えるという実験——を通して、ユダヤ系アメリカ人であるミルグラム博士が、何故ホロコーストが起こったのかを解明しようとする過程を追った『アイヒマンの後継者 ミルグラム博士の恐るべき告発』(二〇一五)。アイヒマン裁判を傍聴し、「凡庸な悪」という有名な発言をするが、それがユダヤ人社会からの激しいバッシングを招いてしまう哲学者ハンナ・アーレントの姿を描いた『ハンナ・アーレント』(二〇一二)。

だが、それらナチス関連映画の多様化と充実ぶりを、現代の映画芸術にとってストレートに前向きなことだと捉えてよいのだろうか。ヒトラーを描くよりヒトラーの周辺にいた忠実な幹部ら、ナチスドイツの残党らを主人公とすること。ドイツ本国より周辺国の罪を問うこと。ナチスドイツに関わったあらゆる階層の人の〝小さな物語〟を拾うこと。確かに「ナチスドイツ」を巨大な敵としてブラックボックス化するような愚は犯していないかもしれない。だが、周辺を描いているというだけで、中心がナチスという巨大な悪であることに変わりはない。例えば『熱狂』のように実際にヒトラーが巻き起こした熱狂の渦に入り込むこと、ボルタンスキーの展示のようにナチスドイツやヒトラーを産み出した現代社会までを抽象的・思索的に捉えることは叶わない。

ナチス映画が多様化しながら増え続けている現在、ナチス映画を観るとはどういうことか、今一度捉え直してみる必要があるのではないか。

ホロコーストと表象不可能性

カタストロフの映像を見せる／見ることの問題点は、ホロコーストを表象する際に常に問題になってきた。スーザン・ソンタグは二〇〇三年に刊行された『他者の苦痛へのまなざし』で、「写真のない戦争はない」という、一九三〇年のエルンスト・ユンガーの言葉を引き、彼がその言葉によって「カメラと弾丸との蔽い隠せぬ同一性を、被写体を「シュート（撮影）する」行為と人間をシュートする（撃つ）行為との同一性を、端的に表現している」と述べる。[▽5]ソンタグはこの著作で、主に戦争写真において他者の無残な姿を無関係なところから見ることについて様々な視点から検討しているが、一九三〇年の時点で既に「戦争写真を撮ること」の原罪についての意識があったことが分かり興味深い。

この著作で目を引くのは、「魅力的な身体が暴力を受けるイメージはすべて、ある程度ポルノ的である」という、「ファシズムの魅力」でレニ・リーフェンシュタールを肴にファシズムとサド・マゾヒズム、そしてポルノグラフィーが結びつく回路を鮮やかに示したソンタグらしい指摘である。だがその指摘は、人間には「ぞっとするものを見たい欲求」があるという一般論に弱められ、明確な帰着点は持たない。

カタストロフの映像＝スペクタクルという批判は一九三〇年時点での戦争写真に対してもあったとしても、やはり映像の世界で決定的になったのはホロコーストを経てからであろう。だがもちろん、戦後すぐにその気運が高まったわけではない。アラン・レネの『夜と霧』が発表されたのが一九五六年。ジャック・リヴェットが、ジッロ・ポンテコルヴォによるナチスの強制収容所を舞台にした映画『ゼロ地帯』(一九六〇)を批判する記事「卑劣さについて」を『カイエ・ドゥ・シネマ』に書いたのは六一年。リヴェットは、この映画で登場人物が電流の通った有刺鉄線にもたれて自殺するショットを移動撮影したことを批判した。

つまり、この男は、この瞬間、前方への移動撮影をする決心をし、最後のフレームのアングルでは正に上方に向けられようとする手をしっかりと捉えるように注意を払いつつ、死体を仰角で捉える。こうした男にはもっとも深い軽蔑しか値しまい。▽6

一九六〇年代初頭とは、フランスではヌーヴェル・ヴァーグの運動が盛り上りはじめていた時期だが、同時に表象不可能性の問題も俎上に載ったのだ。のちに『ベトナムから遠く離れて』(一九六七)や『ヒア&ゼア ここよそ』(一九七六)を撮るジャン=リュック・ゴダールのように、それは第三世界とどう向き合って映画を撮るのかという問題意識と地続きであった。

そして、映画の表象不可能性の問題における楔のような作品であるクロード・ランズマンの『ショア』[図4]がフランスで公開されたのが一九八五年。ホロコーストに関わった人々の「証言」のみで構成されたこの映画は七四年から製作が開始され、完成まで実に一一年もの時間を要した。八〇年代後半のフランスで、『ショア』の公開は映画史だけでなく思想的にも多大なインパクトを与え、ホロコーストに関する様々な議論が起こるきっかけとなった。『ショア』の特異性については九四年の『ル・モンド』に掲載された「ホロコースト、不可能な表象」という、ランズマン自身がスピルバーグの『シンドラーのリスト』(一九九三)を批判したテキストを見る

図4　クロード・ランズマン『ショア』(1985)

のが分かりやすいだろう。

フィクションとは一つの侵犯行為である。表象＝上演にはある禁じられたものが存在すると、私は心底から思っている。『シンドラーのリスト』を見ながら、私はかつてテレビドラマ『ホロコースト』を見て感じたことを思い出した。侵犯することと、あるいは陳腐化することと、ここではそれは同じことなのだ。ハリウッド流のテレビドラマや映画は「陳腐化」し、それによってホロコーストのユニークな性格を廃棄してしまうから、侵犯行為を犯すのである。

『ショアー』の中には、記録映像は一秒たりとも含まれていない。それは私の仕事のやり方、考え方ではないからであり、記録映像なるものが現存しないからでもある。そこで次のような問いが提起される。証言するために新しい形式を発明するのか、それとも再構成するのか、という問いである。私は新しい形式を作り出したと思っている。スピルバーグは再構成するほうを選んだ。ところが再構成するとは、ある仕方で記録映像をでっち上げることである。▽7

このテキストでランズマンは、『シンドラーのリスト』をキッチュなメロドラマだと批判する。その批判は、「アウシュビッツ以後、詩を書くことは野蛮だ」というテオドール・アドルノの名言を引き継いでいるだろう。それより二年ほど前になるが、父親を強制収容所で亡くしたセルジュ・ダネーが、「『カポ』のトラヴェリング」を自身の雑誌『トラフィック』に掲載するのは一九九二年。リヴェットの「卑劣さについて」を引き継いだこのテキストで、ダネーは『カポ』（邦題『ゼロ地帯』）を『愛の嵐』（一九七四）と同じポルノグラフィーと断罪している。

この文章では、カタストロフを映像化する時に、人々の怖いもの見たさの欲望に甘んじ、物語を再構成してでっちあげること。そして、その際に対象を消費する観客の行動、その時に発動される観客の情動が、実際に起きたことをどう表象するかの倫理と天秤にかけられ、批判対象となっている。ホロコーストの表象不可能性は、決してランズマン固有の問題提起であったわけではなく、アドルノら先人の思想を引き継いだものである。だが、それを実際に九時間半の映画として実践されてしまったあとは、ペンペン草も生えない、というのが映画制作に関わるものの実感だろう。

だが、そんな荒地に咲いた花のような映画が登場した。ネメシュ・ラースローの『サウルの息子』（二〇一五）［図5］である。この映画には前日譚がある。ナチスはホロコーストの記録が残ることを恐れていたので、収容所内の映像は極端に少なく、ましてやユダヤ人やゾンダーコマンド（同胞であるユダヤ人などの死体処

図5　ネメシュ・ラースロー『サウルの息子』（2015）

理等に従事する特別部隊）が撮影をすることは不可能に近いと思われていた。だが、二一世紀に入って、一九四四年にビルケナウ収容所のガス室で秘密裡に撮影された四枚の写真が見つかった。『サウルの息子』はこの写真の撮影者と言われるアレックスをモデルとしている。写真は修復され、二〇〇一年一月から三月にかけて、パリで一般公開された。ランズマンはこの写真修復と公開を当然のことながら批判した。これに対し、『イメージ、それでもなお』という著作を二〇〇三年に刊行し、「それでもなお」映像をもとに、これまで表象不可能と見なされてきたものに対し、接近を試みなければならないと主張したのがジョルジュ・ディディ＝ユベルマンである。この写真を巡る議論では激しく対立した二人であったが、『サウルの息子』は、ユベルマンだけでなくランズマンも絶賛している。

それでは『サウルの息子』はいったいどんな映画なのか。それを見る前に、我々を取り巻く映像環境がどのように変化したかを見てみたい。

「個室」の時代とインターネットのヴァーチャル性

テクノロジーは進化し、我々が映像を見る環境は変化した。写真の他に動く画である映像というメディアが誕生した際も、それを見る側の変化を促した。さらに、テレビの誕生と一九六〇年代以降の普及、また二〇〇〇年代以降のインターネットの普及によって、我々が映像を見る環境は劇的に変容しているといっていいだろう。和田伸一郎は『メディアと倫理——画面は慈悲なき世界を救済できるか』で、テレビ、映画、インターネットにそれぞれ一章を割きながら、メディアとそれを取り巻く空間の変化が、人々にどのような変容をもたらしているかを分析した。和田はメディアを現象学的観点からこう述べる。

> メディアは向こうに〈繋がった〉り、向こうから情報を引き出したりする道具である以上に、自分を世界（他者）に晒し出すことなく、気楽なままで世界に関わるための道具として重宝されているのかもしれない。[8]
>
> （傍点引用者）

そもそも電話が発明される前は、人が人と話すには対面するしかなかったわけで、「相手に対していわば暗闇の中から自分を〈現れ〉させる、あるいはその他者の視線へと自らを〈曝す〉という〈存在論的〉、現象学的段階があり、この時すでにその〈現れ〉、〈曝し出し〉には或る種の〈覚悟〉が伴われるのである」[9]。だが、電話が発明され、受話器の前にいることの気楽さに人は安住していった。

テレビ、インターネットと続く通信手段の技術が進歩すればするほど、人々は自分を曝け出す必要がなくなっていった。和田は序論でこう提議し、第一章の「慈悲なきメディアとしてのテレビ」に続ける。

> 重要なのは、画面を通じて気楽に「いま現にあるこの世界」に参加しているという感覚であって、他者が画面の中で苦しんでいたとしてもそれについて考えても仕方ない、それは重要ではない、とでもいうかのように。世界を「前にした」このようなシニカルな態度が定着することに最も貢献した画面ということで言えば、やはりそれはテレビではないだろうか。[10]

和田は美術館、そして映画館の画面に対しては畏敬が払われていたものの、それが「お茶の間」のテレビへと〈撤退〉した時、映像に畏敬が払われなくなり始めたと述べる。そしてお茶の間で忌まわしい事件、残酷な映像が流されることに慣れてしまった結果、道で倒れている人に出くわしても、無視して通り過ぎるような人々が存在するようになってしまったのではないかと締めくくる。

第三章「インターネットではなぜ人はかくも卑劣になれるか」では、以上のような和田の問題意識のもと、インターネットの功罪が分析される。

そして今日さらに、画面が「お茶の間」からインターネット利用者の〈個室〉へと〈撤退〉し始めた時、画面内に罵詈雑言が書き込まれるほどにまで画面は落ちぶれたのである。つまり画面はこの時、「便所の落書き」のようなものにまで成り下がったのである。▽11

例えば電話機のことを考えてみると、家庭の廊下にあったものが子機ができ、個室に持ち込まれるようになった。携帯電話の普及により電話とメールは住居内外関係なく「その個人のみ」に利用されるようになる。またテレビも、その普及により当初「お茶の間」で家族とともに見られていたものが、個室に持ち込まれるようになり、さらにインターネットの普及により「個室」で覗き見られることが前提のパソコンの「画面」がテレビのシェアを奪うような形となった。和田は、電話機やテレビにもある「個室化」の傾向が、何故インターネットの場合問題なのかをこう述べる。

インターネット（パソコン）に独自なもの、つまりその形式とは、見る者を個人化し周囲から孤立された〈個室〉の中で孤独に画面と向い合わせるというところにこそある。〔……〕こうしたところにもたらされるのは、小さな画面を通じて見ている縮小された世界の方が、すぐ隣にいる家族よりも近くなり、また、隣近所よりも遠く離れた向こうで起こっている、画面にフォーマット化された出来事の方が近くなり、この国で起こっていることよりも、遠い国で起こっている、フォーマット化された出来事の方が近くなる、という転倒した状況に他ならない。▽12

和田は、そうした転倒が引き起こした一つの事例として、二〇〇四年に起きたイラク邦人人質事件を挙げる。日本の民間人三人がイラクで武装集団に拘束された際に、決して少なくない日本人たちが、彼らに誹謗中傷の言葉を浴びせたという事象だ。和田はこれを、人々が〈個室〉に引きこもり、「世界で現実と闘う人が醜く、世界から〈撤退〉した〈個室〉から世界を傍観している人間の方が正しいというような状況が生まれ」た結果ではないかと分析する。

インターネットでは、ヴァーチャルな怒りが急速に感染していくという特徴と、後ろめたさを感じずに「誹謗中傷」の振る舞いを気軽に起こすことを可能にさせるという特徴の二つを引き出すことができる。怒りが急速に感染していき、多くの利用者がそれに巻き込まれ自分もまたそれを表現する主体となっていったのではないか、と。▽13

和田はネット空間の一番特徴的なものは、ヴァーチャルと言っていい空間が前提とされているところであると述べる。『メディアと倫理』は二〇〇六年刊行の書籍だが、帯の「画面メディアは世界からの存在論的「退きこもり」を現実化する」という文言どおり、人々が映像を見る環境が「個室化」され、人々を退きこもらせているという実態を鋭く指摘している。そして、「ヴァーチャルな怒りが急速に感染していく」「後ろめたさを感じずに「誹謗中傷」の振る舞いを気軽に起こすことを可能にさせる」ネット空間の特質は、現代において大きな問題となっているフェイクニュースの問題とも繋がってくるだろう。ＳＮＳの流行は「個室化」した人々が、「自分が見たい情報しか見ず」「自分が信じたいものしか信じない」という由々しき傾向を生み、それが政治の局面――英国のＥＵ離脱（ブレグジット）やトランプ大統領の当選など――に繋がったと言われる。ポスト・トゥルースの時代と言われ、政治の局面にまで影響を及ぼしているということは、同書が刊行された二〇〇六年よりも明らかに悪化している感があるのだが、有効な対策が見出せないまま現在に至っている。快適な生活が、全てコンピューターによって作られた仮想現実であったという『マトリックス』（一九九九）の設定、薬を飲んだらカプセルの中で身動きの取れない自分を発見したという画は衝撃的であったのだが、それはパソコンの覗き窓から「世界と繋がっている」気分だけ味わえる我々の未来のメタファーであったからかもしれない。

科学と効率の隙間に入り込んだ虚構

以上の指摘からも明らかなように、歴史の古い議論である表象不可能性の問題とは異なる、新たな問題が二〇〇〇年代以降浮上しているのが分かるだろう。ランズマンが問題としたのはホロコーストの虚構（フィクション）化である。だが、ヴァーチャルな空間が、我々のすぐ傍に絶えず（スマートフォンのように）存在する現代のような時代に、そもそも史実とフィクションの二項対立が成立するのかということを我々は考えなければいけないのではないか。

そして翻って考えると、ホロコーストが我々に与えた影響ももちろん大きかったのである。木原善彦は著書『ＵＦＯとポストモダン』で、空飛ぶ円盤神話が始まったのが一九四七年であったことに注目する。つまり、第二次世界大戦でホロコーストと原爆投下という未曽有の事件が起きた直後だったのだ。木原はホロコーストについてこう述べる。

絶滅収容所での殺人には銃弾ではなく、毒ガスが用いられました。これも効率が重んじられたからです。ホロコーストとはいわば「死を最終生産物とする工場」であり、過度な合理化が生んだ非人間的状況の極限、「合理性の非合理性」の極致です。〔……〕言うまでもなく、ここに現れている「効率」「大量」「合理化」といった語句は、いずれも近代の中心にあった価値観を示しています。[14]

そして木原は、科学による自然の支配によって、人間が飢饉や自然災害から解放されるとした、ドイツの社会学者ユルゲン・ハーバーマスが「近代のプロジェクト」と呼んだナイーブな楽観が、二度の世界大戦、そしてホロコーストと原爆投下によって打ち砕かれたと指摘する。そこに現れたのが、UFO神話であった。

もちろん、近代のプロジェクトが描く青写真はあったのですが、近代のプロジェクトに対する不信という事態が生じたことで、そこに描かれた未来と現在との間に微妙なひびが入っていました。そのひびから偶然垣間見えたのが天空の光点だったのです。▽15

木原は、大澤真幸が連合赤軍事件が起きるまでを「理想の時代」、オウム真理教事件が起きるまでを「虚構の時代」、それ以降の時代を「不可能性の時代」と名付けたことを紹介し、それがアメリカのUFO神話の変遷と対応しているという。一九七〇年代前半までの「理想の時代」には「空飛ぶ円盤神話」、それ以後から九〇年代半ばまでの「虚構の時代」には「エイリアン神話」、そしてそれ以降の不可能性の時代には「ポストUFO神話」とでも呼ぶべきいくつかの変種の出現が見られるという。何故九〇年代半ば以降が「ポストUFO神話」の時代なのか。木原は、二〇〇一年にフォックステレビで放映された『陰謀の理論――われわれは月に着陸したのか』という、アポロの月面着陸が地球上の映画スタジオで撮影されたでっち上げだったと主張する番組に注目する。この番組の視点は、虚構が限界まで達した後の「現実の虚構化」であり、これこそUFO神話の完全な、倒錯的なハイパーリアル化であると木原は言う。UFO神話が九〇年代半ばに至ってハイパーリアル化した時、もはやＵＦＯという存在は不要になり、別のものが現れる。
ポストＵＦＯ神話に見られる他者とは、普段、人の目に触れない場所で厄介な悪さをする存在、「虫けら」のような存在だ。

私たちを取り囲む電子的環境、生態的環境、メディア的環境の中で、無数の異質なもの《エイリアン》が見つかり始めました。いつまでたっても現れない異星人の時代から、次々に私たちの身近に現れ、いつまでたっても消えない異質なもの《エイリアン》の時代へと切り替わったのです。[16]

それは例えば、ビデオ空間を高速飛行するスカイフィッシュや、電脳空間《サイバースペース》に巣食う千年紀の虫《ミレニアム・バグ》や、生態学的空間にまき散らされた環境ホルモンなどである。そしてそれは、９・11以降、テロリストに形を変えて姿を現したと木原は指摘する。私たちの日常生活のすぐ隣に潜んでいるテロリストという新たな都市伝説が、９・11以後浮上し、例えばアメリカのアフガニスタンへの攻撃はその肥大化したテロリスト神話によるものだと考えることができると述べるのである。そして木原は、九〇年代以降の時代を「諸現実の時代」と名付ける。

以前なら、一般的に前提される、ある一つの「現実」に対して複数の「個人的価値観」が存在していましたが、現在はそれとは逆に、「個人的価値観」に基づいて各人が自分の好きな「現実」を選び取っていると言えるかもしれません。[17]

日本でオウム真理教事件が起きた一九九五年は、木原がＵＦＯ神話（エイリアン神話）の終わりの年と見ている年だ。木原は、一九九〇年代半ば以降に公開されたメジャーな映画に『インデペンデンス・デイ』（一九九六）、『陰謀のセオリー』（一九九七）、『Ｘファイル　ザ・ムービー』（一九九八）など、陰謀が大きな要素となっている映画が多いことに注目する。

つまり、観客が主人公の幻想だと思っていた陰謀が実は現実であり、観客が現実だと思っていたものが実は陰謀者が一般人から真実を隠すために描いていた幻想だったという展開です。同じようなパターンはこの一、二年後に相次いで公開される『マトリックス』や『トゥルーマン・ショー』などの映画ではさらに洗練された形で現れます。[18]

『マトリックス』や『トゥルーマン・ショー』（一九九八）の徹底したハイパーリアルという主題は、『陰謀の理論』であからさまになったＵＦＯ神話のハイパーリアル化と通底しているだろう。人々が引きこもり、個室化されたメディア環境で映像を見る状況になっていることは既に見たが、木原の次の指摘はその環境の変化に対応したものでもある。

現代においては、メディアの向こうにある現実、結局は生で体験することの不可能の現実よりも、メディアに記録された「現実」、好きな速度で好きな時間にじっくり眺められる切り取られた「現実」の方が、「現実」として機能しているのです。[19]

『ＵＦＯとポストモダン』は主にアメリカでのＵＦＯ神話の変遷を辿った書物だが、ホロコーストと原爆投下に始まり、終盤９・11の受け止められ方が取り上げられているのを見ても分かる通り、人々がカタストロフをどのように予兆し、受け止めるかについての考察でもあると言える。以下のような指摘は、９・11を体験した我々にとって未だに鮮烈である。

二〇〇一年の９・11テロ事件の衝撃的な映像は、ハイパーリアルなイメージといわゆる「現実」との現在の関係を浮き彫りにした感があります。事件の直後、世界貿易センターに衝突するジャンボ機の映像について「まるで映画のようだ」とする言説が広く見られました。しかし、その真の意味は、ボードリヤールが鋭く指摘しているように、「すごい現実だ。映画だとしか思えない」ということよりも、「すごい映画だ。だってこれは現実なんだから」ということだったのではないでしょうか。現実からバーチャル・フィクションへの変貌ではなく、バーチャル・フィクションを超える新たなフィクションの出現。▽20

カタストロフを人々がどのように映像として見るか、または幻視するか。または、個室に引きこもり、それぞれの「現実」に淫し、現実を虚構（フィクション）化したものや、事件など公衆が見るものに関しては虚実入り混じってしまった現代において、カタストロフを描くということはどういうことなのか。現代において、いったいどんな描き方にリアリティがあるものなのか。

『サウルの息子』とＰＯＶ映画、視覚の制限

そこでネメシュ・ラースローの『サウルの息子』である。この映画はアウシュビッツ・ビルケナウの収容所でゾンダーコマンドの仕事に従事するサウルを主人公としている。ランズマンが否定したホロコーストの表象に、真っ向から挑んでいるとも言える。だが、ホロコーストから七五年が経つ現在において、なお注目すべき映画となり、カンヌ国際映画祭のグランプリにまで選ばれたのは、大戦後ずっと議論されてきたカタストロフの表象の問題に対し、監督なりの解決をつけているだけでなく、優れて現代的な映画でもあるからだろう。

まずこの映画で最も特徴的なのは視覚の制限である。『サウルの息子』の画面は、四〇ミリレンズによる被写界深度が浅い映像により、周りにピントが合っていないという、観客にフラストレーションを与えるものだ。さらに、カメラの動きも速く、サウルの表情のない顔を映すか、せかせかと歩くサウルの背中を追いかける。始まってすぐに視覚の制限がされたまま、つまり観客はわけも分からないまま、ガス室でユダヤ人たちが死のシャワーを浴びるシーンとなる。裸の死体らしきものがぼんやりとカメラの端に映り込み、そのままガス室での阿鼻叫喚をサウルが扉の外で聞いているシーンになるが、言いようのない恐怖感を観客に体感させる。

視覚の制限は、『メディアと倫理』で和田が、テレビ的な物事の見せ方に対抗させるために挙げた、いくつかの映画にも見られるものだ。和田は「コロンバイン高校銃乱射事件」を題材にしたガス・ヴァン・サントの『エレファント』(二〇〇三)の冒頭のシーンについてこのように記述する。

この映画の大きな特徴の一つは、主人公が一人で構内の長い廊下を歩いて行く姿を、そのすぐ背後からキャメラが彼あるいは彼女に付いて行きながら撮影する長いショットである。見る者は最初のうちはそのように撮られている生徒が犯人ではないかと疑って見てしまうが、しかし見る者はしだいにそのショットが生徒を疑わしく見ようとする視線ではないことに気づく。〔……〕つまり、テレビ的な人を責めるように見る視線がいわば武装解除されるのであり、その後視線は来るはずの事件の瞬間まで彼らを見守るようにして見るようになる。▽21

ペドロ・コスタがリスボン郊外のスラム街を撮った『ヴァンダの部屋』（二〇〇〇）についても、テレビ的とも言える（情報＝）言語的カテゴリーに依拠すること自体を徹底して拒否すること、そしてテレビならやるであろう、豊かな生活をしている人たちを映し出し、ヴァンダの生活と比較することなどを排除する。つまり「彼らの貧しさを意味づけしてしまうような背景を除去すること」により、彼らの生活だけがそこにあるという映像作品の提示を可能にしていると和田は指摘する。

さらに和田は、犯罪者や貧困者など、世間から排除され白眼視される人々の居場所を作るのが映画の役割でもあると主張する。『サウルの息子』も、その文脈で視覚の制限をしていると見るべきなのだろうか？　現代を生きる我々にとって決して近くはないゾンダーコマンドの生活を体感できるという意味では、そういった解釈も不可能ではないのだが、『エレファント』や『ヴァンダの部屋』が主人公たちに向けるような、透明でかつ暖かいカメラの視点が『サウルの息子』にあるかははなはだ疑問である。

宮台真司は、『サウルの息子』をむしろ森達也の『FAKE』（二〇一六）やキム・ギドクの『殺されたミンジュ』（二〇一六）らと同系列の映画と見る。宮台は『FAKE』は主体（subject）ではなく対象（object）が焦点化されていて、そのことで主体の問題が逆照射されると述べる。つまり、『FAKE』では佐村河内守が「シロ」か「クロ」かの判断を下さない、様々な視点から判断材料を列挙する（というか、むしろ観客を混乱させるような演出と順序で観客に提示する）だけなのだ。

宮台は『殺されたミンジュ』や『サウルの息子』の主人公は、ある種の妄想性障害（パラノイア）と、その起点に位置する心的障害（トラウマ）体験が描かれていると述べる。

『サウル』では、強制収容所で大量虐殺の後始末をする代わりに半年間の延命を得たユダヤ人主人公が、息子がガス送りにされて屍体が放置されたという心的外傷体験（の妄想性障害）を起点に、残りの人生を息子の弔いに当てるという妄想が主人公の全てを支配しました。これらの作品が奇妙なのは、かつての映画であれば、復讐を強く動機づける怒りや、弔いを強く動機づける悲しみを、説得的に描くことに腐心したはずなのに、それらが一切なく、心的外傷体験（の妄想）を起点としてクソ社会を妄想的に生き抜く姿が、肯定的に描かれる点です。加えて奇妙なのは、かつての映画なら、クソ社会がクソたる所以を描き込んだのに、それもないことです。『ミンジュ』は妹の惨殺という一点だけを、『サウル』は屍体の山という一点だけを描き、双方とも文脈や背景や国家組織の在り方を少しも描き出さないのです。▽22

宮台は、これらの映画では、何か原因があって本来は素晴らしいはずの社会がクソになったのではなく、社会は社会というだけで最初からクソなのである、そういう演出が施されていると主張する。

その結果、異常なことに、心的外傷体験（の妄想）を起点とした妄想性障害に覆われた人生がむしろ福音として肯定されるのです。[23]

つまり『サウルの息子』では、クソ社会の描写と、その転倒にリアリティをもたらすために視覚が制限されていると見るべきだろう。「（最初から）クソ社会である社会を、妄想性障害に覆われた人生として生き、それが福音として肯定される」映画、それに視覚の制限というと、私は白石晃士監督の『ある優しき殺人者の記録』（二〇一四）などのフェイクドキュメンタリーを想起する。白石監督はPOV形式のフェイクドキュメンタリーを多く撮っている。[24]

だが、POVや、フェイクドキュメンタリーという形態が重要なのではない。そもそも『サウルの息子』のカメラワークは完全なPOV形式とも、フェイクドキュメンタリーとも言い難い。『サウルの息子』の主人公が、「殺された少年が自分の息子だ」と、『ある優しき殺人者の記録』の主人公が、「二七人を殺せば、目の前で死んだ少女ユンジンが生き返る」という妄想を抱いていることが重要なのである。そして視覚の制限により、その「クソ社会」（『サウルの息子』であれば余命が宣告され、同朋の死体を処理するしかない日常、『ある優しき殺人者』であれば、罪悪感に怯えながら殺人を続ける日常）である描写に臨場感をもたらし、通常であれば正視に堪えないような世界に観客を釘付けにさせ、そしてラストの、本来であれば訪れるべくもない「福音」に説得力を持たせることに成功している。

狂人、フェイクとともに歩くこと

宮台は、二〇〇〇年代に入る少し前、グローバル化の進展による中間層の没落とソーシャルキャピタル（人々が持つ信頼関係や人間関係）の空洞化が明白になった頃から、映画や小説においてフレームのシフトがあったと言う。本来は社会も愛も完全であり得るのに、何かが邪魔をして不完全なものになっているというのが以前のフレームだとしたら、本来は社会も愛も不完全なのに、何かが働いて、社会や愛が可能だと勘違いさせられていると するものが、新たに出てきたフレームである。

そこでは、ベタに可能性を信じて悲劇に見舞われる存在と、不可能性を知りつつあたかも可能性を疑わないかの如く〈なりすます〉存在が登場します。▽25

つまり、我々は既に社会も愛も不完全であることを知っているのに、あたかもそうではないかのようなフレームで描いた映画は、現代的なリアリティを持ち得ないということである。

この「なりすます」存在というのは興味深い指摘である。つまり、ドイツの敗北という結末が分かっている「ナチス／ホロコースト」ものにおいて、主人公が説話的な冒険を生きるのは虚実の間《あわい》でしかあり得ないと、まず言えるのではないだろうか。現時点で最もアクチュアルな「ナチス／ホロコースト」ものの映画といえる『サウルの息子』と『帰ってきたヒトラー』（二〇一五）が、前者は妄想に囚われ、後者は存在論的に「フェイク（偽物）」であることを抱えた者であることは重要であろう。ヒトラーが現代にタイムスリップしたという設定で書かれたベストセラー小説の映画化である『帰ってきたヒトラー』では、主人公ヒトラーは真面目に現代のドイツで「第三帝国」を再度作り上げようとしているのだが、主人公以外の登場人物はみな彼をヒトラーの「フェイク（偽物）」であると見ている［図6］。実は正しいのはヒトラー本人で間違っているのは周りなのだが、その『サウルの息子』とは真逆のズレ（『サウル』ではサウル本人が間違っている）が、サウルを福音に導く結末とまさに対照的な、ゾッとする恐怖を感じさせる結末となる。

図6　デヴィッド・ヴェント『帰ってきたヒトラー』（2015）

そもそも、ヒトラーの表象はドイツではずっとタブーであった。フェイクドキュメンタリー的な小道具（POVや、ファウンド・フッテージという形式）こそまぶしてないものの、ヒトラーが現代に蘇るという設定がフェイクドキュメンタリー的だとも言える。戦後ドイツのトラウマの根源、極悪のイコンであるヒトラーが街でクリーニング店に服を出したり、テレビのバラエティ番組に出演する姿は、「世界貿易センターに衝突するジャンボ機の映像」と同じようなインパクトと既視感がある。つまり、既に虚実が入り混じってしまった我々の生きる社会に匹敵するような映像の強度があるのである。映画では、ヒトラーが街の市民と会話するシーンがあるが、これらは実際に街でドキュメンタリーとして撮られた。襲われる危険を考えてボディガードをつけたが、意外と好意的な人が多かったという。街の人々、そして我々観客から見たらオリヴァー・マスッチ演じるヒトラーこそ「なりすます」者である。こうした何重もの虚実の皮膜がこの映画を噛み応えのあるものにしている。

映画は新しいメディアと言われるがもう一〇〇歳を越えている。戦後七五年経つのに、ホロコーストという未曽有のカタストロフが多く映画化されているのは注目すべき現象である。だが、物語自体は既知のものである。「表象不可能性」という歴史の古い問題もある。そのなかでどんな物語が、どんな映像が人々にリアリティをもって受け入れられ、また人々に新たな気づきをもたらすのだろう。それは、既知の古い物語が我々が生きる現代社会を照射するような映画ではないか。『サウルの息子』はクソ社会で妄想に従って生き、死んでいったサウルに、『帰ってきたヒトラー』では、現代に蘇ったヒトラーに人々がつけ込まれ、呑み込まれていく様に、我々の生きる社会が照らし出される。

視界が制限され、積み上げられた屍体が薄ぼんやりとカメラの隅に映し出され、収容所内のユダヤ人たちの阿鼻叫喚が優れた音響効果で響く『サウルの息子』では、「個室」に引きこもり、自分にとって都合のいい「現実」を見る余白などない。極悪のイコンに目を奪われ、虚実の皮膜が何重にも張り巡らされた『帰ってきたヒトラー』では、すなわち自分のヒトラーへの反応も試されているのである。そこでは既知の物語を他人事として消費し、傍観者として冷笑する暇もない。

映画の死が言われて久しい。確かに、個々の鑑賞者がそれぞれのメディア、そして自分なりの現実を持つようになってしまった現代において、虚構の映像が人々に与える影響、またはそれに浸る動機が弱くなってしまったことは否定できないだろう。だが、流行りのホラーやパニックもののPOV映画のごとく、サウルの後ろに貼りついて、死体を片づけながら収容所を歩き回ることは可能なのである。あるいは古《いにしえ》の極悪のイコンとともに、現代のドイツを歩き回ることも。

　ハイ・テクノロジーな現代でも、「歩く」ことは意外と多い。RPGでもキャラクターは画面上をコツコツと歩くし、グーグルマップのストリートビューでも我々は歩く。我々はサイバー空間を、そして虚実の間《あわい》を歩くのだ。『ブレア・ウィッチ・プロジェクト』（一九九九）以来のPOV映画の量産とヒットは、もちろん安易な二番煎じとも取れるだろう。だが、映画にとって最も重要な視覚を司る、視点（カメラ）が歩くようなその臨場感が、我々の生きる世界のリアリティに合っていたとも言えるのではないか。あるいは『クローバー・フィールド／HAKAISHA』（二〇〇八）［図7］のようなパニックもののPOV映画で、正体不明の怪獣によって9・11の世界貿易センター破壊のパロディとも言える映像が現れること。フェイクドキュメンタリー（現実に見せかけた虚構）の中で現実におきたカタストロフが繰り返される。POV形式によってフェイクドキュメンタリーが息を吹き返したことは、現実だけを映し取ったものも、虚構だけを映し取ったものも、もう満足できない。現実の世界でそうしているように、虚実の間《あわい》を歩きたいという、我々の欲望を現しているようにも思われる。

図7　マット・リーヴス『クローバー・フィールド／HAKAISHA』(2008)

　それらの映画は——例えば和田が称えるような——従来のシネフィリーに賞賛されるタイプの映画ではない。だが、映画の死に与しない秘訣はシネフィリー的な美学に執着しないことなのではないか。『サウルの息子』と『帰ってきたヒトラー』は、練り上げられた脚本や、「映画」でしかない構図、神の視点などを放棄している。物語自体はむしろ稚拙だし、特にＰＯＶ映画に近い『サウルの息子』に、「映画」でしかない構図などほぼない。そこには動物的に、人の視点のごとく動くカメラ視点によるドライブ感、そしてそれが生み出す臨場感のみがある。そして両作とも「神の視点」は封じられ、デウス・エクス・マキナは起きない。だが、我々が狂人やフェイク（偽物）である主人公とともに歩くことが、時を超えて彼らの生きた時代、狂気に満ちた時代に我々を近づかせているのである。

ナチス映画はキッチュ趣味にも開かれ、そちらでも花を咲かせているが、『サウルの息子』と『帰ってきたヒトラー』はキッチュそのものではなく、むしろキッチュと戯れるかのような映画である。何故この二本が現代においてアクチュアルでリアリティがあるかというと、我々が生きる世界が今まで見てきたように、既に十二分にキッチュなのである。古い審美眼にしがみつかなったこの二本の、現代における映像の役割を考えるうえでの重要性は、強調してもしすぎることはないだろう。

ナチス／ホロコースト映画をめぐる冒険は、まだ始まったばかりだ。

▽1　『クリスチャン・ボルタンスキー Lifetime』国立新美術館＋国立国際美術館＋長崎県美術館編、水声社、二〇一九年、三五頁。
▽2　ロラン・バルト『明るい部屋――写真についての覚書』花輪光訳、みすず書房、一九九七年、九三―九四頁。。

▽3 増田好純「ヒトラー&ナチス映画が最近増えているのはなぜ？「欅坂46」も巻き込んだナチズムの危険な魅力」エキサイトニュース、二〇一七年［https://www.excite.co.jp/news/article/Cyzo_201707_46_68/］。

▽4 増田好純「ナチス題材の映画相次ぐ公開 ドイツ現代史研究者が語る見どころ」カナロコ、二〇一九年［https://www.kanaloco.jp/article/entry-148146.html］。

▽5 スーザン・ソンタグ『他者の苦痛へのまなざし』北條文緒訳、みすず書房、二〇〇三年、六五頁。

▽6 セルジュ・ダネー『不屈の精神』梅本洋一訳、フィルムアート社、一九九六年、二二一―二二三頁。

▽7 クロード・ランズマン「ホロコースト、不可能な表象」高橋哲哉訳『『ショアー』の衝撃』鵜飼哲・高橋哲哉編、未來社、一九九五年、一二二頁。

▽8 和田伸一郎『メディアと倫理――画面は慈悲なき世界を救済できるか』ＮＴＴ出版、二〇〇六年、四頁。

▽9 同前、三頁。

▽10 同前、五頁。

▽11 同前。

▽12 同前、一四六頁。

▽13 同前、一五一頁。

▽14 木原善彦『ＵＦＯとポストモダン』平凡社新書、二〇〇六年、三〇頁。

▽15 同前、三二頁。

▽16 同前、一八一頁。

▽17 同前、一八七―一八八頁。

▽18 同前、一四四―一四五頁。

▽19 同前、一六一頁。

▽20 同前、一五九―一六〇頁。

▽21 和田『メディアと倫理』、九三頁。

▽22 宮台真司『正義から享楽へ――映画は近代の幻を暴く』blueprint、二〇一七年、二〇一頁。

▽23 同前、二〇二頁。

▽24 POVとはPoint of view、主観という意味の映画用語であり、人物の目主観も、カメラ主観も含むものである。日本では『ブレア・ウィッチ・プロジェクト』の大ヒット以降、主にこういったフェイクドキュメンタリーの作りをした、ホラー映画やパニック映画の宣伝の際に使われるようになった。一人称視点自体は、古くは『湖中の女』(一九四七)などが存在したことは存在した。だが同じく古くは『人間蒸発』(一九六七)や『食人族』(一九八三)などの、事実ではないが、実際にあったことのドキュメンタリーとして撮った=疑似ドキュメンタリー(モキュメンタリー)と結びついたことにより、一つのジャンルとして確立し、類似作品がたくさん産み出されることとなった。「ファウンド・フッテージもの」と言われる、怪奇現象(『ブレア・ウィッチ・プロジェクト』)や怪物の襲撃(『クローバー・フィールド/HAKAISHA』)により、亡くなった人が撮ったビデオのフッテージをそのまま観客が観ていく体の作品がまず形式の一つとして挙げられる。

▽25 宮台『正義から享楽へ』、一八〇―一八一頁。

I ETHICS - REPRESENTATION 02

ホロコースト表象の転換点

『サウルの息子』の触感的《ハプティック》経験をめぐって

田中 純 TANAKA Jun

迷宮と化す映像空間

二〇一五年のハンガリー映画『サウルの息子』（ネメシュ・ラースロー監督）は、アウシュヴィッツ＝ビルケナウ強制収容所で囚人たちの死体処理および焼却などに従事させられたゾンダーコマンド（特別労務班）の男性、サウル・アウスランダー▽1（Saul Ausländer）を主人公としている。史実にもとづいた設定ながら、サウルは架空の人物であり、映画のプロットもフィクションである。

ゾンダーコマンドは収容所の囚人であり、数ヶ月間働かされたのち、秘密保持のために抹殺された——字幕によるそんな説明が映画本篇に先だって映し出される。黒い画面のまま鳥の囀りが聞こえ始め、やがて緑なす森の、焦点が合わぬ、ぼけた映像へと切り替わる。かすかなうめき声のような物音とともに、樹木の根元で何かが蠢いているように見える。鋭い笛の音。複数の人物らしき姿がこちらに向かって歩いてくる［図1］。木の根のあたりから二つの人影が躍り出てくる。しかし、すべてはいまだぼやけたままだ。映像が鮮明になるのを待つ観客の期待を十分に焦らせたのち、画面中央をまっすぐに歩いてきた男性がカメラのすぐ前に達し、ようやく焦点の合った横顔のクロースアップを見せて静止する［図2］。これが主人公のサウルである。もうひとりのゾンダーコマンドが左手から彼に近づき、ハンガリー語で「始めよう」と声をかける。収容所の支配者であるナチ親衛隊員（SS）の声であろう、ドイツ語の「続けろ！《ヴァイターマッヘン》」という命令の怒号がフレーム外から聞こえる。収容所に到着したばかりらしい人びとの群れがおぼろげに映し出され、判別のつかないさまざまな言語の声が入り交じる。

カメラはサウルの間近にぴったりと貼りつき、彼の前後左右を浮遊しながらその表情を撮影する。被写界深度が極端に浅いため、サウルのまわりの光景はほとんどぼけている。そのため観客はそこで何が起こっているのかの全体像をつかむことができない。画面が四対三のスタンダード・サイズであることも視野を狭め、閉塞感を助長している。サウルとそのごく間近の光景を除く映像の不鮮明さとは対照的に、オフ・スクリーンからの音声はきわめて明瞭に聞こえるのだが、その多くは何の音なのか、言語であればどんな意味なのかがわからない。これについては、撮影時の音声に加え、ハンガリー語やドイツ語、イディッシュ語など、八言語の声が録音され、事後的に組み合わされており、この映画の音声のほぼ八〇パーセントはそうしたポストプロダクションによるという。[▽2] ほとんどの観客にとって完全には理解できないこの言語的音声の環境は、多くはドイツ語の怒号や銃声、犬の吠え声などと相俟って、状況が掴めぬままに脅かされているという切迫感をもたらしている。

図1・2　ネメシュ・ラースロー『サウルの息子』(2015)

　サウルは無言、無表情のまま、人混みのなかを歩く。「止まれ！《シュテーエンブライベン》」というドイツ語による命令が聞こえる。威嚇するように犬たちが吠えている。サウルは仲間たちとともに両腕を拡げて人びとの歩みを止めさせる。だが、すぐにふたたび行進は再開され、得体の知れない機械音や多くは命令だろう人声の騒めきに加え、車の走行音や陽気な音楽など、多種多様な物音に包まれながら、サウルは囚人たちを乗せて到着した列車のかたわらを彼らに付き添って歩き続ける。サウルの着た灰色の服の背にはゾンダーコマンドであることを示す赤い×印が書かれている。途中、擦れ違うドイツ人将校に軀が接触すると、サウルは反射的に帽子を取って無言で下を向く。服を脱いでいる裸の人物たちの集団が一瞬おぼろに見える。サウルは囚人たちが建物のなかへ従順に入ってくるのを待ったのち、その扉を閉め、画面は暗転する。

映画冒頭部におけるワンショットのシークエンスを詳しくたどってみた。この映画の技法的特徴はここにいたるまでにほぼ出そろっている。監督が遵守したドグマのひとつは、主人公であるサウルの視点に止まり、その視力・聴力・存在をけっして超え出ないことであったという。[▽3] カメラはこののち、彼のそばを離れることはほとんどない。それは主人公に対して近接視的ないし触感的《ハプティック》（haptic）な視覚に徹するのである。映像の周辺部は、数少ない例外を除いて、ほぼつねにぼけている。収容所全体をカメラが俯瞰的にとらえることはもちろん、サウルを取り巻く状況を客観的に視野に収めることも禁じられている。それによって観客もまた画面内の出来事に対して距離を確保することができず、サウルとカメラに導かれるまま、迷宮化した視空間を引きずり回されるままとなる。

このように視空間が閉所恐怖症的な印象を覚えさせるほどまでに限定されているのに対して、オフ・スクリーンの音声が明瞭に聞こえるために、音響的空間は眼に見える画面の上下左右にはるかに拡がっているように感じられる。この映画では、雑音もひとの声も、画面の中央からではなく、その外部の定かならぬ場所から聞こえてくる。[▽4] それとは対照的に、画面内における登場人物間の会話は、多くがくぐもっているため、聞き取りにくい。[▽5] すなわち、視覚的な空間と聴覚的な空間の鮮明度は反比例しているのである。画面の中心をなすことの多いサウルの表情はほぼつねに鮮明にとらえられているのだが、ほとんど無言の彼がたまに発する声ははっきりとは聞き取れず、他方、それとは逆に、眼に見えないオフ・スクリーンの存在のほうが音響的には身近に迫ってくる。そこに生じる視覚と聴覚のギャップゆえに、サウルの周辺で起きている出来事は観客にとってよりいっそう把握困難なものとなる。彼の徹底した無表情もまたその印象を強める。

ネメシュはこの作品に先立つ短篇『少しの我慢』*With a Little Patience*（二〇〇七）でも、強制収容所を舞台として、主人公に密着したカメラ・ワークを用いている。だが、その主人公は収容所内のオフィスで働く女性事務員であり、カメラは何かの記録を取る事務作業や親衛隊員の恋人から秘かに手渡されたブローチをこっそり身につけてみる彼女の仕種を延々と観察するばかりだ〔図3〕。『サウルの息子』と同様に被写界深度は浅く、女性のクロースアップが中心をなしている。森のぼけた映像のなかから主人公が手前へ歩いてきて焦点が合う冒頭のシーンは『サウルの息子』と共通している。

図3　ネメシュ・ラースロー『少しの我慢』(2007)

舞台が収容所であることは、映像の終わり近くになり、主人公が窓から眺める屋外で囚人たちが服を脱がされている光景によってはじめて明かされる。その一連のシーンは主人公の主観ショットとなり、すみずみまで鮮明に映し出されている。恋人らしき親衛隊員が画面を横切ったのち、女性は囚人たちの騒めきを遮断するようにガラス窓を閉め、カメラがその閉ざされた窓をしばらくじっと見届けたのちに映画は終わる。すなわち、囚人たちの存在を日常の生活から「閉め出す」身振りこそ、この映画のテーマであることが最後に示されているのである。その女性主人公もサウルと同じくまったく無表情だが、その無表情の意味するところは異なっている。サウルがゾンダーコマンドとしての苛酷な強制労働を続けるなかで「生きながらの死者」となって身につけたものがその無表情だったとすれば、『少しの我慢』の主人公の無表情は、囚人たちをみずからの日常から閉め出して遮断するための鎧なのである。

「黒」からの脱出

『サウルの息子』の映像に戻ろう。サウルたちゾンダーコマンドは囚人たちがガス室の前室で服を脱ぐのに立ち会い、ガス室の扉が閉ざされたのち、その前に並んで待つ。室内の阿鼻叫喚は厚い扉越しにかすかにしか聞こえない。この映画では大量虐殺の情景が直接に描かれることはない――ガス殺のシーンは監督がみずからに課したこのドグマを典型的に表している。その殺戮行為を伝えるのは視覚的イメージではなく、聴覚的な情報のみなのだ。ホロコースト（ショア）の表象不可能性を頑なに主張してきたクロード・ランズマンがこの映画に対しては賞賛を惜しまなかったのは、それがガス室での殺戮を映像化するのではなく、あくまでこうしたゾンダーコマンドの経験に焦点を絞っていたからである。▽6

ガス殺後もしばらく息をしているユダヤ人少年が見つかる［図4］。しかし、親衛隊員の医師はその少年の口と鼻を塞いでただちに息の根を止めてしまう。この場面はきわめて例外的に、全体が鮮明に撮影されている。サウルはこの少年を自分の息子だと考え――それが事実かどうかは映画のなかではほっきりと確認できない――、この「息子」の遺体を解剖や焼却から守り、ユダヤ教に則って埋葬しようとする。仲間から「お前に息子はいない」と言われながら「いる」と断言し、「息子」の遺体を正しく埋葬することをけっしてあきらめないサウルの執念は、おびただしい死体がナチによって「部品《シュトウック》」として扱われる状況下で、唯一無二の個人の死を守ろうとする絶望的な試みとなる。

情報が断片的にしか与えられないにもかかわらず、映画のナラティヴ自体は明快である。サウルは埋葬のため、少年の遺体を盗み出して隠す。彼はさらにユダヤ教の正しい埋葬の儀式をしてもらうために、囚人のなかにラビを必死で探す。ゾンダーコマンドによる叛乱に乗じて、サウルは少年の遺体を収容所の外に運び出すことに成功する。しかし、森でいざ埋葬をおこなおうとしたとき、ラビと称していた男がじつはラビではなかったことが判明し、さらに、追っ手を逃れて渡ろうとした川で、少年の軀は水流に呑み込まれてしまう。サウルをはじめとする逃亡者たちは森のなかの猟師小屋に隠れるが、追っ手はすぐそこに迫っていた。——サウル個人の目的が達成されるかどうかという点のみならず、ゾンダーコマンドによる叛乱準備のプロセスもまた、映画のサスペンスをかき立てる要素となっている。その叛乱の場面のようなアクション・シーンをはじめとして、撮影技法の実験性とテーマの重さにもかかわらず、この作品には娯楽映画的な要素もあると言ってよい。

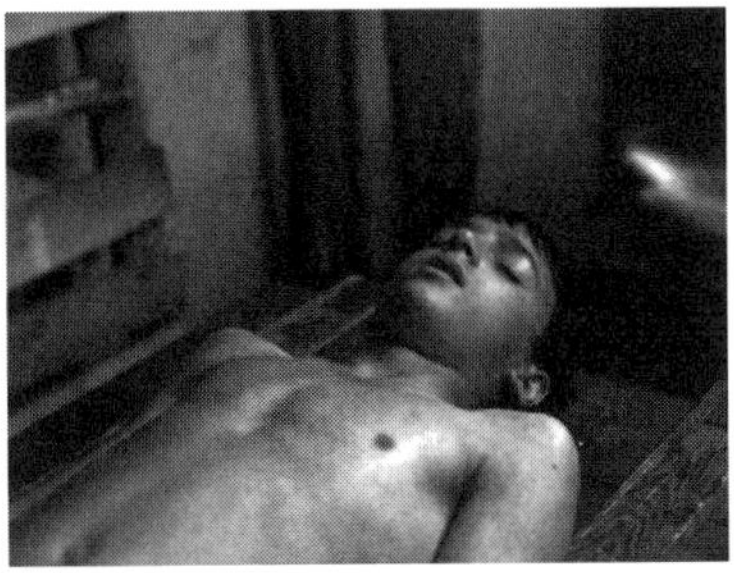
図4 『サウルの息子』(2015)

サウルの物語そのものは虚構だが、ゾンダーコマンドによる叛乱は一九四四年一〇月にビルケナウで実際に起きている。この映画にはまた、ゾンダーコマンドの一員が収容所で撮影した写真に関するエピソードも盛り込まれている。野外での死体焼却の光景を物置の内部から撮影する際にサウルが見張りの役を果たし、親衛隊員に見つかりそうになったカメラを彼がとっさに隠すのである。ネメシュ[7]

監督はゾンダーコマンドが撮影した写真をめぐるジョルジュ・ディディ゠ユベルマンの著書『イメージ、それでもなお』のほか、ゾンダーコマンドたちが書き残して地中に埋めた紙片（「アウシュヴィッツの巻物」と呼ばれる）に関する書物『灰の下からの声（Des voix sous la cendre）』をこの映画を構想するにあたっての参考にしたという。▽8

ゾンダーコマンドが秘かに撮影した写真を取り上げた二〇〇一年の展覧会をきっかけに、ホロコーストの表象可能性をめぐってランズマンやその一派と激しい論戦を繰り広げたディディ゠ユベルマンもまた、『サウルの息子』を熱狂的に讃えた。彼は監督に宛てた公開書簡をしたため、『黒の外へ（Sortir du noir）』と題して刊行している。その冒頭にはこうある――「あなたの映画、『サウルの息子』は怪物です。必要であり、首尾一貫して、有益で、無垢な怪物です」。▽9

この書簡でディディ゠ユベルマンは、強制・絶滅収容所が「ブラックホール」として絶対化・不可視化され、表象不可能なものと見なされてきたことの陥穽を指摘し、アドルノの美学思想を参照して、マレーヴィチの《黒の正方形》からアド・ラインハートの絵画にいたるまで、「黒」や「沈黙」が審美的に絶対化されてきた歴史的経緯――「黒の理念（das Ideal des Schwarzen）」が「ラジカルな芸術（Radikale Kunst）」たる抽象表現の根本的動因であったこと――と関連づけている。『サウルの息子』の独自性は、こうした黒と沈黙の美学から抜け出し、ホロコーストの映像に多様な色彩と異種混淆した音声をもたらしている点にある。その色彩とはたとえば、裸で横たわる死体の肌色であり、サウルの顔の土気色であり、ゾンダーコマンドの背中の×印の赤であり［図5］、死体焼却による煙やその産物としての灰の色であり、それらと著しい対照をなす森の緑である。その多くは不鮮明な映像のなかで融解し溶解し合う。同様に、ハンガリー語をはじめとするさまざまな言語の発話や叫び、息遣い、自然音、人工音、雑音の数々はここで相互浸透し渾然一体となっている。ディディ゠ユベルマンの言う怪物性には、『サウルの息子』における色彩と音声のこうしたキマイラ的な性格が含まれていよう。

ディディ＝ユベルマンはこの映画の映像の不鮮明さのうちに、みずからが詳細に分析した、アウシュヴィッツで撮影されたぼけたりぶれたりしている四枚の写真との類似性を見出している。そのぼけやぶれには撮影者であるゾンダーコマンドの軀の動きが記録されている。この撮影者は見つかれば即刻死を意味した撮影行為を隠すため、身を潜めたり移動したりしながら撮影をおこなわなければならなかった。写真のぼけやぶれこそは、撮影者の置かれていた危機的状況の痕跡なのである。

サウルがおこなおうとしているのはすでに死んでしまった息子を救うことである。ディディ＝ユベルマンは彼をオルペウスに譬える――「オルペウスのように、サウルは死の空間に直面する。オルペウスのように、彼は愛する者を黒の外へ連れ出すために命のすべてを捧げることで夜を開く。しかし、オルペウスのように、彼はその奇跡的な身振りにおいて失敗するだろう」[10]。そこにはハシディズムの説話めいた、あるいはカフカ的な寓話や童話のような性格がうかがえる。たとえばそれはサウルが見つけ出すラビが三人いるという点であり、これは童話にたびたび現れる「三つの願い」のパターンに沿った「三つの失望」を主人公にもたらしている――最初のラビは埋葬を拒否し、二番目のラビは殺され、三番目のラビはじつはラビではなく、ラビを騙っていたことがわかるのである[11]。さらに、サウルの息子の遺体が川に流されてしまう点に、ディディ＝ユベルマンは、赤児のモーゼが川に流されたという、ユダヤ人の歴史の大元をなす物語との関連をも見ている[12]。

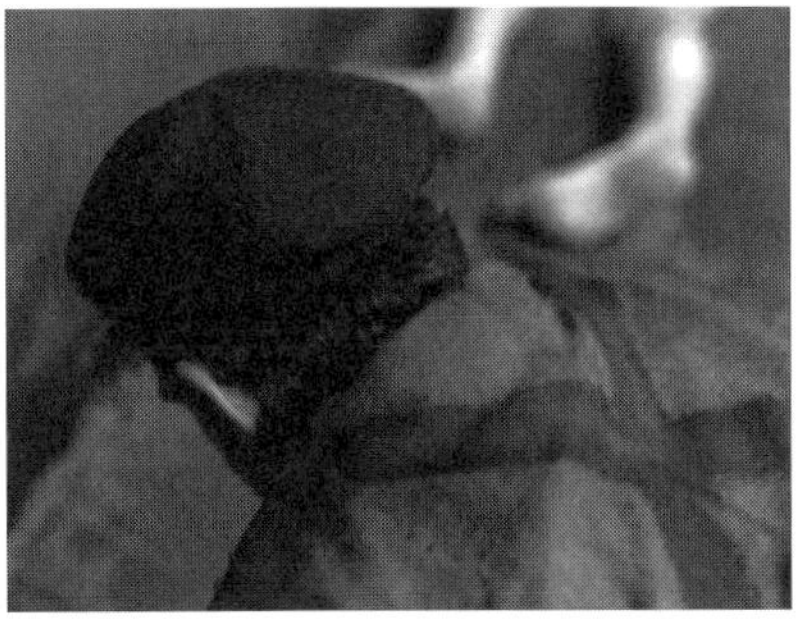

図5　同

こうした幾重にも重層化した説話性ゆえに、ディディ＝ユベルマンは『サウルの息子』を「ドキュメンタリー的物語[13]（conte documentaire）」の映画と呼ぶ。そこで彼が援用するのはベンヤミンの文学論「長篇小説《ロマーン》の危機」および「物語作者」である。『サウルの息子』は、ベンヤミンが長篇小説に代わるあらたな叙事文学の可能性を見ているデーブリーンの『ベルリン・アレクサンダー広場』のように、「現実資料《ドキュメント》のモンタージュ」のうえに成り立っていると同時に、古代以来の物語の伝統を継承している。ベンヤミンは「物語作者」のなかで、死に行くひとが身に帯びる権威こそが物語の源であると述べている。ディディ＝ユベルマンはそのような死に行く者の権威をサウルのうちに認める——なぜなら彼はひたすら死に瀕している存在であるから。そのときにサウルがあらゆる犠牲を顧みずにおこなう行為こそ、死んだ少年を正しく埋葬するというかたちで「息子を創造する」ことにほかならない。ディディ＝ユベルマンはネメシュへの書簡の最後にこう書いている——「サウルのあらゆる権威——したがってそのストーリーやこの映画の権威——は、世界とその残忍さの流れに逆らって、「ひとりの子供が実在している」という事態を生み出すことにある——たとえその子がすでに死んでいても。われわれがこの残虐な歴史の漆黒、歴史に開いたこの「ブラックホール」から抜け出すために[14]」。

「子供の死」というトポス

映画の最後に登場するのもまた、ひとりの少年である。収容所から逃亡したゾンダーコマンドたちは森のなかの小屋に隠れている。その入口の外に近隣の農家の少年が現れる。小屋の入口と正対しているサウルだけが彼に気づく。見るからに無垢な金髪の少年は茫然と立ちすくんでサウルをじっと見つめる［図6］。サウルもまた少年を凝視する。そして、いままでまったくの無表情だったサウルがほほ笑む［図7］。カメラはここでサウルのもとを離れ、少年に近づき、走り去る彼のあとを追う。ドイツ人兵士に少年は捕まり口を塞がれるが、ほかの兵士たちが小屋に向かうと、すぐ解放される。銃声が鳴り響くなか、走る少年は木立のなかに消える。

ほほ笑むサウルにはこのポーランド人少年が川の流れに失われた息子の復活した姿に見えたのかもしれぬ。そのとき彼は「息子の創造」を成し遂げたと信じたのである。サウルに取り憑いていたかのようなカメラがついに彼を離れ、ポーランド人少年のもとを追うのは、ベンヤミンの言う物語の権威がサウルから少年へと継承されたことを表すのだろうか。ガス室を生き延びながら口と鼻を塞がれて殺された収容所の少年と同じく、ナチの兵士に口を塞がれながらも、ポーランド人の少年は無事に解放され、自由に走り去る。カメラはその姿を鮮明にとらえ、遠ざかってゆく少年にもはや密着することなく停止し、わずかに震えながら、少年が消え去った森をひたすら凝視する［図8］。映画の冒頭のぼけた森の映像とこのラストシーンは対照的だ。その不鮮明さによって観客を宙吊りにして閉所恐怖を誘う映像から始まった映画は最後に、サウルから何かを託されたようにして逃れ去る少年の森のなかへの消失を鮮明に見せることに

図6・7　同

よって、映画のこの時点ではおそらく銃撃の犠牲となっているであろうサウルの願望の成就を暗示している。

図8　同

　ホロコーストを主題とした映画で子供の死や消失がプロット上の重要な要素となることは多い。『ソフィーの選択』（一九八二）や『縞模様のパジャマの少年』（二〇〇八）、『サラの鍵』（二〇一〇）といった作品がただちに思い起こされるだろう。そして、ホロコースト映画にかぎらず、そもそも現代ヨーロッパのアート・シネマは繰り返し「子供の死」や「行方不明の子供」というモチーフに立ち返っているという指摘がある。[15] こうしたモチーフは究極的な暴力や残虐性と結びつき、そこに生まれるトラウマや苦痛に対して、映画という表現形式がいかに不十分なものかを露にしてしまう。すなわち、人間に対する甚大な暴力の表象可能性を問おうとする映画におけるトポスが子供の死や消失なのである。

　この点については、D・W・グリフィス監督の『ドリーの冒険』（一九〇八）からスティーヴン・スピルバーグ監督の『マイノリティ・リポート』（二〇〇二）およびクリント・イーストウッド監督の『チェンジリング』（二〇〇八）にいたる「失踪した子供を探す」サスペンス映画の系譜のほか、同様のモチーフにもとづく三部けいの漫画『僕だけがいない街』（二〇一六）やパトリック・モディアノの散文作品『ドラ・ブリュデール』（邦題『一九四一年。パリの尋ね人』）（一九九七）を取り上げて考察したことがある。[16] 具体的な分析はそこに譲り、これらの作品を一種の歴史叙述と見なすことを通じ――とくに『チェンジリング』と『ドラ・ブリュデール』は実際の出来事にもとづいている――、そこから導き出された原理として、次のテーゼ（「歴史における希望のための十のテーゼ」Ⅶ）を拙著から引いておきたい――

あまりに理不尽な死による死者たち、とりわけそんな死を強いられた子供たちの記録・記憶を前にして、歴史叙述者は「歴史を逆撫でする」。それは過去を局所的に未決定状態へと逆戻りさせ、「原－歴史」を露呈させることである。子供たちの不条理な死は、彼ら、彼女たちにありえたかもしれない未来の大きさゆえに、「逆撫で」をとくに必要とさせる。いまだその死を贖われていない死者たちに対する負債感は、「あらゆる過去の出来事は確定して変化しない」という決定論――大文字の「歴史」の必然――の受け入れを歴史叙述者に許さない。歴史叙述者にはそのとき、死者たちが経験した危機的状況の想像的再構成が課される。歴史叙述におけるサスペンスのナラティヴや記録写真に対する再撮影など、関係する歴史素の集合をサスペンスの緊張下に置く、パラタクシス的モンタージュがその方法である。[▽17]

端的に言おう――サウルの行為とは身をもってなされた「歴史の逆撫で」であり、『サウルの息子』という映画は彼の行為を中心に据え、彼に密着したカメラ・ワークによって、ゾンダーコマンドたちが経験した危機的状況の想像的再構成を促す歴史叙述となっているのではないか。「歴史の逆撫で」とはベンヤミンが遺稿「歴史の概念について」で用いた表現であり、彼はそれを「哀悼的想起」とも呼ぶ。四方田犬彦は「映画の役割とは、ベンヤミンの説く歴史に似ている。それは哀悼的想起を組織することである」と指摘している。[▽18] より具体的に言って、それは次のような営みである――「映画という表象体系にもし何らかの権能がありうるとすれば、それは生起した歴史的事件を、ありえたかもしれない複数の潜在的な力の束として、多元的に解釈し直すことではないか」[19]。これこそは「歴史の逆撫で」であり、筆者のテーゼで言う「過去を局所的に未決定状態へと逆戻りさせ、「原－歴史」を露呈させること」にほかならない。

『サウルの息子』の場合、主人公の視覚・聴覚の範囲内にのみ状況の提示が限定され、しかもそれが不鮮明だったり――映像の場合――、錯綜していたり――音声の場合――することにより、未決定状態の感覚がつねにつきまとっている。そこに断片的な出来事がパッチワークされたサスペンスの緊迫感が生まれる。観客はつねに、ぼけた画面を読み取り、錯雑した音響を聞き取る緊張を強いられている。

この映画の映像・音響の技法については、ヴィヴィアン・ソブチャックやローラ・U・マークスなどの現象学的映画論に依拠して、その多感覚的経験や触感的《ハプティック》視覚性について指摘されたり[20]、美術史家ジル・ベネットが通常の物語的・表象的記憶とは区別されるトラウマ的出来事の情動的記憶として提唱している「感覚記憶（sense memory）」の概念によって考察されたりしている[21]。そうした分析に共通するのは、この映画を見るという経験を、たんに視聴覚的な知覚のみにはとどまらない身体的情動の次元においてとらえ、多感覚的・共感覚的なものとして考察しようとする姿勢である。逆に言えば、ネメシュによる実験的な技法は、映画体験が潜在的に有している身体的情動や感覚経験を改めて発見させる契機となっているのである。

　こうした側面を捨象してプロットや人物造形のみに眼を向けるとき、この映画が依拠している物語の類型性が際立ってしまう。『サウルの息子』に「洗練された人びとのためのソフト・ポルノ」という辛辣な評価を与えている或る批評によれば、サウルは物語の典型的なヒーロー像を体現しているばかりではなく、「たたき上げの男性」をめぐるアメリカ的かつネオリベラルな神話を再生産しており、叛乱の主導者となるゾンダーコマンドたちとは一線を劃したサウルの一匹狼的な性格もそこに寄与している、ということになる。[22] ランズマンの『ショア』はもとより、ディディ＝ユベルマンの著作も読み込んで作られたこの作品は、ホロコーストの表象不可能性をめぐる論点をすべてクリアすべく作られた模範解答であり、だからこそ、本来は対立していたこの両者をはじめとする「ホロコーストの目利きたち」の多くから絶賛されたわけだが、そうであるがゆえに、それはじつはホロコーストについての常套句を反復しているのみなのだ、とこの批評家は指摘する。[23] それゆえにひとは自分が見たいものをそこに見ることができる——ただし、つねに表象に障害を抱えて不鮮明に混濁したものとして。ひと言で言えば、『サウルの息子』はホロコーストの目撃者となり、それを記憶し、表象しなければならないという倫理的な要請に応えつつ、同時にその要請を完全に満たすことはできないという限界そのものの寓意となっている。[24] この映画が標榜するリアリズムは、「ホロコーストの目利きたち」のように、こうした表象の限界を熟知した「洗練された人びと」にとってのみ理解可能な、知識によって補填されることではじめて効果をもつものなのである。[25]

この映画の受容状況ばかりに偏して作品の技法に十分な注意を向けていないこの批評の立場に筆者は与するものではない。しかし、われわれもすでに確認してきたように、『サウルの息子』が比較的わかりやすいナラティヴを備え、ひとりの男性に焦点を合わせていることにより——監督自身は「どんな英雄も作りたくなかった」[26]と述べているにせよ——一種の英雄物語と解釈できることはたしかであり、アカデミー賞外国語映画賞の受賞には、そうした娯楽映画的な側面がおおいに与っていたに違いない。それが現在のネオリベラリズム的なイデオロギーと共犯的なものとまで言えるかどうかは別として、この映画の倫理的な価値をひたすら熱狂的に賛美する支配的言説を相対化している点で、こうした辛辣な評価にも意義はある。それが疑義を呈しているように、ランズマンとディディ＝ユベルマンの両者がともにこの映画を賞賛しえたという事実は、諸手を挙げて歓迎するよりも、その理由を慎重に検討されるべきものだろう。いずれにしても、『サウルの息子』の受容状況からは、映画におけるホロコースト表象についての争点が変化しているのではないかという印象を受ける。

『サウルの息子』に類似した手法を取っているメイン・ストリームの映画ジャンルとしてはホラーがあり、さらにそれはいわゆる「体感型」のシアターにおける鑑賞経験にも接近しているという指摘がある。[27]では、テクノロジーを駆使して五官で「体感」される映画との違いはどこにあるのか。ひとつの答えは、体感型の映画がナラティヴに完全に従属したパースペクティヴと心理的リアリズムを生み出そうとするのに対して、『サウルの息子』がもたらすのは、全体的な展望を欠いて局所的なものにとどまる触感的《ハプティック》な感覚経験——ネメシュの言葉によれば、「内臓的＝直感的（visceral）な経験[28]」——のリアリズムである、というものである。[29]そこでは映画のナラティヴが優先しているわけではない。

その点は或る程度認めたうえでなお、『サウルの息子』のナラティヴは、強制収容所の現実を表そうとする言説としては、物語として整合的すぎるように感じられる。ディディ＝ユベルマンはそこに物語の伝統と現代の叙事文学との融合を見た。だが、その際に彼が引く『ベルリン・アレクサンダー広場』の「現実資料《ドキュメント》のモンタージュ」が、実際にこの映画の構成原理になっているかどうかは疑わしい。そこではむしろアルカイックな英雄物語や寓話の性格のほうがより支配的であると言うべきだろう。ネメシュ自身、純粋な映像的アプローチを取るとこの作品が人工的になってしまうと考え、芸術的な表現を避け、なるべくシンプルで古風なストーリーを語ることを選んだと語っている。[30]

ホロコーストの歴史叙述をめぐっては、ヘイドン・ホワイトがソール・フリードランダーの著書『絶滅の歳月——ナチス・ドイツとユダヤ人（一九三九—一九四五年）』のテクストを仔細に分析し、そこに歴史叙述の「脱ナラティヴ化」「脱ストーリー化[31]」の傾向を認め、さらに、フリードランダーのこの歴史書をプルーストやカフカ、ジョイスと同類の、モダニズム文学に近いものと位置づけている。フリードランダーはこの著作で、ホロコーストの当事者であるユダヤ人たちの日記などからの引用によって語る手法を採用し、事件の並置と逸話の列挙からなる年代記《クロニクル》の形式を用いている。

フリードランダーはそのとき、「違和」や「不信」といった「ほとんど内臓的＝直感的（quasivisceral）」な、すなわち深く情動的・身体的な反応の喚起をこの著書の目論見とした。彼にとって『絶滅の歳月』の目的は、ホロコーストを理性的に理解可能な歴史的事実として叙述するところにはなく、まったく逆に、ホロコーストがまさに「信じがたい」出来事であり続けているという一種の非現実感——「違和」や「不信」——を持続させることにあった。当事者たちの日記をはじめとする「現実資料《ドキュメント》」のモンタージュはそのための手段となったのである。

多感覚的・共感覚的な身体的情動を喚起する『サウルの息子』の「内臓的＝直感的な経験」のリアリズムは、体感型シネマのリアリティを根底から覆す「違和」や「不信」をもたらす映像となりえたのではないだろうか。それは触感的《ハプティック》な歴史経験と呼ぶべきものだろう。[▽32] だが、そのためにはフリードランダーの歴史書のように、「現実資料《ドキュメント》」を駆使した「ドキュメンタリー的物語」としての劇映画『サウルの息子』が、その範疇内できわめて高度な達成を果たしていることを十分に承知したうえで、それをさらに超えた触感的《ハプティック》な歴史叙述としての映画のもうひとつの可能性を、そのような「脱ナラティヴ化」の方向に求めることができるように思われる。

ホワイトは早くからホロコーストをめぐる歴史叙述の鍵を、モダニズム文学の文体とともに、言語の「中動態」のうちに見ていた。[▽33] 國分功一郎が或る種の神秘化を批判しているように、[▽34] ホワイトの中動態論は必ずしも明快な議論ではないが、彼がそこに見ようとしていたのは、ホロコーストで虐殺された人びとの経験を能動／受動の対立の外部で叙述する可能性だった。それが「動詞の示す過程の内に主語が位置づけられる事態」[▽35] としての中動態に求められていたのである。

この観点を踏まえ、『サウルの息子』の触感的《ハプティック》な映像と音声を「中動態」の概念によってとらえることができるかもしれない。たとえば、サウルという主体の行為をつねに全体像がはっきりしない流動的な出来事のただなかに位置づけている独自なカメラ・ワークを、一方的に「見られている」「客観的」な俯瞰ショット[▽36] でも誰かが「見ている」主観ショットでもない、「中動態ショット」とは呼べないだろうか。あるいはまた、背景から人物・事物のゲシュタルトを分離することが困難で、そうした識別がつねに遅延されてしまうようなこの映画の触感的《ハプティック》なイメージや、音源がほとんど特定できない触感的《ハプティック》な音声は、森田亜紀が「現れてくる」「見えてくる」といった中動態的記述によってこそ表されるとしている、カッシーラの言う「表情（Ausdruck）」の知覚経験に対応するように思われる。▽37

この点はおそらく、サウルの無表情と無関係ではない。この映画が冒頭から最後まで執拗に追跡し続ける彼の顔をここではいままで「無表情」と一律に形容してきた。しかし、観客がひたすら見続けることになるその顔は、むしろ、無数の微細な表情を浮かべていたと言うべきではないのか。少なくとも観客は彼の顔にそうした微細な表情を読み取ることをつねに強いられているのではないだろうか。だからこそ、最終的にほほ笑みがそこに「見えてくる」ときにこの映画は結末を迎えることになるのである。

図9　同

最後に、どうしても脳裡から離れぬひとつの寓意的な解釈を書き留めておきたい。収容所の映像を残しえなかったことは映画にとって恥ずべき事態だと語ったゴダールが、この映画をどう評しているのかを筆者は知らない。だが、ゴダールのこの発言を踏まえるとき、ガス室から生きて出てきた少年は、ありえなかった映像の寓意であるかのように見えてくる。サウルはそうした極限的な「映画」を正しく埋葬しようとするのである。彼は少年／映画の遺体を担いで運び、抱えて川を渡ろうとする［図9］。この映画は伝統的な三五ミリ・フィルムと現像プロセスで製作された。布に蔽われた小さな軀の重みは物質的なフィルムのそれだろうか。その埋葬の試みはついに潰え去る。しかし、『サウルの息子』はそんな「存在しなかった映画」の喪であったからこそ、映画におけるホロコースト表象の転換点となりえたように思われてならない。

▽1 Ausländer にはドイツ語で「外国人」の意味がある。また、この名はホロコースト研究で知られるユダヤ人の歴史家ソール・フリードランダー（Saul Friedländer）を暗示している可能性がある。

▽2 Cf. Beja Margitházi, "Embodying Sense Memory: Archive Image and Traumatic Experience in *Son of Saul*, *Warsaw Uprising* and *Regina*." *Studies in Eastern European Cinema*, 2018, p. 16, n.7. Web. March 7, 2019.

▽3 「ネメシュ・ラースロー・インタビュー」『サウルの息子』パンフレット、ページ番号なし。

▽4 この点でそれは「触感的音声《ハプティック》」と言えよう。ローラ・M・マークスはそれを次のように定義している――「「触感的音声《ハプティック》」は〔……〕、音を発する対象が、容易に識別できないのである。「触感的《ハプティック》イメージ」が、背景から分離した図形の識別を遅延させるように、聴く人は、音源を隔離（ミシェル・シオンの「還元的聴取」）しないで音を体験するようにうながされる」（ローラ・M・マークス「触感的知覚の考古学」程譲訳、宇野邦一編『ドゥルーズ・知覚・イメージ――映像生態学の生成』せりか書房、二〇一五年、三八頁）。『サウルの息子』の映像はここで言う「触感的《ハプティック》イメージ」に該当する。

▽5 Cf. Teréz Vincze, "The Phenomenology of Trauma. Sound and Haptic Sensuality in *Son of Saul*." *Acta Universitatis Sapientiae Film and Media Studies*, 13 (1), 2016, p. 117. Web. March 7, 2019.

▽6 Mathilde Blottière, "Claude Lanzmann: "'Le Fils de Saul' est l'anti-'Liste de Schindler'" ." *Télérama*, May 24, 2015. Web. March 7, 2019.

▽7 実際の隠し撮りは、物置ではなく、ガス室の内部からおこなわれた。

▽8 「ネメシュ・ラースロー・インタビュー」参照。

▽9 Georges Didi-Huberman, *Sortir du noir*. Paris: Editions de Minuit, 2015, p. 7.

▽10 Ibid., p. 41. この映画における「奇跡と愚行」が孕む宗教的な含意については、四方田犬彦「死を実在させることの自由――ネメーシュ・ラースロー」『世界』九一六、二〇一八年、二五六―二五八頁参照。

▽11 Cf. Didi-Huberman, op.cit., pp. 43–44.

▽12 Cf. Ibid., p. 48.

▽13 Ibid., p. 49.

▽14 Ibid., pp. 54–55.

▽15 Cf. Margaret Gibson and Amanda Howell, "*Son of Saul* and the Ethics of Representation: Troubling the Figure of the Child." *Cultural Studies Review*, 24 (2). Web. March 7, 2019.

▽16 田中純『過去に触れる——歴史経験・写真・サスペンス』羽鳥書店、二〇一六年、第Ⅲ部第4章「サスペンスの構造と歴史叙述」、三六七–三八九頁参照。

▽17 同前、四九七–四九八頁。

▽18 四方田犬彦『テロルと映画——スペクタクルとしての暴力』中公新書、二〇一五年、一八一頁。

▽19 同前、一七五頁。

▽20 Cf. Vincze, op.cit., pp. 108–112.

▽21 Cf. Margitházi, op.cit., pp. 6–10.

▽22 Cf. Pau Bosch Santos, "Soft Porn for Refined People. *Son of Saul* within the History of Holocaust Representation." *Eastern European Film Bulletin*, vol. 69, November 2016, p. 10. Web. March 7, 2019.

▽23 Cf. Ibid., p. 16.

▽24 Cf. Ibid.

▽25 Cf. Ibid., p. 6.

▽26 「ネメシュ・ラースロー・インタビュー」。

▽27 Cf. Vincze, op.cit., p. 121.

▽28 Andrew Pulver, "Interview: László Nemes: 'I didn't want *Son of Saul* to tell the story of survival'." *The Guardian*, April 14, 2016. Web. March 7, 2019.

▽29 Cf. Ibid.

▽30 「ネメシュ・ラースロー・インタビュー」参照。

▽31 ヘイドン・ホワイト『実用的な過去』上村忠男監訳、岩波書店、二〇一七年、一七七頁。

▽32 それは「過去に触れる」ことである。そのような歴史経験は、娯楽としての体感型スペクタクルとは異なり、遭遇した者を危機に晒す。田中、前掲書参照。

▽33 ヘイドン・ホワイト「歴史のプロット化と真実の問題」上村忠男訳、ソール・フリードランダー編『アウシュヴィッツと表象の限界』上村忠男・小沢弘明・岩崎稔訳、未來社、一九九四年、五七–八九頁参照。Cf. Hayden White, *Writing in the Middle Voice*. 1992. In: Hayden White, *The Fiction of Narrative: Essays on History, Literature, and Theory, 1957–2007*. Baltimore: The Johns Hopkins University Press, 2010, pp. 255–262.

▽34 國分功一郎『中動態の世界——意志と責任の考古学』医学書院、二〇一七年、三一七頁、註4。

▽35 同前、一〇〇頁。

▽36 その「客観性」が特権的な主体の主観性でありうることは言うまでもない。強制収容所の囚人たちを俯瞰的にとらえる視点は支配者である親衛隊員のものであって、囚人たちのものではありえない。たとえば、スピルバーグの『シンドラーのリスト』において、親衛隊の司令官が収容所を一望する高みからユダヤ人を銃殺する場面を撮影するカメラは、おのずとこの殺人者に同一化している。四方田犬彦は『シンドラーのリスト』を比較対象として、『サウルの息子』の撮影方法のうちに「映像の起源＝根拠である主体を、できるだけ超越的な権力主体から引き離しておきたいという、強い意志」を認めている（四方田「死を実在させることの自由」、二五四頁）。

▽37 森田亜紀『芸術の中動態——受容／制作の基層』萌書房、二〇一五年、第四章「表情知覚の中動相」、七七–九七頁参照。

column

フェイク／リアルは相反するのか――『帰ってきたヒトラー』

森　達也

高校受験が終わった春、早熟で映画好きのクラスメートから誘われて、一六歳だった僕は生まれて初めて（自分の小遣いで）名画座で映画を観た。上映されていたのはアメリカ映画二本立て。そして腰が抜けるほどに衝撃を受けた。決して誇張ではない。実際に映画が終わってもしばらくは席を立てなかった。二本の映画のタイトルは『いちご白書』（一九七〇）と『イージーライダー』（一九六九）。どちらもアメリカン・ニューシネマの代表作だ。

この日を契機に映画に夢中になった。高校に入ると同時に映画館通いの日々が始まった。『卒業』（一九六七）に『真夜中のカウボーイ』（一九六九）、『アメリカの夜』（一九七三）に『明日に向かって撃て』（一九六九）。洋画だけではなく、『赤い鳥逃げた？』や『津軽じょんがら節』（ともに一九七三）、『アフリカの光』（一九七五）など（名画座なので旧作が多い）高校生にとっては刺激的すぎるシーンもあったけれど、とにかく邦画もたくさん観た。高校二年のとき、やはり映画好きのクラスメートに誘われて八ミリ映画作りに参加した。未来世界からタイムスリップした女子高校生と現代の男子高校生のラブストーリー。これ以上ないほどに他愛無い。でも完成した映画を文化祭で上映したとき、暗幕を張った教室で多くの人たちがスクリーンを凝視している光景をプロジェクターの後ろから眺めながら、映画は観るだけではなく撮ることもできるのだとあらためて実感した。

だから大学では、当然のように映研に所属した。主人公の大学生がある朝目覚めると、いつのまにか日本と隣国との戦争が始まっていた、という八ミリ映画を監督した。ちなみにこのときは脚本・監督・主演すべてを兼務して、予算を独占しているとサークル内で批判された。

ドラマ／ドキュメンタリー

……長々と自分の映画人生の始まりを書いた理由は、ドキュメンタリーへの興味や接点がほとんどなかったことを言いたかったからだ。映画はドラマであることが前提だった。この時期にドキュメンタリーはほとんど観ていないし興味もない。

でも大学卒業後、ドキュメンタリーを専門にする番組制作会社に深い考えもないままに入社して、ドキュメンタリーとの付き合いが始まった。最初は困惑した。テレビドラマを作りたかったのだ。でもADとしていきなり香港とバンコクのロケに帯同させられて、観光では行けないような場所に行ったり会えない人に会えることを知って、これは面白いかもしれないと考えた。それから三〇年が過ぎる。今もドキュメンタリーに軸足を置いてはいるが、時おりドラマも作る。ディレクターに昇格してしばらくが過ぎたころ、ドラマとドキュメンタリーのあいだに大きな差異はないと気がついたからだ。

もちろん差異がまったくないわけではない。ドラマの場合には、まずはストーリー（シノプシス）を考える。次にストーリーをプロットに落とし込み、準備稿や二稿、三稿などの過程をを経て、ようやく決定稿（脚本）となる。それからロケ日程を決定し、撮った素材（ラッシュ）を編集して完成する。ドキュメンタリーの場合は、現場に行ってテーマを意識しながら被写体や状況を撮影し、次に撮った素材（ラッシュ）をベースに全体の構成（ストーリー）や各シーンの編集を考え、少しずつ尺を詰めながら、最終編集を経て完成する。

つまりポストプロダクションにおける順番は違うが、制作過程における要素はほぼ変わらない。ただし「ほぼ」だ。厳密には差異はいくつかある。例えばドラマの場合は出演俳優のオーディションは当たり前のようにおこなわれるが、ドキュメンタリーの場合にはまず（絶対ではない）ないだろう。リテイクもドラマの場合は当たり前だが、ドキュメンタリーの場合はまず（これも絶対ではない）ありえない。そして何よりも、ドラマは自分のイメージが始まりになるが、ドキュメンタリーの場合は監督が選択した状況や被写体の動きやキャラクターが始まりになる。つまりドキュメンタリーは作品を完全には支配できない。予期せぬ事態や状況が作品を構成する要素となる。

言い換えればドラマは、自分の想像の射程から逸脱できないが、ドキュメンタリーは時として、外在する力から暴力的に揺さぶられることがある。

この差異は小さくない。でも制作過程は前述したように近い。順序が違うだけだ。編集の基本原理はドラマもドキュメンタリーもモンタージュだ。つまりドラマもドキュメンタリーもほぼ差異はない。ただしこれに対して、真っ向からの反論がある。社会通念だ。

撮影と現実の破片

辞書などエンサイクロペディアな定義も含めて多くの人はドキュメンタリーについて、「演出を加えることなくありのままに記録された素材映像を編集してまとめた映像作品」というレトリックで解釈している。これはまったく違う。ありのままなど撮れない。なぜならカメラにはフレームがある。恣意的に状況を切り取っている。物事はどこから観るかでまったく変わる。そしてその視点を選んでいるのは撮影者であり、編集で取捨選択をするディレクターや監督など製作者だ。

時おりドキュメンタリーは化学実験に似ていると思うことがある。フラスコの中に被写体（人とは限らない）を入れる。下から熱する。あるいは冷やす。あるいは多種多様な化学物質を入れる。攪拌する。酸素濃度をあげる。遠心分離器にかける。ガンマ線を当てる。こうした刺激を加えることで、被写体がどのように変化するかを観察する。この刺激がドキュメンタリーの演出だ。時には挑発する。誘導する。違う場に誘い込む。後ろから背中を押す。あるいは先回りして追いつめる。

あるがままを撮っても作品にはならないし、あるがままを撮ることなど実質的には不可能だ。カメラは必ず現実に干渉する。被写体に影響を与える。現実を撮ったなどと気軽に口にする人がいるけれど、それはあくまでもカメラや撮影者の存在によって変容した現実だ。観察することで素粒子は振舞いを変えるとするハイゼンベルグの定理（正確には観察者効果）は、ドキュメンタリーにおいても重要な原則だ。影響を与えない撮り方なら盗み撮りや群衆シーンがあるが、それは言ってみれば監視カメラの映像であって、あくまでも作品を構成するカット群の中の一要素でしかない。作品とは別物だ。

時には撮影者や監督自らがフラスコの中に入ることもある。そして変化する被写体に自らが刺激を受ける。その変化がまた新たな刺激となる。こうして撮影する側の作為と撮影される側の反応や作為が縦糸と横糸になって、ドキュメンタリーというタペストリーは紡がれる。繰り返すがそれはありのままの現実などでは断じてない。現実の破片を要素に、撮る側が再構成した世界観の表明だ。そもそも作為のない作品など論理矛盾だ。そこに作為がないのなら、編集はワンカットもできない。

こうした相互作用も含めての関係性の構築がドキ

ュメンタリーの演出だ。確かにドラマにおける演出とは微妙に違うが、でも少なくとも「客観性」や「ありのまま」や「演出を加えることなく」などありえない。そしてドラマも、台詞を与えた俳優がどのように話して動くのか、それを撮るドキュメンタリーであるという拡大解釈もできる。

ドキュメンタリーとフェイク

長々とドキュメンタリーとドラマについて書いた理由は、編集部から言い渡されたテーマ『帰ってきたヒトラー』とフェイク・ドキュメンタリーについて書くのなら、読む側にも（少し傲慢な言いかただが）助走が必要と考えたからだ。特にフェイク・ドキュメンタリーについては、おそらく一般的には「ドキュメンタリーのふりをしたドラマ」という解釈になるのだろうが、ドキュメンタリーとドラマにおける差異を再考したならば、この解釈についてもまったく変わるはずだ。被写体に紛れ込んだ俳優が演技するドキュメンタリーは、モフセン・マフマルバフの一連の作品や、二〇一五年のベルリン国際映画祭コンペティション部門で「金熊賞」を受賞した『人生タクシー』（ジャファル・パナヒ）、一九九九年の台湾大地震後の遺族を撮った『生命』（ウ・イオフォン、二〇〇二）など、いくらでも例を挙げることができる。一九九八年の山形国際ドキュメンタリー映画祭コンペティション部門に招待されたイスラエルのアヴィ・モグラビは、作中で監督である自分自身が自身の妻や口うるさいプロデューサーに扮して演技する。その山形国際ドキュメンタリー映画祭のコンペティション部門の最高賞には、ドキュメンタリーの父と呼称されるロバート・フラハティの名前が冠されている。彼の代表作である『極北のナヌーク』（一九二二）はイヌイットの生活を描いた作品だが、登場人物の多くは疑似家族で、狩りや生活の様子は再現であり、彼らが日常生活を送る氷の家（イグルー）は、撮影のために半分が切断されていた。ヤラセや捏造どころじゃない。でもドキュメンタリーなのだ。なぜなら本人がそう宣言しているのだから。要するに何でもあり。虚実は絶対に腑分けできない。常に入り混じっている。「虚構を用いずに」など寝言でしかない。でも最後の最後に最低限のルールがある。自分が現場で感じたこと、思ったことは、絶対に裏切らないということだ。

ドキュメンタリーの演出とは究極のところ、自分が現場に身を置くことで獲得した世界観を表明するための手法なのだ。フェイクとリアルのあいだにラインはない。あるとしたらグラデーションだ。線を引くことなど不可能だ。

ここまでを書きながら、ネットでドキュメンタリーを検索したら、ウィキペディアで僕の記述が引用されていることに気がついた。項目は「ドキュメンタリーと報道の違い」だが、演出とは何かを考えるうえではこの論考の補助線になるかもしれない。以下にコピペする。なお、文中の「中国人が作ったドキュメンタリー映画」とは、二〇〇八年に上映をめぐって右翼や政権による上映中止運動などが起きて物議をかもした映画『靖国 YASUKUNI』（李纓《リイン》）だ。

> 社会問題を取り上げるという点においてはドキュメンタリーも報道も同じだが、森達也は、ドキュメンタリーは制作者の主観や世界観を表出することが最優先順位にあるのに対して、報道は可能な限り客観性や中立性を常に意識に置かなければならないという違いがあると述べている。
>
> また森は、中国人が作ったドキュメンタリー映画を文化庁が助成したことを自民党一部議員が疑問視した結果として複数の映画館で上映が中止になった事案の発生に際し、ドキュメンタリーの本質について以下のように述べた。

自民党の有村治子議員が国会で、被写体となった刀匠が自分の映っている場面を削除してほしいと主張していると発言して、大きな波紋を広げています。ドキュメンタリーを作る立場から言えば、これはとても重要な問題を提起しています。事前に被写体に見せて了解をとる。これが前提なら映画をつぶすのなんて簡単ですね。ドキュメンタリーというジャンルは確実に滅びます。僕も、原一男もマイケル・ムーアもみんな転職せねばならなくなる。自作の映画「A」を引き合いに出します。中盤に警察官による不当逮捕のシーンがあります。あの警官が「俺の映っているシーンは使うな」と言ってきたら、ぼくはどうすればいいのでしょうか。あるいは映り込んでいる多くのメディア関係者、彼らの了解も得ていませんん。もちろん編集済みの映像も見せていない。ならば上映できないのでしょうか？

ドキュメンタリーは現実を切り取って、その断片を素材に再構成した自己表現です。人権や規範を最優先にしていては何も撮れなくなる。稲田議員は試写会の前にこう言いました。「客観的でなければドキュメンタリーではない」と。僕はこれでキレました。冗談じゃない。ドキュメンタリーは主観です。作る側の思いです。メディアについてもっと鋭敏な感覚を持たなければならない政治家が、この程度のリテラシーしか持て得ないのならあまりに情けない。

——森達也、創出版『映画靖国上映中止をめぐる大議論』「2008年4月14日MIC／JCJ主催の集会での講演」p58-60
（「ドキュメンタリー」日本語版『ウィキペディア』）

ここまでを要約する。ドラマもドキュメンタリーも表現行為である。主観的であることは当たり前。

演出があることも当たり前。そのうえで『帰ってきたヒトラー』とフェイク・ドキュメンタリーについて考察する。

『帰ってきたヒトラー』の二重性

『帰ってきたヒトラー』(二〇一五)においては、実在する三人の政治家が実名で登場する。ネオナチ政治団体の筆頭として知られるドイツ国家民主党(NPD)党首であるホルガー・アプフェルと、同盟90／緑の党の元党首だったレナーテ・キュナスト、そしてドイツ社会民主党党首のジグマール・ガブリエルだ。そしてホルガー・アプフェル〔映画ではアプフェル〔りんご〕の名をもじった、ウルフ・ビルネ〔洋梨〕という人物〔役者〕になっている〕はヒトラーから民族主義を理解していないならず者として正面から激しく罵倒される。これらのシーンは確かにドキュメンタリーだ。でも三人の政治家はフィクションのヒトラーと話している〔図1〕。ならばそれは演技なのか。どこまでが素なのか。

ここまでの記述において僕はヒトラーという固有名詞を使ったが、正確にはヒトラーを演じたオリヴァー・マスッチと言い換えたほうがいいのだろうか。もしもオリヴァー・マスッチにどちらを選ぶべきかと質問したら、どちらでも良いと答えるはずだ。なぜなら画面に定着したキャラクターは、一九六八年にイタリア系の父とドイツ系の母との間に生まれた俳優オリヴァー・マスッチでもあり、一八八九年にオーストリア＝ハンガリー帝国オーバーエスターライヒ州に生まれたアドルフ・ヒトラーでもある。それは視点によって変わる。どちらが正しくてどちらが間違っているなどと議論しても意味がない。

『帰ってきたヒトラー』においては、政治家たちが登場するシーン以外に、軍服を着たヒトラーがベルリン市街を歩くシーンも収められている。市民たちの反応は興味深い〔図2〕。これはまさしく、フランスコに入れて刺激を与えるドキュメンタリー演出の作法でもある。市民たちは実在する人たちだ。ならば少なくともフェイクではない。でもスタッフが紛れ込んでいるシーンもあるらしい。ならばフェイクなのか。その境界はどこにあるのか。そもそも境界は存在するのか。何がフェイクで何が真実なのか。その二分に意味がまったくないことに、ここまで読み進めたあなたはもう気づいているはずだ。

図1・2　デヴィッド・ヴェント『帰ってきたヒトラー』(2015)

劇中の人物たちを現実世界に侵犯させる手法は、やはり公開されたばかりのナチス映画『ちいさな独裁者』(二〇一七)でも、ラストのロールクレジットとともにコーダとして提示されている[図3]。制服を着たがゆえに人々を支配できる権力を保持した

図3・4　ロベルト・シュヴェンケ『ちいさな独裁者』(2017)

と勘違いした集団は、現在のドイツで道行く人たちに、劇中と同じテンションで声をかけ、暴行ぎりぎりの気配を見せる［図4］。もちろんこれもフェイクではない。そしてリアルでもない。そもそもは実話なのだ。でもこれはフィクションでもある。ならば何か。

映像だ。

他に答えはない。脚本と監督を担当したロベルト・シュヴェンケの、「彼らは私たちで、私たちは彼らだ。過去は現在なのだ」をあらわすうえで、現実のベルリンから恣意的に切り取られた現実でありフィクションなのだ。

まとめよう。『帰ってきたヒトラー』はドラマであると同時にドキュメンタリーでもある。そしてフェイクであると同時にリアルでもある。これらの要素は相反しない。これらの要素の統合が映画なのだ。

そしてナチスやホロコーストをテーマにしたとき、歴史的な事実と寓意と作る側の思いを表明するうえで、これがとても有効な手法であることも確かなのだろう。

I ETHICS - REPRESENTATION 03

キッチュで殺せ

ナチス・映画・小市民

生井英考 IKUI Eiko

一滴のキッチュはいかなる芸術にも混ざっている
――ヘルマン・ブロッホ

ナチス・映画・キッチュ

「ナチス・映画・キッチュ」というのが今日あたえられた論題ですけれど、これを聞いて誰もがまず連想するのは、やはり『地獄に堕ちた勇者ども』(一九六九) でしょう。

ヴィスコンティの通称「ドイツ三部作」の最初の作品で、「赤い公爵」と呼ばれた時代から変わってゆく時期の代表的な一作でもあるし、その作品歴で最もキッチュな趣きの強い一本だというのも異論がないはずです。もうひとつ、この論題ならジーバーベルク版の「ドイツ三部作」、特に超弩級の『ヒトラー、あるいはドイツ映画』(一九七七) がありますが、なんといってもこれは長年日本で公開されることもなく、事実上見ることのできない「伝説」になってしまった。つまりヴィスコンティ版とジーバーベルク版の三部作は同時代の作物であったにもかかわらず同時代に経験されることがなく、したがってそのインパクトや影響力も作品と直接、同時代に結びついたものにならなかった――あるいは、少なくとも限られたものにならざるを得なかった。

それにジーバーベルク版三部作の一作目(『ルートヴィヒⅡ世のためのレクイエム』一九七二) は、ヴィスコンティの『ルートヴィヒ』（一九七二）に刺激されてつくられたというのですから、その意味でもヴィスコンティ作品の存在感は大きかったといえるでしょう。

実際、『地獄に――』をきっかけとして、亜流というか尻馬に乗ってというか、リリアーナ・カヴァーニの『愛の嵐』（一九七四）やティント・ブラスの『サロン・キティ』（一九七六）等々の模倣者が出てきたし、おかげでヘンな勢いがついて一時はナチもののポルノが山のように登場することにもなった。つまり「ナチズム・死・エロス」というテーマのキッチュ性を世間に発見させたのは、やっぱり『地獄に――』だった、ということですよ。『サロン・キティ』は、あれが公開されたのは確かぼくが大学生のときですけれど、そのときの邦題が「ナチ女収容所」（正しくは『ナチ女秘密警察』）だったかな、ともかくほとんど三流の洋ピンあつかいでした。いや、実際の中身もキッチュなポルノですけどね。

ただ、それじゃあ『地獄に堕ちた勇者ども』が「ナチス・映画・キッチュ」という論題にとって最適の映画かというと……そう言い切るにはなにか躊躇《ためら》わせるものがある。

たとえば、ヴィスコンティ映画におけるキッチュの精髄といえば『夏の嵐』（一九五四）、あれを見るとこの人の好みがつくづくよくわかります。よく知られているように三島由紀夫は『地獄に――』を絶讃したエッセイでこの二作を比較して「あれがイタリー・オペラなら、これはドイツ・オペラ」▽1なんていってますが、『地獄に――』はともかく、『夏の嵐』は確かにオペラ的。よくぞまあ、あんなにも浅はかな男と女の痴話を、これほどまで見事な絵にできるものだと感心させられます。あとに目の快楽以外のなにも残さないという意味であの徹底ぶりは畏れ入ったものだし、端倪《たんげい》すべからざる御仁というほかない。

でも、それなら『地獄に――』も同じように遇し得るのかといえば、どうもそうは言えない。それは……そう、たとえばヴィスコンティ信奉者のなかにはバート・ランカスターに違和感をおぼえるという人がいますが、あれはまぎれもなく適役ですよね。またランカスターって人も『地上より永遠に』（一九五三）、『ベラクルス』（一九五四）、『深く静かに潜航せよ』（一九五八）、『エルマー・ガントリー』（一九六〇）、そして『泳ぐ人』（一九六〇）まで、あの体軀と面構えであそこまで変幻自在をやってのけたあたり、なかなか大した役者ですが、ヴィスコンティ映画のランカスターはね、たぶん、事前に予想された以上にヴィスコンティが自身を託するに適格の役者だった。要はあの豪気な外見と苦渋の表情と一滴《ひとたらし》の愛嬌が、ヴィスコンティ自身のセルフ・イメージに手ごろだったんですよ。

でも、それじゃあ『地獄に――』のエッセンベック男爵をランカスターがやってたらどうなったか。それはね、ちょっと考えられない。冒頭から四分の一あたりで死んじゃうから、という理由ではなく、そもそもあの男爵はヴィスコンティにとって己の分身になるような存在じゃない。あの鉄鋼王のご老体はあくまで設定の都合上の存在なのであって、そもそも『地獄に――』という映画自体、ヴィスコンティにとって、重要な作品であったとしてもこよなく愛した自作だったかといえば、どうもそうじゃなかったんじゃないかという気がするんですよねえ。

「ビーダーマイヤー」に始まる

もっとも、そう考えると「ナチス・映画・キッチュ」というどことなく三題噺めいたテーマを語るのに、『地獄に――』はむしろ向いた映画なのかもしれません。というわけで少々図式的になるのを厭わずに、前提をおさらいしておきます。そもそもキッチュとはなにか。

キッチュは本来、歴史的な概念で、一九世紀前半のいわゆるウィーン体制時代に登場する小市民階級――ドイツ的にいえばビーダーマイヤー――の、ちんまりとしたほどのよさをきどりたがる生活美学とか、おセンチな趣味道徳のたぐいを揶揄する一種の軽侮語だった。現にナチスの啓蒙宣伝大臣だったゲッベルスの日記には、いろんな映画を頭ごなしに「キッチュ」と決めつけて唾棄するくだりがしょっちゅう出てきます。彼は政治宣伝臭ふんぷんたるプロパガンダ映画を嫌う一方、お涙頂戴の道徳譚や英雄讃美もあっさり退けて倦むところがなかった。つまりゲッベルスはモダニストだったわけで、彼にとってビーダーマイヤー趣味のちまちました物語なんてのはまさに時代遅れのまがいもの《キッチュ》でしかなかったわけです。

見逃せないのは、そこにふたつの問題が含まれていること。ひとつはビーダーマイヤー的な市民文化やキッチュは本当にナチスの敵だったのかという問題。いいかえればしばしばナチスこそがキッチュだといわれるのをどう説明できるか、そもそもビーダーマイヤーとは何なのかということ。そしてもうひとつが、それらが現代とは一体どうつながっているのか、という問題です。

まず前のほうの問題からいくと、ビーダーマイヤー文化は現代にまでつづく思潮や美学の一角を明らかに担っているひとつでもある。たとえば美術や建築の様式としてのビーダーマイヤーはよく帝政様式と比べて簡素質朴といわれますけれど、ナポレオン時代の帝政様式にしてもバロックやロココのようにこれみよがしに華美ではない、ということは大衆的な様式であるわけで、結局どちらも貴族ならざる世の産物にほかならない。音楽でいえばシューベルトが典型的なビーダーマイヤーの作曲家ですが、これもまさにロマン派でベートーヴェンからワーグナーに至る系譜の上にある。そして文学だといちばん知名度が高いのはグリム兄弟でしょうけれど、これはむしろ市民社会における歴史への興味というか熱狂的な盛り上がりのほうから見るのがいいかもしれません。

ビーダーマイヤー文化についてはドイツ文学者の吹田順助が戦前にいくつか本や論文を書いています。彼は戦時中に親ナチ運動の旗振り役をしたことで悪名高いドイツ文学者の高橋健二と同世代ですが、高橋よりはずっと抑制的な態度で、ビーダーマイヤーやナチズムがドイツの精神思潮のどの部分でどう培養されたかを紹介しています。

それによると、ドイツ啓蒙思潮の特質は「非合理主義が一つの暗流としてその存続を保ち」、「個性的・一回的なるものの把握が努力されてゐた」ことにあり、その一回性の尊重がドイツにおける歴史学の興隆を促す一方、市民社会におけるビーダーマイヤー文化は過去を墨守するあまりに「諦念、守旧、自制」をみずからの特質とするに至った。と同時に、この一回性すなわち個性の尊重と歴史への偏好がビーダーマイヤー文化とロマン主義の共有するところとなり、「民族の魂」とか集団・社会の紐帯としての「血」の強調へとつながってゆく。そしてこの盛り上がりのなかで民間伝承やら俚諺《りげん》、昔話などの郷土史的民俗熱が高まり、民話採集を趣味としたグリム兄弟らが登場するかたわら、市民層のための歴史や自然誌やらの博物館が隆盛した。――ここまで整理したうえで、吹田順助はこうしたビーダーマイヤー市民を「教養的俗人」と唾棄したのがニーチェ、その歴史観を一九三〇年代の今日（吹田論文は一九三九年）、継承しているのが社会学者のハンス・フライヤーだとしています。[▽2]

フライヤーというのは典型的なナチの御用学者で、「ゲゼルシャフト／ゲマインシャフト」や、ナチが好んだ「民族共同体（volksgesellschaft）」などの概念で知られたフェルディナンド・テンニースがヒトラーを批判したのにつけこんで追い落としをかけ、ドイツ社会学会の会長の座を射止めた男です。一九三一年には『右派革命（Revolution von rechts）』という本を書き、あげく公的な文書にまで「ハイル・ヒトラー　ハンス・フライヤー」

と自署し、民族主義運動の尻馬に乗って、同じくナチ御用達の歴史学者ヴァルター・フランクと共著をまとめたりしている。地元がライプツィヒだったので戦後は東独体制下で戦前の所業を指弾されてそれなりに厳しい目にも遭ったと伝えられていますが、冷戦のおかげで反ユダヤ主義の過去を徹底的に追及されることからは免れて、百科事典の編纂の仕事に就いたり、トルコで社会学会が組織されるのに関与したりしていたようです。

フライヤーは戦前の日本の知識青年層にはかなり知られた存在でしたから、丸山眞男もどこかの文章で忌々しそうに軽蔑的に触れていますね。そういう経歴はちょうど、戦中に大政翼賛会の宣伝部長として肩をそびやかしながら、戦後はあっさり口を拭ってヘルマン・ヘッセやグリム兄弟の翻訳家になり、日本ペンクラブの会長にもなった高橋健二を思わせるものがある。実際、フライヤーも「御用学者」という、いつの世にもいる手合いを考えるための示唆を含んでいると思います。

彼は民族主義の旗振り役をつとめるのみならず、ナチズムに合致するようなかたちでの大学改革を提案したりもしていますが、どうも自分が曲学阿世に走っているという自覚がなかった。むしろ学問の内的要請にしたがえば必然的にこうあるべきだ、とでも考えていたふしがある。その限りにおいて、少なくとも主観的には阿諛《あゆ》追従の自覚など微塵もない。そのさまが、いまのような時代だとなおさら示唆的です。

話を戻しましょう。

吹田順助は先に引いた論文ではナチズムについて触れていませんが、一九三八年に上梓した『近代獨逸思潮史』という著作の巻末に「ナチスと獨逸浪曼派」という短い文章を追加しています。そのなかで先ほどの論文と同じく「独逸本来の思想はその根底において非合理主義的であることをその第一の特色」とすると前置きしたうえで、それがとかく都市化と合理主義に流されがちな世の中においても安易になびかない活力ある生の実践を志向し、「自立と創造との潑剌たる理想主義」へと向かわせる原動力になる。それゆえドイツの文芸は「その主潮において人々の官能に阿諛する消閑嬉戯の文字でなく、寧ろ彼等を鼓舞し指導するやうな力を持つてゐる」。そして、この強靭な自律と自助の精神が共同社会《ゲマインシャフト》としての民族共同体に適用されたとき、「独逸民族——人種学的に一つの型として考へられたる——の統一的共同体から出発する」ナチスの国家観は、「上からの国家の観念、ヘーゲル流の国家観念を抽象的な、空虚なものとして、「威力の魂抜けたる道具」として排斥する」という。

次の一節は単なるナチス讃美者というわけではなかった吹田の文章だけに、外国研究に臨む学者の難しさを示唆しているようで、なかなかの迫力です——

ナチスの国家は一つの共同体であり、オトマール・シュパン等の謂はゆる全体主義の精神によつて支持されてゐるのである。……それは個人主義を包摂するところの全体主義であるが、そこに考へられてゐるものは然し空虚な、抽象的な全体主義でもなければ、「血液なき」個人主義でもない。自我と社会、自我と国民との交互関係のみが認容されるのでは不十分である。ナチスの共同体の概念の裡には、性格価値と理想とによつての有機的に血液的なる結束は共に含有されてゐるからである。「土と血」の強調によつてナチスは、個人主義と全体主義とに画竜点睛を行はんとしてゐるのである。▽3

過去への郷愁、不条理な憧憬

こうしてみるとビーダーマイヤーとナチズムは、敵対・反撥する二者というより、同じ文化の土壌に咲いた異種の花だったことがわかります。いわば見覚えはあるけれど親しくなかった昔の級友みたいなもので、だからこそナチズムはビーダーマイヤーのおっとりと自足的——といえば聞こえはいいけれど鈍重で無自覚——な小市民ぶりに我慢がならなかった。ただ、ナチズム全体がそうだったわけではなく、おそらくビーダーマイヤーの臭みに敏感なのはゲッベルスぐらいでしょう。あとはヘスやヒムラーにせよ、一皮むけば本人がビーダーマイヤーそのものだったし、いわゆるユンカー身分のゲーリングも中身は私腹を肥やす成金や政商と同じ。ゲッベルスにしたって、その小心ぶりと権威を嵩に着た女癖の悪さは明らかに小市民のそれだった。

そこからわかるのはつまり、ナチズムはビーダーマイヤーを小馬鹿にしながらそれにつけこんでいた、ということです。それができたのは第一次世界大戦の敗北によって市民生活が根底から破壊されていることへの怒りと憤懣が煮えたぎっていたからですが、状況の底部をナチ党が見抜いてマルキスト左翼よりも効果的に小市民階級を煽動し、ならず者の下層民だけでなく多数の市民まで味方につけて政権を奪取できたのは、実はナチス自体がビーダーマイヤーの片割れだったからにほかならない。というのもビーダーマイヤー文化の本質は過去への郷愁、もはや戻らない昔に対する強烈な思慕の念、そして不条理をわかっていながら心の奥底から湧き上がる憧憬を抑えきれず、むしろ不条理であること自体を愛おしむようになる——そういう倒錯した情動だからです。

こういう憧憬は過去を理想化するだけでは足りず、過去のイメージを蒐集し、様式化して体系化しようとする。それは畢竟、想念を通して過去と戯れることを意味します。そういったビーダーマイヤーの思考／志向／嗜好を形にしたのがキッチュですから、結局、ナチズムはそれ自体がキッチュだった、ということになる。

もうひとつ忘れてならないのは、キッチュは意図してそうなるものではないということです。つまりキッチュは自覚するものじゃない、自覚することができない。なぜならキッチュは神話作用につきものの儀礼の別名でもあるからです。そして儀礼は、合理的主体としての人間が非合理に拝跪するために欠かすことができない。

具体的に、ナチスに即して考えましょう。たとえば本来「ドイツ労働者党」だったはずのナチ党の支配が一体なぜ総統ヒトラーへの個人崇拝にたどりつき、一般市民の日常の挨拶にまで「ハイル・ヒトラー」などという明らかに非合理な文言を定着させることになったのか。あるいは、あくまで単なる私兵組織に過ぎない親衛隊――親衛隊は軍隊ではないのですよね――がなぜあれほどまでに威信化・威光化され、いまなお世界中の軍服マニアたちの崇敬までをも集めるに至っているのか。

前者の個人崇拝については、まずナチ党内部のヒトラー崇拝が親衛隊という組織に固有のものであったことを見逃せません。

親衛隊はドイツ労働者党の警護班として一九二一年に組織された突撃隊に少し遅れて、ミュンヘン一揆前の一九二二年、ナチ党を結成したアントン・ドレクスラーから党首の座を簒奪したヒトラー専属のボディガード組織として発足しました。制度上は突撃隊の一部局でしたが、一九二三年に「アドルフ・ヒトラー衝撃隊」と個人名をつけた集団に改組され、ミュンヘン一揆失敗後にいったん解体されたあと、一九二五年に党再建の過程で再結成されると急速に独立性を強めてゆく。理由のひとつは、突撃隊が同時代の代表的な暴力派の極右組織として知られたエアハルト旅団などとのつながりが深く、それらの組織から突撃隊に流れ込んできた壮士きどりの連中が生え抜きの突撃隊員をしのぐようにまでなったために、規律の乱れを嫌ったヒトラーが子飼いの集団を必要としたからです。▽4 それともうひとつ大事な理由がありますが、そこはあとで触れましょう。

そして一九二九年一月、ハインリヒ・ヒムラーが全国指導者に就任し、ここから親衛隊は本格的に独自の原理を持つ組織として急拡大してゆくことになる。その原理がヒトラーの個人崇拝ですが、理路はいわゆるゲルマン・イデオロギー、すなわちドイツの法や社会規範に伝統化された「自由」と「誠実」（忠誠）の観念でした。前者はゲルマンの深い森に抱かれた自然児ならではの自由。後者は自然に育まれ、かつ厳しい自然を生き抜くための情熱と絆。

興味深いのはこの発想の背後をなすドイツ人の自己認識が、「ローマ人との対照」によって定位されていたことです。すなわち、古代ローマの歴史家タキトゥスの『ゲルマーニア』（紀元九八年）を典拠として、「ローマ人が商才に長け、合理的＝打算的であり、個人主義的であるとされたのと対照的に、ゲルマン人は誠実であり、情緒的＝情熱的であり、同族に拘束されている」というゲルマン人像が、この自己認識を背後から支えていた。▽5 実は『ゲルマーニア』はローマの知識人がローマ人の社会を批判するために、辺境の異郷ゲルマンをいくぶんか理想化して書いた本なのですが、フランク王国とカール大帝の御代を最後に神話的なノスタルジーの時代との訣《わか》れを実感しなければならなかった近代のドイツ社会にとっては、あらまほしき我が「起源」の自己像を、単なる願望ではなく客観的な真実であると主張するに恰好の古典だった。

また一九世紀の法学者ヴィクトル・エーレンベルクも、同種の自己認識のもとに「われわれ（ドイツ人）を激しく、深く、しかも暖かさと優しさを以てとらえる言葉として、誠実（Treue）にまさるものはない」といっています。わけても真に特殊ドイツ的な誠実というのは「勤務的誠実（Dienst-Treue）」または「臣下的誠実（Unterthanen-Treue）」と名づけるべき、主君と従士のあいだの緊密このうえない結びつきだという。[6]

エーレンベルクは実はユダヤ系で、ナチの手を逃れてイギリスに亡命したヴィクトル・エーレンベルクという同名の歴史家の伯父ですが（なお七〇年代の人気歌手オリヴィア・ニュートン＝ジョンの母方の曽祖父でもあるというのはウィキペディア情報）、重要なのはこの誠実＝忠誠が単に奴隷的な、一方的な服従ではなく、主君（Herr）の側にも高貴と誠実を求める双務的なものだったということです。ここがおそらく、単に反ローマ的ゲルマン＝ドイツというだけでない、それ自体近代の産物でもある小市民の文化や道徳観念と関わる結びめでしょう。

ついでながら最近のナチズム研究では、農村部など非都市部の人々における「下からの」ナチズムやヒトラー信仰の内実を再検討する――つまり庶民は必ずしも易々と「ナチ化」していたわけではないのではないかという――傾向がめだっていますが、[7]ここではヒトラーに「現人神《あらひとがみ》」として帰依する論理に注目してみたいわけです。その意味で、では果たしてヒトラーはその滅私的な従士の美徳にどう応える指導者だったのか。親衛隊は制服のベルトのバックルに「名誉こそわがすべて」と、ヒトラーから授かった言葉を記銘するほど絶対的な忠誠を「主君」に尽くしていたけれど、その態度が汎社会的なものとなり、いわば近代的な統治の原理に組み込まれるには、主君もまた名誉の化身でなければならない。

その答えを示唆する興味深い例が日本にあります。一九四〇年に日本で出版された森川覺三『ナチス獨逸の解剖』。戦時下の日本に同盟国ドイツの状況を紹介してベストセラーになったビジネス書ですが、その最終章が目を惹きます。章題が「ヒットラー總統の私生活」。そのなかでヒトラーは「独逸人の目から見れば世にも稀な、と云ふ程でもないが、先づ百人に一人位の美男である由」と紹介されています。昭和一五年ですから、まだ大方の日本人にとって新聞写真とわずかなニュース映画以外にヒトラーの顔をまともに見ることもなかった時期の記述です――

殊に、絶対的に清潔な生活と厳格な菜食主義とから来る血色の美しさ、不屈の精神力の現はれである男性的の強い眼、読書と思索に耽る澄み切つた瞳等は、彼の偉大な業績や八千万民衆の魂を揺り動かさずには措かない信念や、総統としての絶対的な地位等から切り離しても、個人ヒットラーは独逸女性に取つては等しく崇仰と愛慕の的となるに充分な条件を具へて居る……。最近に至つて漸く八千万民衆の隅々迄、総統が女性を近づけないのは決して意識的に近づけないのでもなく、又性的に不能不具でもなく、それは総統の日常住んでゐる境地が、かゝる地上的なものとは凡そ遠いものであつて、常に高邁な民族の理想に思ひを馳らせ、哲学的な思索に耽つて居つて、実際上総統には不自然でなく女性を必要として居ないのである事が知れ渡つたやうである。▽8

なんとも芝居がかった言いぐさで、よく読むと実は単なる朴念仁を余人には量《はか》りがたい奇特の人に仕立てる筆致ですが、先ほどのエーレンベルクの「従士の美徳」を思い出すと、どうやら書き手の言わんとするところもわからなくはない。つまり、酒も煙草も喫《や》らず、いたって粗餐のうえに女犯にも走らないとなれば、これはもう修行一途の求道僧のようなもので、それゆえにこそこの廉潔の士が「八千万民衆」のために示す誠実には、民衆もまた無類の忠誠を以て応えるべきなのだ――というわけです。

しかし、繰り返しますがあのイデオロギーは親衛隊がみずからをならず者めいた突撃隊と区別し、エリートとしての自己を確立するために用いた物語です。あるいは——昔なつかしい言葉を持ち出せば——共同幻想といってもいい。言い換えれば、党内覇権のためにあつらえた親衛隊のための「神話」が、やがてナチス党存立のイデオロギーになり、ついにはドイツ国家そのものを巻き込む倒錯の物語＝儀礼になってしまったというわけです。しかもその重要な結びめには、小市民のビーダーマイヤー的価値観が介在していた、という皮肉。

　ちなみにこの森川覺三という人物は大正一〇年に二五歳で京都帝大工学部を卒業したあと三菱商事に入社し、満州に五年、ドイツに五年、また満州に戻ったあと「有限責任独国三菱商事」の支配人などを務めてから日本政府の企画院勅任技師官に転じ、戦時中にまた民間に戻って日本能率協会の理事長になっている。満州国の黒幕官僚でもあった岸信介との関係も深く、戦後は高度成長期の大増産体制の旗振り役のひとりでもあった。つまりは戦前—戦後をとおして温存された日本のファッショ体制の、財界における事務方の主要な担い手というか民間官僚のような存在だったわけですね▽9。

擬制と嘲笑

　さてしかし、ここまでたどってみたうえで、まだ問題が残ります。こうしてみずからを一種の別格官幣大社に仕立てあげながら滅んだナチ・エリートの親衛隊が、なぜ、いまなお我々の想像力を左右しているのか。なぜあれほどまでに威信化・威光化され、儀礼的に崇拝される反面、ナチスをめぐるキッチュな通念の象徴にもなっているのか。

神話がいまも強力だからだ、というのは答えになりません。というのも現代の我々は、親衛隊の神話を信じてもいないどころか、ナチス的世界観が一種の擬制であったことを知りながら——というより擬制であったとの了解のもとに、それと戯れているからです。そしてそのしぐさを、我々は「キッチュ」と呼んでいる。

したがってその「キッチュ」は、原義のものとは大きく違う。田舎紳士を教養かぶれの俗物と嗤う知識人の嘲笑をこめたものが原義のキッチュ概念であるとするなら、嘲笑を我が身に引き受けるふりをして——つまり自嘲を装って——大衆文化に寄生するのが現代のキッチュです。すなわち、行き場を失くしたアヴァンギャルド、挫折した前衛のなれの果て。近ごろでは聞き飽きたかのように誰も口にしなくなりましたけれど、これこそ「ポストモダン」にほかならない。

いま振り返ると、そんな状態への最初の転機が一九七〇年前後だったことは経験的に明らかでしょう。たとえばナチズムとキッチュについての現代的な、おそらく最初の本格的な論考はソール（サユル）・フリードレンダーの『ナチズムの美学』（一九八二）ですが、そこで彼も「六〇年代末になって、西欧世界全体でナチズム・イメージが変化を見せ始めた」といっています——「あちこちで、左翼にあっても右翼にあっても、新たなディスクールということについて語りうるくらいに知覚可能かつ明示的な形で変化しはじめたのである[10]」。

この「新たなディスクール」がヴィスコンティであり、ジーバーベルクであり、またヒトラー・ユーゲントのフランス人少年隊員だった過去を描くミシェル・トゥルニエの小説『魔王』（一九七〇）であり、そしてスーザン・ソンタグの場合でいえばレニ・リーフェンシュタールの写真集『ヌバ』（一九七三）だった。

この写真集が出版されたときに、ソンタグはただちに反応して有名な「ファシズムの美学」（一九七四）を『ニューヨーク・レヴュー・オヴ・ブックス』に書くわけですが、いま読むとこの論文は、もうひとつ言い尽くしてない観がある。なんというか、例によって小気味よく批判の刃を繰り出しているものの、肝腎の急所をえぐってないというか、そんなもどかしい感じ。

それでも彼女が偉かったと思うのは、このなかで「キッチュ」という言葉を使っていないことです。たとえば彼女は「ドイツの教養のない一般大衆にとって、ナチスの芸術の魅力はそれが知的ではなく、単純で、具体的で、情緒的なところに、モダニズム芸術のしつこい複雑さからは得られない息抜きができる点にあったのかもしれない」▽11と、まさしくキッチュの存在をあっさり指摘しながら、その単語を使わない。

使わないということは伝達了解のエコノミーを重視しないということです。というのも、察するに彼女は、その言葉を使うことで問題が矮小化されてしまいかねないことを知っていた。矮小化というのは彼女の読者のなかで、ということです。彼女は自分の主たる読者がニューヨークの知識階級きどりのスノッブであることを知っていたので、「キッチュ」なんて語彙を使っただけでグリーンバーグのキッチュ論あたりを引き合いに、したり顔でせせら笑ってすませてしまうだろうことがわかっていた。

すませてしまう、というのは自分と切り離して、それこそ「教養のない一般大衆」の話だと片づけてしまうこと。本当はヌバ族の裸体を愛玩的に眺め回して、他人の目さえなければリーフェンシュタールにお追従のひとつも言いかねない――それこそ『カイエ・デュ・シネマ』の連中がそうしたように――のに。

もうひとつ、ソンタグのあのエッセイでわかるのは、彼女自身、ファシズムの美学に感応する自分がいることを知っていたということです。だからこそ彼女は、時機を逃さずに書かなくちゃと考えたのだし、それを誰にもわかるように、たとえ不経済でも諄々と解き明かし、書き留めなければならないと思った。ただ、そのためにあのエッセイはリーフェンシュタール批判を主軸にせざるを得ず、勢いにまかせたので単純ミスもいくつかやらかし、結果として「われわれの中にあるファシズム願望」[12]を剔抉するまでには至らなかった。だからこそ追いかけるようにして「展示Ⅱ」と題されたエッセイを、もうひとつ追加せずにはおれなかったわけです。

実際、この第Ⅱ編では、まるで息を吹き返したかのように才気煥発な筆致でファシズムの魅力——その性的な求引性——を語ってやみません。「制服にはある種の空想がついてまわる。……しかし制服とその写真とは同一のものではあり得ない——制服の写真のほうはエロティックなものであり、とくに親衛隊の制服はとりわけ強烈な幅の広い性的空想をかきたてるものだ」なんていうくだりは才気を通り越して、もはや軽薄才子ですね。

ソンタグという批評家のいいところはこの軽薄才子ぶりなので——というかそれを上手に、つまらない高踏や挑撥のそぶりによらず発揮できるところなので、だから彼女は学者のような野暮天には収まらなかった。そうなるには個性的でありすぎ、都会っ子でありすぎたのですよ、あの人は。

面白いのはこのエッセイが、空港の売店で見かけた『親衛隊の制服』というマニア本の書評の体裁をとっていることです。つまり親衛隊やナチ党そのものについての論評ではなく、カタログ本を手にしてそれを読む／見る者の心中にうごめく想像力の働きについて、それを分析的に描写している。「親衛隊の制服は体にピタリとはりつき、堅い重みがあり、手袋で両手を封じこめ、長靴で膝から下を重装し、直立姿勢を強制する」なんてね、これはまごうかたなきマニアというか賞翫者の目。だからこそ一足跳びに「『親衛隊の制服』が臆面もなく明白に証言している通りの性的な魅力」なんていうことができるわけです。しかも「アイロニーや過度の馴れによる摩滅などそしらぬふうに」という但し書きまでつけて。[13]

ついでながら日本で出ている『制服の帝国——ナチスSSの組織と軍装』というマニアックな研究書によると、もともとはヒトラー個人の護衛隊に過ぎなかったSSが軍隊型の階級制度を導入したのは、ヒムラーがSSの全国指導者に指名された一九二九年初めのことで、それまでは突撃隊の下部組織として同じ服装規定や徽章などを共有していたのを改めたといいます。で、ここから親衛隊はヒトラー個人への崇拝を基軸とする集団として急速に矯激化するわけですが、一九三二年の議会選挙で、同じく労働者層に支持の厚い共産党や社会党と競いながらナチ党の存在感を見せつけるための恫喝的な表現として、同年七月にあの威嚇的な黒い制服を制式としたという。[14]

さっきぼくは突撃隊と親衛隊を分ける理由がもうひとつあったといいましたが、それがこれですね。つまりエアハルト旅団など義勇軍きどりの極右組織は暴力革命辞さずの戦闘集団。しかしミュンヘン一揆の失敗で苦杯を舐めたヒトラーは、あくまで政権獲得の手続きは議会制度によらなければならないことを承知していた。そうでなければドイツのように成熟した市民社会——あるいはビーダーマイヤーの天下——を制することはできないわけですよ。そしてまた、だからこそナチスは、時と場合によれば武力も辞さずという力のイメージをも他方で必要としていた。

力のイメージとは、正確にいえば暴力装置としての正当性／正統性ということです。国家のみが占有し得る合法的な暴力の、あくまで理智的・抑制的な管理と制御。そしてそれを付託されるに相ふさわしい、気高い指導者＝主君としての総統ヒトラー。その正当性は議会制の手つづきによって保証される一方、正統性のほうはドイツ帝国以来の国防軍を掌握し、その伝統に連なることによって確保される。

ここでもう一度、親衛隊がもともと軍隊ではないことを思い出さなきゃなりません。ハリウッド製の大戦映画ばかり見ていると忘れそうになりますが、ドイツ軍はすべてがナチ（党員）だったわけではないし、突撃隊や親衛隊も国防軍ではなく、ナチ党こと「国家社会主義党ドイツ労働者党」とその党首ヒトラーの私兵組織だった。

突撃隊はカール・レームのもとで肥大して国防軍にとってかわろうとして、粛清の憂き目に遭いました。武装

ＳＳはとびぬけて軍隊化して蛮勇を馳せたことで知られるものの、その位置づけについては大いに議論の余地がある。たとえば一九六〇年代に武装ＳＳの元上級大将が回顧録を発表し、自分たちは国防軍の一部――陸海空三軍とならぶ「第四の国防軍」――だったと主張してドイツ国内で物議をかもしたことがあります。▽15 これは対外戦争の際には武装親衛隊が国防軍の指揮系統下に入るという規定があったからですが、議論の核心は戦時暴力の正当性――親衛隊が国家の正当な「暴力装置」であったか否か――をめぐる論争に宿り木して免責を得ようとした行為の是非にあるわけで、それがかえって正規軍に対する親衛隊の感情を裏返しに物語ってもいる。要するに親衛隊も突撃隊も、ドイツ国家の正統なる常備軍でありたかったわけですよ。

そこから端的にわかるのは、親衛隊や突撃隊はつまるところ軍隊のまがいもの《キッチュ》だった、ということです。たとえば陸軍の階級が肩章で示されるのを原則としたのに対して親衛隊の階級は襟章で示すとか、親衛隊の十八番《おはこ》と思われている黒服と髑髏の徽章（トーテンコップ）もプロイセン軍の軽騎兵の軍装に由来するだとか、ひとつひとつ由緒化した徴《しるし》を微細に体系化していますが、それは結局のところ、軍隊に酷似しながらもまったく異種の集団へと進化したことを意味している。それが親衛隊なのですね。その意味で、いわゆる親衛隊神話なるものは、リチャード・ドーソンのいう「フェイクロア」（擬似伝説）だということにもなるでしょう。

そうしてまたそれこそが、今日に至るまでナチスが――またその中核たる親衛隊が――、『スターウォーズ』の帝国軍をはじめ『エヴァンゲリオン』でもなんでも、世界中のいわゆるセカイ系ファンダム文化の「世界観」の源泉となっている理由でもあるというわけです。

さて、これで問いの半分は答えが出ましたが、またしても理路をはずれて迂路に入ってしまいました。元へ戻します。我々は一体なぜ、キッチュのフィルターをかけてまでナチスのイメージを賞翫することをやめないのか。それを考える一助として、ソンタグと同時代の日本のことに触れてみます。

一九七〇年前後の日本におけるキッチュといえば、なんといっても石子順造の一連のキッチュ論があります。彼は在野の美術評論家として出発し、つげ義春の同伴者としてマンガ批評の今日的な地平の開拓者になり、没後に刊行された「石子順造著作集」の収録作品リストによると、一九七〇年秋からキッチュ論を発表し始めている。七〇年秋といえば三島由紀夫と「楯の会」による自衛隊テロとちょうど同時期。またその年の春先には日航機「よど」号のハイジャックがあり、赤軍派が「われわれは明日のジョーである」という宣言を残して乗っ取りを決行している。このころ一般にキッチュという単語は人口に膾炙してなかったと思いますが、実質的にそう呼ぶべき出来事が頻発しつつあった。

そんな時代に書かれた石子のキッチュ論には、ふたつの骨子がありました。

ひとつは彼のいうキッチュが、鶴見俊輔のいう「限界芸術」とほぼ同義でありながらも、「芸術」と呼んだ途端に消えてしまうなにかを含んだものであるということ。「限界芸術」は純粋芸術（ファイン・アート）でも大衆芸術（マス・アート）でもなく、生活の場から生まれる工芸などのように「暮らし」と「芸術」の臨界にあるものを指す概念で、小野二郎が『紅茶を受け皿で』（一九八一）で紹介した「レッサー・アート」（小芸術）とも事実上同じといっていいでしょう。しかし石子はこれを「芸術」とは呼びたくないという。[16]

もうひとつは、彼のいう「キッチュ」が、「伝習的・共同体的な幻影」をたずさえながらも、「もっとも私人的な自己幻想に還元しつつ表現の匿名性を生きる」ものだということ。これはつまり、共同体組織《ゲマインシャフト》とのつながりのもとで「私の」でも「私たちの」でもあるような表現、ということですね。その昔のはやり言葉でいえば「極私的」というやつです。そしてこのうえで彼は、漁船の大漁旗だの、銭湯の書割だの、招き猫の置き物や金太郎飴のような〝画一的な手づくり〟をキッチュと呼ぶ。[17]

ついでながら、天皇の御真影やその他の人物像を論じた「写真のキッチュ」「肖像考」「ピンナップ」など一連の石子のエッセイは多木浩二『天皇の肖像』（一九八八）の観点を遙か先取りして、おそらく大きな影響というか着眼や発想——の少なくとも動機——を与えたこともいま見ると明白ですが、ともあれ石子のいう「キッチュ」は、ソンタグの親衛隊制服論の水準とは大きく隔たっている。

おそらく石子には、ローマ対ゲルマンの二項図式がドイツ人の自己像を原理的に支えたように、事実上の西洋化である近代化とともにもたらされた「純粋芸術」に対する日本的な民衆美学として「キッチュ」を定義しようとする発想があったものと思われます。そこにはおそらく、産業化されて一見近代化した大衆社会が、もとの出自だった共同体世界の集合的無意識を切り棄てようとしていることへの異議申し立ての意識が強かった。それは小市民化した大衆社会が振り棄ててきた民俗のエートスの救済とでもいうべきものであり、そういう意欲や関心は単に石子だけではなかった。ちょうどこの同じ時期に、谷川健一や網野善彦といった人々の仕事が本格的に注目を集めるようになったのは偶然ではありません。さっき言った小野二郎の民衆文化研究も、やはり同じころですね。

ちなみにこれらの面々がいずれも、もともと「学」の制度の外にあった在野の研究者だったということも見逃さないほうがいいかもしれない。石子順造のキッチュ論とは、その意味で、高度成長期の必然として起こった疎外へのマージナル・マンたちの応答のひとつでもあったということになるでしょうか。

しかしその後の日本社会がたどったのは、彼らが描いたような受容とは大きく異なる方向でした。実際、我々の社会がいま一般に口にする「キッチュ」も、もはや石子順造の唱えたものとは似ても似つかない。「バッド・テイスト」の同義語……というのとも違う、小馬鹿にしながら珍重する、なんというか賞味期限切れのポップアートを並べた美術館の売店《ミュージアム・ショップ》みたいなことになっている。賞味期限が来ても食べられはする、メーカーは推奨しません、でも著作権料さえ払えばTシャツもOK、てな感じ。

映画でもそうでしょう。かつて『地獄に堕ちた勇者ども』のあたりまでは、ナチスを描いてキッチュを体現した映画がありました。露・独・米と流れ歩いた二〇世紀のユダヤ人の典型のようなアナトール・リトヴァクの『将軍たちの夜』(一九六七)などもそうだし、ナチ党とはまったく無関係のはずの『荒鷲の要塞』(一九六八)なんかでは、ドイツ軍の将校に化けたクリント・イーストウッドの軍服姿が腰を抜かすほど似合わなくてね。当時中学生だったぼくはテアトル東京の席で頭を抱えて悩みました、「あんなので騙されるドイツ軍の兵隊なんているのか!?」。いやもう本気も本気、あのころは映画マニアになりたての初心で純情な中二坊主でしたからね。大体、イーストウッドほど、ちゃんと誂えた紳士服の似合わない映画スターなんてほかにいませんよ。『ダーティ・ハリー』(一九七一)だってなんだって、記憶に残るのは安い吊るしの背広なんだから。いや、それどころかマカロニ時代は襤褸《ぼろ》羽織ってるだけですからね。

でもね、そういう時代が去って、いまヒトラーやナチや残党狩りの映画が毎年山のように制作されて公開されるけれど、芯を穿つものがほとんどない。およそ唯一の例外といっていいのが『帰ってきたヒトラー』（二〇一五）で、あれの鋭いところはキッチュの末路を言い当てているところでしょう。あの場合、「期せずして」ではなく、まさに期して的を射たところが稀有ですね。しかしそれ以外は、少なくともキッチュの話に限ってみても壊滅状態というほかない。

なんでそんなことになってしまったのか。その答えの示唆が、アブラハム・モル『キッチュの心理学』（一九七一／七七）にあります。そのなかで著者――心理学者というよりコミュニケーション研究者という感じですが――は、キッチュ現象はいつの時代にもあるが、とりわけ好景気で社会が豊かになる時代に顕著になると指摘しています。[18]確かにキッチュはある種の糜爛《びらん》ですから、余剰を培養土に育つ。モルの議論は明らかに消費社会論なので――キッチュは様式ではなく、状態ないし過程なのだと繰り返し指摘しています――戦後日本のある種の側面を考えるには示唆的なものがある。

近ごろはなんでもバブル経済の時代に歪みの発端を見ようとする風潮がありますけれど、忘れてならないのはその前、つまり石子がキッチュ論を営々と書き継ぎながら早逝するまでの七〇年代が、実は日本経済躍進の盛期だったということです。たとえば一九七一年のニクソンによる金兌換制の停止と七三年のオイル・ショックは高度成長を終わらせ、不況をもたらしたといいますが、実際には失速する米国市場で日本の輸出品だけがマスキー法をクリアし、さながら今日のグローバル化を先取りするような勢いで存在感を示したあげく、一九七九年には『ジャパン・アズ・ナンバーワン』などという日本経済脅威論までが出てくるようになった。それが一九七〇年代です。そしてこの時期にキッチュは、国営公営企業までがこぞって消費を勧める「ディスカバー・ジャパン」

型の宣伝イメージに搦めとられて変態化してゆく。

あの時代のキッチュとはなんだったかを考えるうえで思い出すひとつが、安部公房が『内なる辺境』（一九七一）でいった「若者の反抗心をくすぐる旗印になりうるかのような、馬鹿げた錯覚」という言葉です。もともとは六八年に書かれたエッセイで、その前年に出たビートルズの「サージャント・ペパー」アルバムのジャケットなどを見たことをきっかけに書かれた「ミリタリィ・ルック」というエッセイですが、そのなかで安部はこういいます――

ぼくが苦々しく思ったのは、なにもミリタリィ・ルックの流行そのものに対してではなく、鉤十字の腕章で象徴されるような、美学的な軍服が、あたかも現代における異端であり、若者の反抗心をくすぐる旗印になりうるかのような、馬鹿げた錯覚を植えつけた世間の側に対してだったのだ。ミリタリィ・ルックが流行する以上、世間の若者の目には、平和が現代の大勢を支配している正統派として映っていたということになる。[19]

このエッセイが最初に掲載されたのは一九六八年の『中央公論』だそうで、それを読んだのが、折から「楯の会」を結成して、一〇〇人からなる隊員たちのためにあのキッチュな制服を自前であつらえてやっていた三島由紀夫。で、三島は安部への応答として「軍服を着る男の条件」なるエッセイを書いたらしい。[20]

掲載誌は『平凡パンチ』で、「楯の会」の宣伝のつもりもあったんでしょう。その主旨はといえば、当節のミリタリー・ルックなど笑止千万、軍服を着る資格とは「仕立のよい軍服のなかにギッチリ詰つた、鍛へぬいた筋肉質の肉体」と「まさかのときは命を捨てる覚悟」なのだという、まあよくある体のお説教というか、小言を装った軽口です。[21]

ですが、この軽口は軽口にならず、それどころかこんな紋切り型に忠義立てでもするかのように、まもなく三島は日本の文芸文壇を自壊に追いやる一歩を刻んでしまった。あまつさえ、ひょっとしたら前途有為であったのかもしれない若者まで死出の朋輩にしてしまった。いまだったら「イタい」の一言で冷笑されてしまうようなことに、あたら若いのを巻き込むのは罪ですよ。自決の直前に書かれたとおぼしい『地獄に堕ちた勇者ども』の絶讃文にせよ、あそこに「キッチュ」という情けない響きの単語が入っていれば、多少の冷却水にはなったでしょうに。

あの文章の終わりの有名な一文、「そのワグナー趣味において、そのドイツ風グロテスクにおいて、その女装好きにおいて、その神経の狂熱において、その重厚さにおいて、その肉体的加害にまさる心理的加害の交響楽的圧力において……」[22]と上ずってゆくあのくだりこそ、キッチュを演じているふりをしながら次第にキッチュに取り憑かれてゆく実例とでもいうべきでしょう。キッチュは小市民化した性悪な大衆文化の精髄なので、こういう自瀆行為にも似たエリート知識人の自己戯画を腹の底でせせら笑いながら、歓呼してみせるのですよ。

いま振り返ってみるに、おそらく一九七〇年の日本社会は、今日「キッチュ」と呼んでいるものの出現を目撃しながら、それを批判的に言い当てる言葉を持たなかった。同時代のソンタグは既にキャンプ論でこうした感受性の抬頭を指摘していたけれど、さらに展開することをしなかった。その理由は……おそらくグリーンバーグやドワイト・マクドナルドのミッドカルト論に義理立て、というかまあ、よくいえば遠慮したからなのでしょう。

他方、日本では石子順造が四九歳で亡くなり（一九七七）、小野二郎が五二歳で亡くなり（一九八二）、やがてキャンプ的感性は、徹底して政治を回避するしぐさをまるで意味あるやつしのように見なす一九八〇年代以降の幼態文化（?）へと転落してゆく……。

かつてロバート・オールドリッチは、出し殻で淹れたコーヒーみたいなミッキー・スピレインの原作をもとに、設定も筋立てもでたらめなのに画面の緊張感だけが異様なほど戦慄的な『キッスで殺せ』（一九五五）で、冷戦期アメリカのキッチュを体現してみせました。あれこそまさに大衆的な大衆文化の真骨頂。あの映画をソンタグがキャンプ論で見落としたのは痛恨の極みですよ。

しかしそれから既に半世紀以上を軽く過ぎたいま、世界は「民意に訊く」という眉唾なかけ声のもと、どこに実体があるのか定かでない幻獣を追いかける支離滅裂を演じている。事実は虚構より奇なり。いまや映画館の外に広がる風景こそ、おそらくはキッチュの名に最もふさわしいものなのでしょう。

——「かくて世界は終わる、かくて世界は終わる、轟きもなく、すすり泣きながら」。

▽1　三島由紀夫「性的変質から政治的変質へ——ヴィスコンティ『地獄に堕ちた勇者ども』をめぐつて」『決定版 三島由紀夫全集』第36巻「評論11」新潮社、二〇〇三年、九七頁。

▽2　吹田順助「歴史意識の推移——ビーダーマイヤー文化を中心として」『一橋論叢』四巻四号、一九三九年、三四三—三四四頁。

▽3　吹田順助『近代獨逸思潮史』南郊社、一九三八年、四〇二—四〇三頁。

▽4　芝健介『武装親衛隊とジェノサイド——暴力装置のメタモルフォーゼ』有志舎、二〇〇八年、一二—一三頁。

▽5　村上淳一『ゲルマン法史における自由と誠実』東京大学出版会、一九八〇年、一四—一五頁。

▽6 同前、一六八頁。

▽7 たとえば政治史の熊野直樹（九州大学）、農業史の藤原辰史（京都大学）らの一連の研究。ほかに民俗学の河野眞（愛知大学）の長年の研究も参照。

▽8 森川覺三『ナチス獨逸の解剖』コロナ社、一九四〇年、三四一―三四二頁。

▽9 裴富吉「日本能率協会と森川覺三」裴富吉学術論文公表ページ、二〇〇三年［http://centuryago.sakura.ne.jp/morikawa.htm］。

▽10 サユル・フリードレンダー『ナチズムの美学――キッチュと死についての考察』田中正人訳、社会思想社、一九九〇年、一〇頁。

▽11 スーザン・ソンタグ「ファシズムの美学」『土星の徴しの下に』富山太佳夫訳、晶文社、一九八二年／みすず書房、二〇〇七年、一〇三頁。原文は The New York Review of Books［https://www.nybooks.com/articles/1975/02/06/fascinating-fascism/］。

▽12 同前、一〇六頁。

▽13 同前、一一二頁。

▽14 山下英一郎『制服の帝国――ナチスSSの組織と軍装』彩流社、二〇一〇年、四一、四三頁。

▽15 芝『武装親衛隊とジェノサイド』、三頁。

▽16 石子順造「キッチュ論ノート」『石子順造著作集第一巻 キッチュ論』喇嘛舎、一九八六年、二一―二二頁。

▽17 同前、三四頁。

▽18 アブラハム・モル『キッチュの心理学』万沢正美訳、法政大学出版局、一九八六年、四頁。

▽19 安部公房『内なる辺境』中央公論社、一九七一年、一九頁。

▽20 大場健司「安部公房「ミリタリィ・ルック」あるいは実存主義的アナキズム――短編小説「保護色」、三島由紀夫、ロラン・バルト」『九大日文』第二五号、二〇一五年［http://scs.kyushu-u.ac.jp/~th/nitibun/kyudainitibun/25/25_oba.pdf］。

▽21 三島由紀夫「軍服を着る男の条件」『決定版 三島由紀夫全集』第35巻「評論11」新潮社、二〇〇三年、一九八頁。

▽22 三島「性的変質から政治的変質へ」、一〇一頁。

column

ハイル、タノ！　我が生徒たちとのファシズム体験

田野大輔

『ウェイヴ』の衝撃

ドイツ映画『THE WAVE ウェイヴ』*Die Welle*（二〇〇八）は、ドイツの高校で教師がはじめた「独裁制」の体験授業が、生徒たちを過激な行動へと駆り立てていくさまを描いた映画である。

「独裁制」をテーマとする実習を担当することになった教師ヴェンガーは、授業の最初にクラスの生徒たちに向かって「独裁とは何か？」と問いかける。だが生徒たちはまったく興味を示さず、自分たちには関係ないという態度をとる。「もうドイツでは独裁はありえない。そんな時代じゃない」。そうした

無気力な生徒たちを奮い立たせようと、ヴェンガーはクラスを独裁国家に見立てた大胆な体験型の授業を開始する。

彼はまず、自分のことを「様」付けで呼ぶよう指示し、発言の際には挙手と起立を義務づける。指導者を敬い、その指示に従うことが、独裁制の成立には欠かせないからだ。とはいえ、独裁制は上からの強制だけによって成立するものではない。下からの支持、集団の一体感にも支えられなくてはならない。それゆえ、ヴェンガーはクラスの仲間同士が助け合い、一致団結して自分たちの力を示すこと、さらに

共通の制服として白シャツを着ることも要求する［図1］。

最初は渋々従っていた生徒たちも、教室で一斉に足を踏み鳴らしたりしているうちに、徐々に授業にのめり込むようになっていく。今まで経験したことのない一体感に魅せられた彼らは、独自の敬礼を導入したり、ロゴマークを制作したりして、集団への帰属意識を強めるようになる。だがそれは、クラスが教師のコントロールを失って暴走しはじめたことを意味していた。「自分たちが力を合わせれば何だってできる」。そうした危険な万能感にのみ込まれた生徒たちは、やがて異を唱えるメンバーを排除し、外部の敵を攻撃するなど、本当の独裁国家の支持者のようにふるまいはじめるのである。

ヒトラーの独裁は過去の話ではなく、現代でも容易にくり返される。そのことを説得的に描き出した映画『THE WAVE ウェイヴ』の内容は、「ナチズムがなぜ多くのドイツ人の心をとらえたのか」を長年

図1　デニス・ガンゼル『THE WAVE ウェイヴ』（2008）

研究してきた筆者の問題意識と大きく重なるものであった。

そこで筆者は二〇一〇年から毎年一度、勤務先の甲南大学で担当している講義科目「社会意識論」（受講生約二五〇名）のなかで、この映画のシナリオを下敷きにした「ファシズムの体験学習」と題する二回の特別授業を実施するようになった。その内容は簡単に言うと、教師扮する指導者のもと独裁体制の支持者となった受講生が敬礼や行進、糾弾といったデモンストレーションを実践することで、ファシズムが生まれる仕組みとその危険性を体験的に学んでいくというものだ。

この体験授業の狙いは、集団が暴走することの怖さを受講生に身をもって実感させ、ファシズムに対する「免疫」を付けてもらうことにある。もちろん倫理上の問題を含む授業であり、心理的な影響も懸念されるため、実施にあたっては細心の注意を払い、危険な行為を防止する対策も講じている。

「ファシズムの体験学習」とは

一回目の授業は、ほぼ映画『THE WAVE ウェイヴ』のシナリオの通りに、教室でファシズムの成り立ちを学ぶ。まず最初に授業実施上の注意事項を伝えた上で、独裁的な政治形態をとるファシズムにとって指導者の存在が不可欠であることを説明し、教師がその指導者（「田野総統」）となることを宣言、全員に拍手喝采で賛同させる。満場一致で指導者を承認することが、独裁制の成立に向けた第一歩だ。

そして教師＝指導者に忠誠を誓わせる敬礼（右手を斜め上に挙げて「ハイル、タノ！」と叫ぶ）を導入し、教室でその敬礼と行進の練習を何度かおこなって、集団の力の大きさを実感させる。この練習の際、「もっと大きな声で！」「足を強く踏み鳴らして！」などと教師が煽ると、最初ためらいがちだった受講生の声は徐々に大きくなり、足踏みの音も揃ってきて、最後には教室中が轟音に包まれる。

さらに受講生を友達グループから引き離し、教師の指示への従属を強める目的で、誕生月ごとに座るよう席替えをおこなう。そしてこの指導者と支持者からなる集団（「田野帝国」）の目に見える標識として制服とロゴマークが重要であることを説明し、次回の授業に指定の制服（白シャツとジーパン）を着てくるよう伝える。

二回目の授業は、制服を着用して出席した受講生に対して、敬礼と行進の練習をさせるところからはじまる。ほぼ全員が同じ白シャツとジーパンを着て「ハイル、タノ！」と叫ぶさまは壮観だ。制服の効果は圧倒的で、声も足踏みの音も明らかに前回より迫力がある。

次いで前回の授業のまとめをおこなうが、その途中で私語をして授業を妨害する派手なシャツを着た出席者（事前に用意したサクラ）を注意し、教室の前に引きずり出して、見せしめのため首にプラカード（「私は田野総統に反抗しました」と書かれている）を掛けて立たせる。教室内は静まり返り、受講生は固唾を飲んで様子を見守っている。

一件落着後、集団の標識となるロゴマークの作成に入る。拍手による投票で三つの候補から選んだロゴマークをガムテープの切れ端にマジックで記入し、ワッペンとして胸に付けてもらう。さらに集団の目標として大学構内の「リア充」（カップル）の排除を掲げ、彼らを糾弾する掛け声（「リア充爆発しろ！」）の練習と合わせて、再度敬礼と行進の練習をおこなう。

その後、教室から大学内のグラウンドに移動しておこなわれるのが、授業の山場である屋外実習だ。異様な集団を見ようと集まった多くの野次馬（一般の学生）が見守るなか、グラウンドに整列した参加者はまず数回「ハイル、タノ！」の敬礼をおこなって教師＝指導者に忠誠を誓い、笛の音に従って誕生月ごとに隊列行進をおこなう。この段階ではまだ声も歩調もあまり揃っていない。

だが次にグラウンドの脇に座るカップル（これも

事前に用意したサクラ）を集団で取り囲み、拡声器の号令に合わせて「リア充爆発しろ！」と糾弾しはじめると、参加者の声は明らかに熱を増してくる［図2］。何度も大声で怒号を浴びせられたカップルがたまらず退散すると、参加者の間には誇らしげな表情が浮かぶ。三組のカップルを退散させ、拍手で目標達成を宣言した後、教室に戻って実習は終了となる。

この糾弾行動は映画『THE WAVE ウェイヴ』にはない脚色で、不測の事態を防ぐと同時に、授業の効果を高める目的で導入したものである。攻撃対象となる敵役を用意した上で、教師の号令のもと受講生にこれを糾弾させれば、攻撃的衝動をコントロールしつつ発散させることが可能となり、集団行動の危険性をより鮮明に印象づけることができると考えたのである。

以上のような一連のパフォーマンスを通じて、受講生は教師に指示されるまま集団に合わせて行動し

図2　「リア充」を糾弾する参加者たち（撮影：田中圭祐）

ているうちに、本来なら良心がとがめるような悪行に加担することになるわけだが、その過程で自分を含む集団の意識がどう変化するかを観察し、ファシズムの危険性がどこにあるかを認識するようになる。それがこの授業の狙いである。

受講生は何を体験したのか

過去一〇回の授業では受講生の参加意欲はきわめて高く、授業の狙いを的確に理解して、集団心理の働きに対する認識を深めているようだ。屋外実習の後に書いてもらったレポートからは、受講生が集団で一緒に行動しているうちに気持ちがどんどん高ぶってきて、社会的に許されないような行為にも平気になってしまう様子が読みとれる。

だがそれにしてもなぜ、このような意識の変化が生じるのだろう。同じ制服を着て指導者の命令に従うだけで、どうして人は過激な行動に走ってしまうのか。実習後の授業で筆者はレポートの内容を以下の三つの論点に整理して、受講生がみずからの体験をファシズムの危険性に対する認識につなげることができるよう、詳細なデブリーフィング（被験者への説明）をおこなっている。

①「集団の力の実感」

全員で一緒に行動するにつれて、自分の存在が大きくなったように感じ、集団に所属することへの誇りや他のメンバーとの連帯感、非メンバーに対する優越感を抱くようになる。

「大声が出せるようになった」「リア充を排除して達成感が湧いた」といった感想が示すように、参加者は集団の一員となることで自我を肥大化させ、「自分たちの力を誇示したい」という万能感に満たされるようになる。カップルに何度も怒号を浴びせているうちに参加者の声が熱を帯びてくる様子にも、そうした変化を見てとることができる。しかもそれが制服やロゴマークといった仕掛けによって促進されていることも重要である。

②「責任感の麻痺」

上からの命令に従い、他のメンバーに同調して行動しているうちに、自分の行動に責任を感じなくなり、敵に怒号を浴びせるという攻撃的な行動にも平気になってしまう。

「指導者から指示されたから」「みんなもやっているから」という理由で、参加者は個人としての判断を停止し、普段なら気がとがめるようなことも平然とおこなえるようになる。そこには権威への服従と集団への埋没が人びとを道具的状態（他人の意志の道具となる状態）に陥れ、無責任な行動に駆り立てていく仕組みを見出すことができる。最初はまとまりのなかった参加者が教師の指示や周囲の動向に影響されて徐々に一体感を強め、積極的に大声を出すようになるのも、そうした他人任せの姿勢によるところが大きい。

③「規範の変化」

最初は集団行動に恥ずかしさや気後れを感じていても、一緒に行動しているうちにそれが当たり前になり、自分たちの義務のように感じて真剣に取り組みはじめる。

「リア充が憎らしく思えた」「声を出さない人に苛立った」といった感想が示すように、参加者は上からの命令を遂行するという役割に順応し、集団の規範を自発的に維持・強化するようになる。これは人びとが自分の行動の責任を指導者に委ね、その命令を遂行することにのみ責任を感じはじめるという、状況的義務への拘束が生じていることを意味している。参加者はいつの間にか、教師と一緒に授業をやり遂げようとする共犯者に変貌してしまうのだ。

以上の三点のうち、①「集団の力の実感」は私たちが身近に経験しているものである。運動会の入場行進、サッカーの試合の応援、夏祭りの神輿巡行などに参加して、えも言われぬ興奮を覚えた経験は誰にでもあるはずだ。この種の集団行動はいつの時代にもどんな場所にも存在するもので、普通は一時的な高揚感を呼び起こすにとどまる。それが危険なファシズムへと変貌するのは、集団を統率する権威と結び付いたときである。

集団行動が権威と結び付くと、まず生じるのが②「責任感の麻痺」である。監獄実験やミルグラム実験の結果が示しているように、権威への服従は人びとを道具的状態に陥れ、自分の行動の結果に責任を感じなくさせる働きをもっている。そこではどんなに過激な行動に出ようとも、上からの命令なので自分の責任が問われることがない。逆説的なことに、権威に従属することによって人は行動に伴う責任から解放され、社会的な制約から「自由」に行動できるようになるのである。

しかもこうした治外法権的な状況が成立すると同時に、これを維持・強化しようとする動きが服従者の側から自発的に出てくる。それが③「規範の変化」である。人びとは上からの命令に従って敵を攻撃するという行動を正当なことと見なし、内面的・情緒的な関与を強めていく。芝居とわかっている行動であっても、人びとの義憤を駆り立てる危険な力を発揮しうるのだ。

こうして敵は容赦なく攻撃すべき「悪」となり、これを攻撃する行動は「正義」となる。自分は権威＝善の側に立ち、その後ろ盾のもとで悪に正義の鉄槌を下すという意識なので、攻撃をためらわせる内面的な抑制は働かない。それどころか、この「義挙」の前に立ちはだかるいかなる制約も正義を阻む脅威と見なされ、「自衛」のためにさらなる暴力の行使がもとめられることになる。

敵や異端者への攻撃のなかで、参加者は自分の抑圧された攻撃的衝動を発散できるだけでなく、正義の執行者としての自己肯定感や万能感も得ることができる。そこに認めることができるのは、暴力が歯止めを失って過激化していく負のスパイラルである。

ファシズムにのみ込まれないためには

このようなファシズムの危険な感化力は、私たちにも無縁のものではない。近年わが国では在日韓国・朝鮮人に対するヘイトスピーチが大きな社会問題となっているが、民族的出自の異なる人びとへの憎悪や敵意を煽る加害者たちの差別的・排外主義的言動が、権威と結び付いた集団行動の過激化のパターンをなぞっていることは明らかだ。

差別的な言動をくり返す加害者たちの内面的な動機に迫る上では、彼らがそうした活動のなかで感じる解放感、自分の感情を何の制約も受けずに表現できる「自由」の経験に注目することが必要だろう。「日本」というマジョリティの権威を笠に着ながら、数の力で社会的少数派や反対派に攻撃を仕掛けるという行動は、権威への服従がもたらす「責任からの解放」の産物である。彼らはこれによって存分に自分の欲求を満たしながら、堂々と正義の執行者を演じることができる。その何物にも代えがたい快感にこそ、ファシズムの危険な魅力があると言ってよい。

「ファシズムの体験学習」から得られる教訓は、ファシズムが上からの強制性と下からの自発性の結び付きによって生じる「責任からの解放」の産物だということである。指導者の指示に従ってさえいれば、自分の行動に責任を負わずにすむ。その解放感に流されて、思慮なく過激な行動に走ってしまう。表向きは上からの命令に従っているが、実際は自分の欲求を満たすことが動機となっているからだ。そうした下からの自発的な行動をすくい上げ、「無責任の連鎖」として社会全体に拡大していく運動が、ファシズムにほかならない。

この単純だが危険なメカニズムは、いくぶん形を変えながら社会のいたるところに遍在している。学校でのいじめから新興宗教による洗脳、さらには街頭でのヘイトデモにいたるまで、思想の左右を超えた集団行動の危険性を、私たちはあらためて認識する必要がある。世界中で排外主義やナショナリズムの嵐が吹き荒れている今日、ファシズムの危険な魅力に対処する必要はますます高まっている。大勢の人びとが熱狂に駆られて「正義の暴走」に向かったとき、これに抗うことができるかが一人ひとりに問われているのである。

［付記］本エッセイは、筆者が別の媒体に寄稿した次の二つの記事に加筆・修正を加え、まとめ直したものである。田野大輔「私が大学で「ナチスを体験する」授業を続ける理由」『現代ビジネス』二〇一八年七月六日、同「ファシズムは楽しい？ 集団行動の危険な魅力を考える」『時事オピニオン』二〇一八年一〇月一九日。

II HITLER - GERMAN STUDIES

HITLER - GERMAN STUDIES 04

ナチス時代のドイツ人

田野大輔 TANO Daisuke

ヒトラーに従った家畜たち？

ナチス時代のドイツ人は、どんな生活を送っていたのだろうか。この時代のドイツと言うと、ナチスの暴力が社会を覆い尽くし、人びとの自由な活動を抑圧した体制というイメージが強い。ゲシュタポなどの警察組織が国民の生活をすみずみまで監視し、少しでも反対の姿勢を示す者がいたらすぐに捕まえて強制収容所に放り込んだ暗黒時代。こうした単色のイメージは、ナチスを描いた戦後の映画においても一般化していると言ってよい。だが意外なことに、この時代を経験した人びとに対する戦後の聞き取り調査では、戦争がはじまるまでは「よい時代」だったと回想した人が多かったという。それは取りも直さず、国民の多くがナチスの支配に対して基本的に同意していたことを意味している。

さらに言えば、国民の一挙手一投足に監視の目を光らせていたと思われがちなゲシュタポも、けっして万能の存在ではなかった。ゲシュタポの職員の数は思いのほか少なく、地方では人員不足のため日々の業務にも支障をきたすありさまだった。こうした状況でゲシュタポの活動を支えたのは人びとの密告であり、それも隣人とのトラブルや家庭内のもめごとなど私的な動機にもとづくものが多かったようである。他人を陥れるための密告も多く、ゲシュタポはそうした情報に振り回されていたと言える。いずれにせよ、国民の多くが反対派に向けられたナチスの暴力を容認していたにとどまらず、それを積極的に下支えする役割まで果たしていた点には注目すべきだろう。

実際、ナチス政権下では何度か国民投票が実施され、ヒトラーがおこなった様々な政策に対する国民の総意が問われたが、公正な選挙ではないにせよ、九〇パーセント前後の支持が表明された。当時の世論を監視していたゲシュタポの報告書も、国民の多くがナチス政権の個々の政策には批判や不満を抱きながらも、ヒトラーの内政・外交上の成果には明確に賛同していたことを確認している。

もっとも、これを宣伝相ヨーゼフ・ゲッベルスの巧妙なプロパガンダの所産と見なし、ナチスが広範な大衆を洗脳して意のままに操ったかのように考えるのも、歴史的な現実を過度に単純化することになろう。ヒトラーの巧みな弁舌が多くの人びとを惹き付け、ラジオや映画を通じて国民全体を熱狂の渦に巻き込んだという見方は、いまなお一般的なナチス・イメージの基調をなしている。だがそうした見方は現実の一端を突いてはいるものの、ドイツ人が自分の意思をもたずに、あるいは恐怖に怯えながら、ハーメルンの笛吹き男の笛の音に誘われるまま、夢遊病者のように従っていたかのような誤った認識をもたらしかねない。ヒトラーがもっぱら暴力や宣伝の力で人びとを家畜のように従わせたという見方では、ナチス政権下の支配と服従の関係を十分に説明することはできない。

ドイツの国民は騙され脅されて動員されたのではなく、多かれ少なかれみずから積極的に隊列に加わったのだった。ヒトラーが独裁的な権力を握っていたことはたしかだが、その支配が広範な大衆の積極的な支持に支えられていたことを見落としてはならない。そこで考えるべきは、一見家畜の群れのように独裁者に従っていた人びとが、そこにどんな魅力を感じていたのかということである。彼らを積極的な支持へと走らせたものは何だったのだろうか。

熱狂の舞台裏

大衆の熱狂に支えられたナチスというイメージを形成したのは、何と言ってもやはりレニ・リーフェンシュタール監督の映画『意志の勝利』*Triumph des Willens*（一九三四）だろう。ヒトラーの依頼で制作されたこの映画は、一九三四年のナチ党大会を撮影した記録映画の体裁をとっている。映画の主役はもちろん「総統」で、カメラは執拗に彼の英雄的なポーズと、これに喝采を送る群衆の興奮を追いつづけている。映画の冒頭、雲の上からニュルンベルクに舞い降りる飛行機の映像は、あたかも救世主の到来を暗示しているかのようである［図1］。ここにはまさに、ドイツを席巻した「総統崇拝」が鮮やかに映像化されていると言うことができよう。

『意志の勝利』は公開後にドイツで記録的な観客動員を達成し、ナチスの圧倒的な動員力を印象付けることになった。だがこの映画を単なる宣伝映画と見るのは正しくない。ヒトラーから制作の全権を委ねられたリーフェンシュタールは、宣伝省その他から干渉を受けることなく、芸術家としての才能を存分に発揮することができた。斬新な撮影技術、大胆な構図、巧みな編集で生み出された迫力ある映像が、党大会を見事なスペクタクルに転化させ、プロパガンダの枠を超えた芸術性を獲得していることは否定できない。右腕をまっすぐに伸ばして敬礼するヒトラーの前を、親衛隊の隊列が規律正しく行進するシーンなどには、暴力性を秘めた冷徹な美の世界が現出していると言える［図2］。『意志の勝利』がナチスとヒトラーを美化し、その魅力をアピールする役割を果たしたことはたしかだが、そうした宣伝効果を発揮できたのも、逆説的なことに、同作が露骨なプロパガンダを避け、

図1・2　レニ・リーフェンシュタール『意志の勝利』(1934)

純粋な映像美に徹したからだったのである。

とはいえ、『意志の勝利』が現実の一部しか映し出していないことも事実である。党大会の期間中、ニュルンベルクの街は異様な興奮に包まれたが、参加者のほとんどはナチ党員や支持者によって占められ、一般大衆の関心はそれほど高くなかった。延々とくり返される式典、退屈で月並みな演説が、多くの人びとから参加の意欲を奪っただけではない。確信的な党員や支持者の間でも、一日中行進や集会に駆り出されるのを嫌って、参加を断る者が続出した。人びとは概して党大会に無関心であり、多くは義務だから参加したというのが実情だったようである。

こうした状況のもとで一定の参加者を確保するため、大会主催者は様々な便宜をはかることになった。その一つが金銭的な援助である。ドイツ各地の職場から選ばれた参加者には、ナチ党の圧力で数日の有給休暇が与えられたため、汽車賃と食事付き宿泊費が実質無料となった。参加者からすれば、これはニュルンベルク観光を援助してくれるという美味しい話だった。だがさらに重要なのは、大会への客寄せを目的として、様々な娯楽の催しが提供されたことである。「民衆の祭典」と銘打って、会場周辺で各種のアトラクションが提供されたが、そのなかにはサッカーの試合から大道芸、フォークダンス、映画上映、ビアガーデン、打ち上げ花火まで、ありとあらゆる催し物が含まれていた。無料で参加できるこの楽しいお祭りこそ、多くの参加者のもとめるものだった。

この祭典ではしばしば純然たる乱痴気騒ぎが展開され、大会本来の目的に抵触することになった。お祭り騒ぎに浮かれた参加者が、厳粛な式典を台無しにしてしまうことも多かった。そこには権力の誇示をはかるナチ党側と、放縦な享楽をもとめる参加者側の意図のズレが示されている。だが種々の娯楽に釣られてではあれ、多くの人びとがともかくも会場に足を運んだことは、少なくとも次のような意味で、ナチスの宣伝上の目的に役立った。すなわち、参加者が楽しい催しを通じて親睦を深め、高揚した気分のなかで「民族共同体」を実体験したことである。党大会の「熱狂」を語りうるとすれば、それはこのような意味においてだろう。

こうした党大会の実態は、実は宣伝省が打ち出した文化統制の方針とも一致するものだった。宣伝相ゲッベルスは、ラジオや映画を駆使して国民の「精神的動員」をはかったが、それは必ずしも文化を政治色で塗りつぶすことを意味しなかった。宣伝の大衆心理的な効果を重視した彼は、露骨にイデオロギーを押しつけるのではなく、軽い娯楽や息抜きを提供しながら巧妙に教化をはかるべきだという、かなり割り切った見解を有していた。民心を獲得するためには文化活動に一定の自由を保障し、その生産力を有効に活用する必要があると考えたのである。

この「喜ばせながらナチ化する」というべき宣伝省の方針のもと、ナチス時代には現代的な娯楽文化が花開くことになった。廉価なラジオ受信機が生産されて急速に普及し、流行歌を流す音楽番組が人気を集めただけでなく、映画の観客数も飛躍的に増加し、いくつもの娯楽作品がヒットした。特徴的なことに、ゲッベルスはラジオでの演説中継の多さがリスナーをうんざりさせるのを警戒して、政治的・宣伝的な番組の時間枠を制限し、多彩な娯楽番組を提供するよう指示を出していた。映画に関しても、彼は時局に迎合しただけの露骨な宣伝映画には批判的で、夢の世界を描き出す豪華絢爛な娯楽映画を提供することを重視していた。事実、ナチス政権下で制作された映画一一五〇本のうち、純然たる宣伝映画はせいぜい五パーセント程度で、残りのほとんどはヴァイマール期とほとんど変わらない娯楽映画だった。これらの映画は、国民の目を現実の重荷からそらし、心地よい生活を夢見させておこうという目的に役立つものだった。ゲッベルスにとっては、娯楽映画こそ最も重要な「国民教育手段」、民心維持のための「モラル装置」にほかならなかったのである。

一九四三年二月、ドイツの戦局が悪化するなか、ゲッベルスはいわゆる「総力戦演説」をおこなって、国民の闘争心を鼓舞しようとした。「諸君は総力戦を望むか？　諸君は必要とあらば、われわれがいま想像する以上の全面的で徹底的な戦争を望むか？」。宣伝相は演壇からこうした質問を投げかけ、聴衆の熱狂的な「そうだ！」の返答を引き出した。言うまでもないことだが、この聴衆の「熱狂」は仕込みであり、「宣伝の魔力」を裏付けるものではない。むしろ敗北の迫る深刻な現実が、こうした大がかりな芝居を必要とさせたと見るべきだろう。舞台裏はもっと平凡なものだった。戦争の現実を覆い隠し、国民の士気を高めるには、レヴュー映画のような純然たる娯楽作の方が効果的なことを、ゲッベルスは十分に認識していた。

戦争末期、意気消沈したヒトラーの演説を成功させようと、ゲッベルスは収容所からユダヤ人俳優を呼び寄せ、演説の指南をおこなわせる［図3］。ダニー・レヴィ監督の映画『わが教え子、ヒトラー』*Mein Führer*（二〇〇七）に描かれたこのストーリーは、もちろんフィクションにすぎない。だがそこに一片の真実が含まれているとすれば、それは「宣伝の魔力」なるものが張り子の虎にすぎなかっ

図3　ダニー・レヴィ『わが教え子、ヒトラー』（2007）

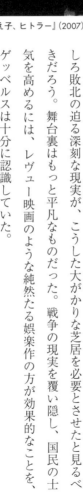

たことを突いた点をおいてほかにはないだろう。ナチスがドイツ国民を一人残らず動員したとする今日なおも見られる誤解は、ゲッベルスが宣伝の効果をくり返し自賛したことの影響と言うべきである。

消費社会の夢

居間のピアノの上に掛けられたベートーヴェンの肖像がヒトラーの肖像に掛け替えられ、ピアノの上には買ったばかりのラジオ受信機が誇らしげに置かれている［図4］。スイッチを入れると流れてくる軽快な音楽に喜びをあらわにする家族たち。フォルカー・シュレンドルフ監督の映画『ブリキの太鼓』*Die Blechtrommel*（一九七九）は、三歳で成長を止めた少年の目を通して、ナチス時代の到来をこのように描き出している。

ヒトラーの権力掌握後、次々に鳴り物入りで打ち出される景気刺激策は、人びとの生活が豊かになっていく兆候と受け止められた。なかでも国民の期待感を高めたのは、政府の肝煎りで発売された格安の技術製品で、その第一弾として華々しく登場したのが、一九三三年八月に同等品の半額程度の七六マルクで発売された「国民受信機」だった。一九三八年にはさらに安価な三六マルクの「ドイツ小型受信機」も発売され、一九四三年までに合計四三〇万台の国民受信機と二八〇万台の小型受信機が売れるという爆発的なヒットとなった。こうして各家庭に急速に行き渡ったラジオ受信機が、ナチスの政治宣伝を担ったことはたしかである。だが演説ばかりが放送されたわけではなく、大半を占めたのは軽い気晴らしを提供する娯楽番組だった。

この国民受信機と並んで国民の消費欲を掻き立てた技術製品が、「フォルクスワーゲン（国民車）」である。一九三四年二月、ヒトラーは政府主導による格安の乗用車の開発を発表し、あらゆる国民に自動車を提供することを約束した。それまで贅沢品だった自動車を労働者にも手の届くものにしようというこの計画は、前年に発表されたアウトバーン計画とともに、大衆的なモータリゼーションの幕開けを告げる号令となった。高名な設計技師であるフェルディナント・ポルシェが開発した甲虫のような形の自動車は、ヒトラーにより「歓喜力行団の車」と名付けられ、九九〇マルクで予約販売された。一九三七年からは「自分の車を運転したければ、週に五マルク貯金せよ！」という宣伝文句で、購入のための積み立て貯蓄がはじまった。貯蓄者の数は最終的に三三万人に上り、その払込金で現在のヴォルフスブルクに巨大な生産工場が建設された。だが待望の車を手にした人はいなかった。一九三九年九月に第二次世界大戦が勃発したため、フォルクスワーゲンの生産は中止され、四〇年以降この工場では軍用ジープだけが生産されたからである。

図4　フォルカー・シュレンドルフ『ブリキの太鼓』(1979)

これらの「国民」の名を冠した製品が広範な国民の願望に強く訴え、ナチス政権の安定と強化に貢献したことは想像に難くない。そこで決定的な意味をもったのは、先進技術の成果をあらゆる国民に提供するという約束で、国民受信機やフォルクスワーゲンは、まさに階級差のない「民族共同体」の実物宣伝となったのだった。その意味で、「民族共同体」は一種の「消費共同体」として人びとの心をつかんだと言うことができよう。ナチス指導部も、戦争をめざして軍備拡張を進める一方で、国民の消費願望を満たす配慮を欠かさなかった。食糧・物資不足がストライキや反乱の引き金となった第一次世界大戦の経験に学んだナチスは、国民の消費水準をできる限り維持するという社会政策的な譲歩によって、広範な大衆の同意を取り付けることにつとめた。そこにはまぎれもなく、多くの国民を体制の受益者・積極的な担い手として取り込もうとする「合意独裁」の本質があらわれている。

そうした努力の一環として見逃せないのが、ドイツ労働戦線の一部局、余暇組織の「歓喜力行団（喜びを通じて力を）」である。歓喜力行団は、労働者を階級闘争から引き離し、「民族共同体」への統合を促進するため、彼らに様々なレクリエーションを提供することを任務としていた。その多彩なプログラムには、旅行やスポーツ、観劇、コンサート、ダンスパーティーなどが含まれており、政治色の薄い民衆的な雰囲気もあいまって、非常に多くの参加者を獲得することになった。従来は上流階級の独占物だったものも多く、これを労働者にも手の届くものにするというのが、歓喜力行団のスローガンだった。その目玉となったのが、豪華客船による地中海やノルウェーへの船旅である。値段の高い海外旅行に参加できたのは経済的に余裕のある階層が多く、ほとんどの労働者には近場へのハイキングか週末旅行が関の山だったが、格安の団体旅行は大衆的な人気を博し、それまで旅行に縁のなかった人びとも旅行を楽しむようになった。

もちろん、大衆消費社会がナチス時代に実現したわけではなく、軍需生産が優先されたために消費もささやかなものにすぎなかったが、そうした社会に向かう気運が生じていたことはたしかであり、それが労働者の国民統合に少なからぬ役割を果たした。労働者は抑圧的な管理体制のもとに置かれたが、それは社会的平準化の促進や消費可能性の拡大と組み合わされていた。失業は克服され、完全雇用が実現し、労働者はふたたび収入を手にしていた。数年にわたる苦難の末、人びとはようやく「正常な時代」が到来したことを実感できたのである。

一九三〇年代後半、ドイツでは魅力的な消費材が出回り、現代的な娯楽・余暇文化が花開きつつあった。そうしたなか、人びとの生活のなかにどっと流れ込んできたのが、アメリカに由来する大衆文化である。一九四一年まで映画館ではアメリカ映画が間断なく上映され、ドイツ映画を上回るほどの観客を集めた。マレーネ・ディートリヒ、グレタ・ガルボ、キャサリン・ヘップバーンといったハリウッドのスターが注目の的となり、しばしば雑誌の表紙を飾っただけでなく、ウォルト・ディズニーの映画も幅広い層で人気を博し、ミッキーマウスが国民的なマスコットとなった。また、若者の間ではジャズやスウィングが熱狂的に支持され、ナチス当局の抑圧にもかかわらず、戦争末期にいたるまで様々な楽団がスウィングの演奏をつづけた。一九二〇年代末にドイツに進出したコカコーラはナチス政権下で売れ行きを伸ばし、ボトリング工場も一九三四年の五カ所から三九年の五〇カ所へと飛躍的に増加した。

こうしたアメリカニズムの流入は、ドイツ的な価値の破壊を恐れるナチスの教条主義者の非難を呼び起こしたが、これを阻止するために彼らがとった措置は、部分的なものにとどまった。国民の忠誠心を維持するためには、非政治的な娯楽や余暇の機会を提供し、国家の統制から自由な領域を保障する必要があったからである。これに呼応して、国民の側も政治的な動員の圧力に背を向け、気心の知れた私生活や余暇の楽しみへと逃避する傾向を強めるようになった。逆説的なことに、個人的な自由と幸福をもとめるアメリカ的な私生活主義が、娯楽や気晴らしを通じて民心の懐柔をはかるソフトな統治政策と結びついて、体制を安定させる役割を果したのである。

とはいえ、ナチス政権はつねに民心の懐柔に成功したわけではなかった。なかでも治安当局が手を焼いたのが、ジャズやスウィングに熱狂する若者集団で、「スウィング青年」と呼ばれたこの若者たちは、映画『スウィング・キッズ』*Swing Kids*（一九九三）の題材となっている［図5］。戦時中、彼らはヒトラー・ユーゲントに反抗して徒党を形成し、目立つ服装でダンスホールにあらわれ、禁止されたジャズやスウィングの曲に合わせてダンスを踊るなど、自由奔放なふるまいで衆目を集めた。当局はこうした若者集団の取り締まりに躍起となり、一部を強制収容所に送るまでしたが、目立った効果は上がらなかった。彼らの行動は総じて非政治的・個人主義的で、自覚的な抵抗にまで行き着くものではなかったが、その反規律的な態度には、ナチスが押し付ける規範への抗議の意味が込められていた。

非政治的な娯楽や余暇の機会の拡大、魅力的な消費材の普及は、国民の憧れる「正常」な生活が実現しつつあると感じさせるには十分だった。だがこの「正常性」が、それを脅かす「異質なもの」の排除によって成り立っていたことも忘れてはならない。政権についたナチスは、ヴァイマール共和国の腐敗や退廃を一掃し、ドイツを異民族の影響から解放することを約束して、左翼やユダヤ人、「反社会的分子」の暴力的な排除を進めたが、国民の多くもまた、ナチスの暴力が秩序の回復に役立ち、社会的アウトサイダーの排除に向けられている限りは、これを基本的に容認していた。

図5　トーマス・カーター『スウィング・キッズ』(1993)

こうした「正常性」の追求は、非ドイツ的な文化の粛清にまで進んだ。なかでも悪名高いのが、一九三七年の「退廃芸術展」である。そこでは表現主義、ダダイズム、新即物主義、キュービズムなど、「退廃」の烙印を押された作品が見せしめにされた。難解な前衛芸術に対する大衆の憎悪を掻き立てる意図があったことは明らかで、ナチスはこうした作品を政治的・人種的に堕落したものと決め付け、ドイツ民族の健全な感情を損なうという理由で一掃しようとしたのである。もっとも、これに代わって独自の芸術が打ち出されたわけではなく、粛清後の空白を埋めたのも、ほとんどが月並みな作品ばかりだった。一九三〇年代後半に一気に花開いたかに見える非政治的な娯楽・余暇文化にしても、文化生活の全面的統制をはかる体制の管理要求が限界に突き当たったことを示すものでもあった。

文化生産に携わる芸術家の側も、こうした状況への適応をはかった。彼らの多くは表向きは体制に忠誠を誓いつつ、政治との必要以上の関わりを避けて創作に打ち込む姿勢をとったが、それが時代にとらわれない文化活動の継続を可能にするとともに、非政治的な文化や娯楽をもとめる国民・体制双方の需要を満たす結果につながったのである。この困難な時代を生きた芸術家の苦悩を描き出しているのが、クラウス・マリア・ブランダウアー主演の映画『メフィスト』*Mephisto*(一九八一)である。ナチス政権下、メフィスト役で一世を風靡した名優グスタフ・グリュントゲンスをモデルとした作品だが、演劇に没頭して名声をつかむも権力に翻弄されていく主人公の姿は、ナチスによる文化の道具化を生々しく物語っている。

第二次世界大戦末期、多数の避難民を乗せてバルト海を西へ向かっていたドイツの大型客船が、ソ連潜水艦の魚雷攻撃を受けて沈没する。九〇〇〇人もの犠牲者を出したこの史上最大の海難事故を描いたのが、ヨーゼフ・フィルスマイアー監督の映画『シップ・オブ・ノーリターン～グストロフ号の悲劇～』*Die Gustloff*(二〇〇八)である。注目に値するのは、沈没したヴィルヘルム・グストロフ号の来歴である。この船はもともと歓喜力行団の客船として建造されたもので、開戦までは地中海やノルウェーへのクルーズを提供していたのだった。その意味で、グストロフ号の末路は戦争の悲劇を物語ると同時に、ナチス政権が掻き立てた海外旅行への憧れ、消費社会の夢が潰えたことも象徴している。多くのドイツ人がこぞって地中海へバカンスに出かけ、自動車や電化製品を手にするようになるのは、戦後しばらくたった一九五〇年代後半以降のことである。

性的欲望の動員

ところで、人びとの欲望を満たして「民族共同体」に取り込もうとするナチスの姿勢は、性生活の領域にも見出すことができる。一般的な見方では、ナチスは性の問題に対して抑圧的であって、当時の国民は欲望の充足を厳しく制限されていたかのように考えられがちである。たしかにナチ党の公式教義は純潔な結婚と家族の理想を訴え、ヒトラー・ユーゲントやドイツ女子青年団も若者たちに貞節を守る必要を説いていた。だがナチスは実際にはそれほど結婚を重視していたわけでも、禁欲的であったわけでもなく、婚前・婚外の性的関係を容認し、性欲の充足を奨励するような政策もとっていた。

事実、ヒトラーをはじめとするナチスの指導者たちは、性を抑圧する上流階級の偽善的な態度を批判し、もっと率直に性の喜びを認めるべきだと主張していた。ナチスにとっては子どもの出生数を増やすことが最優先の課題だったので、結婚をしていようがしていまいが、男女が自然な欲求に従って交わることを奨励する必要があった。しかも彼らの考えでは、性の抑圧は同性愛などの性的倒錯や性的非行をもたらす原因にもなりうるものだった。そうした理由から、「寝た子を起こすな」的な古い性道徳からの脱却がはかられ、健全な性の営みを積極的に肯定しようという、ある意味で「進歩的」な主張が展開されることになったのだった。

こうしたナチスの姿勢を印象的に描き出しているのが、ルキノ・ヴィスコンティ監督の映画『地獄に堕ちた勇者ども』*The Damned*（一九六九）である［図6］。主人公のマルティンは鉄鋼財閥一族の唯一の直系で、強圧的な母親に屈従し、女装癖と幼児性愛癖を捨てられない繊細な青年だが、親衛隊将校アッシェンバッハの陰謀に加担し、親衛隊に入隊するや「本物の男」に生まれ変わり、自分を抑圧してきた母親とその内縁の夫に復讐の牙をむく。ここではナチスは、息苦しい市民社会の偽善を打破し、青年の倒錯した性を浄化する冷酷な「健全さ」の担い手として登場するのである。

図6　ルキノ・ヴィスコンティ『地獄に堕ちた勇者ども』(1969)

　実際にもナチス政権下では、男女が欲求のおもむくままに性愛を享受することこそすばらしい、そういう営みを汚れたものと批判するのは偽善的だとして、「自然で健康」な性の喜びが公的に擁護されていた。親衛隊長官ハインリヒ・ヒムラーは、若者を同性愛の危険から救うため、男女の出会いの場をもうけて婚前交渉を促進することまで要求していた。出生数を増加させる狙いがあったことは明らかだが、生殖に寄与するかどうかを問わず、性交そのものに積極的な意味が認められていたことも事実だった。ヒムラーにとっては、若い男性の女遊びのような行動ですら、「健全」な本能の発露として擁護すべきものだったのである。

　露骨に性交を奨励するヒトラーらの主張にも後押しされて、ナチス時代には男女関係を束縛する性的タブーが弱まり、享楽をもとめる放埒な行動が広まっていた。戦争による社会的混乱もこれに拍車をかけ、若い男女の性的非行や外国人との性的関係など、様々な憂慮すべき事態が生じることになったが、ナチス当局はこれに暴力で対処することしかできなかった。さらにまた、生殖と切り離された性の消費化の傾向も進行し、映画や雑誌などには女性のヌードが頻繁に提示され

図7　ヨーゼフ・フォン・バーキ『ほら男爵の冒険』(1943)

た。これらのヌードは、帝政期以来の裸体文化運動（ヌーディズム）の伝統を受け継ぎ、「肉体の喜び」を肯定するものとして賛美されたが、実際には国民の目を楽しませるポルノとして消費されたことも明らかだった。宣伝相ゲッベルスは、民心の維持をはかる目的でエロティシズムを公然と擁護し、映画や舞台での裸体の提示を容認する指令まで出していた。たとえばウーファ創立二五周年記念作として制作されたカラー映画『ほら男爵の冒険』*Münchhausen*（一九四三）には、スルタンのハーレムで美しい女性たちが裸で水浴びをするシーンが登場する［図7］。ドイツの映画産業は、戦争末期にいたるまでスクリーン上で裸体の提示に励んだのだった。

もちろん、欲望の充足を許されたのは国のために尽くした男性、とくに兵士たちが中心だったことを忘れてはならない。彼らの性欲を充足しようとする姿勢は、何よりも売買春の問題への対応に示されている。ナチスはもともと売買春の撲滅を訴えていたのだが、権力を掌握するとすぐに方針を転換し、公衆衛生上の目的で街娼を禁止する一方、警察・保健当局の監督下で売春宿の営業を認めるという、事実上の封じ込めに乗り出すようになった。警察は保守派の反発を無視して売春業への介入を強化し、みずから公認の売春宿や売春街を設立する措置までとった。戦争が勃発すると、国防軍も兵士のために各地に軍用売春宿を設置するようになり、その数は最大で五〇〇軒に達した。このほかにも、ドイツ国内で働く外国人労働者向けの売春宿や、強制収容所の囚人用の売春施設も存在した。これらの売春宿の設置を根拠付けたのは、男性の性欲にははけ口を与える必要があり、士気の維持や生産性の向上に役立つならば、それを徹底的に活用すべきだという基本的な認識であった。そこでは言うまでもなく、女性は男性の性欲充足の手段にすぎなかった。

上半身裸でサスペンダー付きのズボンをはき、軍帽に黒の長手袋を付けた美しいユダヤ人の女性囚人が、親衛隊員たちの集うクラブで物憂げに歌いながら踊る。リリアーナ・カヴァーニ監督の映画『愛の嵐』*Il Portiere di notte*（一九七四）に登場するこの有名なシーンは、親衛隊の黒い制服が放つ妖しい魅力の正体を暴き出している。ナチスの冷酷な「健全さ」が行き着いた先は、結局のところ男性権力による女性支配にほかならなかったと言えよう。

彼らは自由だと思っていた

ドイツ人がなぜヒトラーに従ったのかという問題を考察した研究としては、エーリヒ・フロムの『自由からの逃走』*Escape from Freedom*（一九四一）がよく知られている。フロムの主張によれば、ドイツの人びとはヴァイマール時代の自由が苦しくなって、その重荷から逃れるために独裁のもとに走ったということになる。だがこれまで見てきたように、こうした見方は実態とはかけ離れていると言える。ナチス時代の人びとは家畜の群れのように独裁者に従っていたように見えるが、実際には自分の利益を追求する機会を与えられ、少なくとも意識の上での解放を、その限りでの「自由」を経験していた。ミルトン・マイヤーの著書のタイトルを借りて言えば、『彼らは自由だと思っていた』*They Thought They Were Free*（一九五五）のだった。

当時の人びとは単に受動的に服従していたわけではなかった。国民受信機やフォルクスワーゲンから豪華客船による船旅、さらには婚前・婚外交渉の機会まで、様々な報酬が与えられただけではない。彼らの欲望の充足は、それまで不当にもかなえられなかった当然の要求、「民族共同体」のメンバーの正当な権利として公的なお墨付きも受けていた。そうした大義名分のもとで個々人が私利私欲を追求していった結果、彼らの行動はますます過激なものとなっていく。一九三八年一一月の「水晶の夜」のような反ユダヤ主義暴動も、ユダヤ人への憎しみだけによって生じたわけではない。持たざる者たちの不当利得者への義憤、それを隠れ蓑にした私利私欲の追求もまた、ユダヤ人の商店や住居への略奪行為を激化させた原因だったのである。

このように見ると、ナチスは人びとの欲望を抑圧したというよりはむしろ、それを解放することで自分たちの隊列に取り込んだと言うことができよう。ナチス政権下では、支配者と服従者は一種の共犯関係にあった。その関係が最終的には戦争やホロコーストをもたらす元凶となったことを、私たちは忘れてはならない。

［付記］本論考は、筆者が別の媒体に寄稿した次の四つの論説に加筆・修正を加え、まとめ直したものである。田野大輔「プロパガンダと動員」「奇跡の経済」「消費社会の幕開け」「ナチス独裁下の性とジェンダー」田野大輔・柳原伸洋編『教養のドイツ現代史』ミネルヴァ書房、二〇一六年。

HITLER - GERMAN STUDIES 05

戦後ドイツにおけるヒトラーの表象

悪魔からコメディアンへ

高橋秀寿 TAKAHASHI Hidetoshi

はじめに

ヒトラーが生身の人間として現代によみがえり、コメディアンとして人気を博す――こんなストーリーが展開する小説『帰ってきたヒトラー』が二〇一二年に刊行され、瞬く間にベストセラーへの道を邁進した。さらに二〇一五年に映画化が実現し、ドイツで二百数十万人が映画館に足を運んでいる。そもそも戦後のドイツ人は、ヒトラーを生んだ国民として肩身の狭い思いをしてきたはずである。そして、ハーケンクロイツなどナチズムの記号の使用がいまなお法的に禁止されているように、その過去の取り扱いに細心の注意を払っている「過去の克服」の優等生でもある。それにもかかわらず、生き返って、現代ドイツで活躍するヒトラーがドイツの映画館のスクリーンに登場したのだ。しかも、ヒトラーと第三帝国をテーマとするドイツ産の映画は『帰ってきたヒトラー』だけではない。ほぼ毎年のように制作されている。いったい、何が起きているのであろうか。

興味深いことに、ドイツ内外で制作されたこの種の映画が日本で公開されると、『帰ってきたヒトラー』だけではなく、その邦題の多くには『ヒトラー～最期の12日間～』(二〇〇四)、『我が教え子、ヒトラー』(二〇〇七)、『我が闘争――若き日のアドルフ・ヒトラー』(二〇〇九)、『ヒトラー暗殺、15分の誤算』(二〇一五)、『ホロコースト――アドルフ・ヒトラーの洗礼』(二〇〇二)、『ヒトラーの旋律』(二〇〇五)、『ヒトラーの追跡』(二〇〇五)、『ヒトラーの忘れもの』(二〇一五)、『ヒトラーの偽札』(二〇〇七)、『顔のないヒトラーたち』(二〇一四)、『ヒトラーへの285枚の葉書』(二〇一六)、『ヒトラーを欺いた黄色い星』(二〇一七)、『ヒトラーに屈しなかった国王』(二〇一六)といったように、「ヒトラー」の名前が付けられている。実はここであげた最初の四作を除くと、これらの映画のテーマはヒトラーと直接的に関わっていない。それにもかかわらず、この種の映画のポスターにヒトラーの名前は毎年のように登場している。つまり、いまや「ヒトラー」は売れ行きが上がるキャッチーな記号となっているのである。もちろんそれは本家本元のドイツでも同じで、ヒトラーを表紙や題名に付けると刊行物の売れ行きが伸びるといったことはまったく珍しくない。アメリカのアニメ・シリーズ『ザ・シンプソンズ』でヒトラーが頻繁に登場しているように、この現象は全世界で見られるようだ。アドルフ・ヒトラーほどポピュラーカルチャーに頻繁に登場し、利益を生む世界史上の「有名人」は見当たらないだろう。

このような状況を前にして、『フランクフルト・ルントシャウ』紙は眉をひそめながら、「この独裁者は悪のシンボルであるだけではない。ヒトラーは売れ行きのよいポップ・スターでもある」と指摘している。ナチス時代は、市場で通用できるようにいまの時代に転用され、「任意に置換可能な悪の記号」になってしまったために些末化された。この些末化は顔を必要とするが、それがヒトラーなのであり、こうして彼は「ポップカルチャーにおける悪のイコンに変異した」のだという。▽1

たしかに、ヒトラーが生き返って、コメディアンとして活躍するというストーリーの小説と映画が政治・社会的に許容され、商業的に成功することなど、戦後ドイツにおいて長らく、想像さえできないことだった。このことは、「帰ってきたビン・ラーディン」なる小説があったとして、それを映画にして商業的な成功を得ようとたくらむことが、現在において深刻な政治的スキャンダルを起こしかねない、きわめて危険な行為であることを推測できる者ならば容易に納得できるだろう。逆に言えば、『帰ってきたヒトラー』のヒットは、ヒトラーの復活劇のような物語が今日ではもはや政治・社会的に危険ではなく、タブーではなくなりつつあることを示している。

ヒトラーとナチズムの「些末化」を批判する前述の『フランクフルト・ルントシャウ』紙の論調は、このような物語が内包する政治・社会的な危険性が認識されていないという警告の声なのである。もっとも、「ヒトラーもの」からこの危険性がある程度は排除されなければ、ヒットなどありえないことも確かだ。もし、ネオナチを擁護し、その活動を奨励するような内容であったならば、その物語はアングラの世界でしか受容されなかったであろう。

では、ヒトラーを喜劇の主人公に据えるという物語上のタブーはどのように打ち破られたのだろうか。「ヒトラーもの」が受容されたのは、それがどのような内容とメッセージを内包していたからなのであろうか。これから、戦後ドイツにおいて映画に表象されたヒトラーの変化を分析することによって、ヒトラーとその時代が「任意に転換可能な悪の記号」や、「ポップカルチャーにおける悪のイコン」に変容していった歴史的過程とその意味[▽2]を考察しながら、その問いに答えてみよう。

戦後のヒトラー表象

第三帝国下のドイツで、ヒトラーに扮した役者が主役を務める映画が制作されることはなかったが、ナチス時代を代表する映画のなかでヒトラーは「主役」を演じていた。その映画とは、ナチ党大会の記録映画であるレニ・リーフェンシュタールの『意志の勝利』（一九三四）である。ここでヒトラーは、二時間弱の上映時間の三分の一にわたって登場し、ドイツ民族からの絶大なる支持を受けていた彼の権威を誇示していた。もっとも当時、

『意志の勝利』はかならずしも人気があったというわけではなかったようで、この映画自体がナチス時代におけるヒトラーのイメージを作り上げたと断言することはできないようだ。▽3

ところが、このプロパガンダ的な映画は戦後になって戦勝国によって断片的に利用され、ヒトラーのイメージ形成に影響力をもつことになる。たとえば、強制収容所でのナチスドイツの犯罪を周知させるために、一九四五年に連合軍によって制作された記録映画『死の碾き臼』*Death Mills*では、解放後の強制収容所を強制的に見学させられたドイツ市民が驚愕しているシーンのあとに、右手をあげてヒトラーに熱狂的な挨拶をする『意志の勝利』のシーン［図1］が流されている。この場面でのナレーションは、ナチスの政権掌握の時も、ラインラント進駐の時も、ポーランド侵攻の時もヒトラーの政策に賛成したドイツ人の責任を問うている。ナチスドイツの歴史的犯罪に、ドイツ国民全体が少なくとも間接的に関わっており、彼らにその責任があるという「集団的罪」のテーゼを広めることで、連合国の対独占領政策を正当化し、その遂行を円滑化することに、『死の碾き臼』の目的があったからである。つまり、『意志の勝利』やほかの映画ニュースの映像は、ヒトラーに対するドイツ国民の妄信的関係とその犯罪への関与を示す証拠映像として使用された。ただ、このテーゼにもとづく対独占領政策はすぐさま打ち切られ、ニュルンベルク裁判でもドイツ国民全体ではなく、ヘルマン・ゲーリングやアルベルト・シュペーアなどの個人の罪が問題とされた。しかし、指導者としての威厳を

図1　『死の碾き臼』(1945)に引用された『意志の勝利』のシーン

備えたヒトラーと、彼に熱狂・心酔する民族との一体感を描き出していたこれらの映像は戦後にくり返し流され、戦後の西ドイツ人の記憶に深く刻まれることになった。ナチス時代のプロパガンダ映像は、今度は真逆の立場から第三帝国の「真実」を示す役割を果たすことになったのである。

戦後の西ドイツにおいて、ヒトラーが映画で描かれることの困難な状況がここに確認されるだろう。ヒトラーに熱狂した国民の姿が映像を通して深く記憶に刻み込まれていた一方で、熱狂の対象としてのヒトラーを映画に登場させることはできなかった。それは、実質的にナチスのプロパガンダをくり返すことになりかねず、反全体主義を国是とする西ドイツの国家と社会にとってとうてい許容できるものではなかった。

しかし、ハリウッドがヒトラーの描き方のモデルを提示することになる。一九五一年に第二次世界大戦のドイツ元帥、エルヴィン・ロンメルの人間性と悲劇を描く映画『砂漠の鬼将軍』*The Desert Fox: The Story of Rommel* が制作されたが、この映画は五〇年代に流行する「戦争映画」の火付け役になると同時に、その映画ジャンルの雛型を提供したのである。旧敵が制作し、西ドイツで興行成績を上げたこの映画で、ドイツ軍の伝説的な将軍であるロンメルは、専門的で、客観的な情勢判断に基づく人道的な指令と命令を下し、兵士とともに行動することで、部下と信頼関係を結んでいる軍人として描き出された。これに対してヒトラーとその取り巻きは、素人的な主観的判断に基づいて兵士たちの犠牲を厭わない命令——たとえば「一ミリたりとも撤退はありえない。勝利か死かの選択しかない」（ヒトラーの前線への電報）——を下すことで、前線で指揮を執るロンメルを悩ませる。彼は無駄な犠牲を避けるためにその命令を拒否したが、それに対してヒトラーは激怒し、侮辱的な言葉をロンメルに投げつける。ヒトラーの戦術的な誤謬に対してロンメルは助言を申し出るが、それも拒否されるなかで彼は、国防軍内部に拡がっていたヒトラー暗殺を画策する集団に接近していき、そのかどで自殺を強要されて物語は終わる。つまり、この映画ではヒトラーに熱狂した人びとではなく、彼に敵対したロンメルにヒトラー支配下のドイツ国民を表象＝代表させることで、ヒトラーを非国民化することが試みられているのである。そのためヒトラーはエゴイスティックな悪魔として登場している［図2］。

このようなヒトラーの描き方は、スターリングラード戦の敗北をテーマにした一九五八年の映画『犬どもよ、永遠に生きたいか』*Hunde, wollot ihr ewig leben* でも踏襲された。『砂漠の鬼将軍』では〈独善的なヒトラーとその取り巻きの政治集団vs人道的なスペシャリスト集団としての国防軍〉という二項対立の構図でストーリーが展開されるが、『犬どもよ、永遠に生きたいか』でも〈スターリングラード戦の敗北の責任者・加害者vsその犠牲者〉の構図で二項対立は明確にあらわれている。ドイツ国内では、専門的な提言をする国防軍幕僚とそれを無視するヒトラーとの対立、前線での指導部レベルでは、ヒトラーの理不尽な命令に服従する将軍と客観的に情勢を判断する将軍との対立がこの映画で強調されている。このことによって、スターリングラードの破局的終末の責任はヒトラー個人とその取り巻きや、出世欲にかられて無謀な命令を下す前線の将校に帰せられ、一般兵士は彼らが決定した非人間的な戦闘の犠牲者として描かれている。

図2　ヘンリー・ハサウェイ『砂漠の鬼将軍』（1951）

図3　フランク・ヴィスバー『犬どもよ、永遠に生きたいか』（1958）

そしてスターリングラード戦で第六軍が降伏したあとに、ベルリンの執務室で側近が「第六軍は死滅しました」と語って、敗北と九万人以上の捕虜の存在を伝えるシーンでヒトラーが登場するが［図3］、彼は振り返りもせずにその報告を聞き流し、「それは一つの軍にすぎない、新しい軍を編成しなさい」と、自らの軍隊の犠牲者と捕虜のこれからの運命のことは歯牙にもかけない命令を下す。そのあとのシーンで、スターリングラードの雪原のなかを捕虜収容所に向かうドイツ兵の長い列が実写映像も含めて流される。つまりこの映画では、スターリングラード戦の犠牲者は歴史的に国民として表象＝代表される一方で、ヒトラーを中心とする敗北の責任者は、兵士の不幸を一顧だにしないエゴイスティックな悪魔役を割り当てられ、非国民化されているのである。

『最終幕』にみるヒトラーの表象

物語の主人公に視聴者は多かれ少なかれ感情移入せざるを得ないため、ヒトラーが主役を演じる映画を制作することは西ドイツ社会では一種のタブーであったと言える。しかし、ナチスドイツによる最初の犠牲者であることが建国神話として機能していたオーストリアで、ヒトラーを主役にした『最終幕』▽4 *Der letzte Akt* と題する映画が一九五五年に制作され、西ドイツでも公開された。ヒトラーが愛人のエファ・ブラウンと結婚し、自殺して、ガソリンで焼かれるまでの総統地下壕における最期の日々を描いたこの映画には、同年にヒトラー暗殺未遂事件を題材にした映画を公表しているゲオルク・ヴィルヘルム・パプストが監督を務め、小説『西部戦線異状なし』で知られるエーリヒ・マリア・レマルクが脚本に加わった。

『最終幕』では、ヒトラーとその取り巻き以外に、物語の展開にかかわる重要な人物が登場する。一人が将軍から増軍要請のために総統地下壕に遣わされたヴュステ大尉であり、ヒトラーへの謁見の機会がなかなか訪れなかった。その機会は、赤軍の侵攻を阻止するために多くの市民が避難している鉄道地下トンネルに放水することをヒトラーが決定したときに訪れ、彼はヒトラーに防衛戦の無意味さを襲いかかるように訴えたために、親衛隊によって射殺される。もう一人は帝都防衛戦の過酷な運命に翻弄されていく少年兵リヒャルトであり、彼の家族はその放水のために溺死する。この映画も『砂漠の鬼将軍』のロンメルや、『犬どもよ、永遠に生きたいか』の一般兵士のように、ヒトラーとその一味に対抗し、犠牲になる人物を設定しているのだが、物語の大半はヒトラーを中心に展開している。したがってこの映画の主人公は実質的にヒトラー一人であると言ってよい。しかも、ヒトラーは市民の命を犠牲にすることをまったく躊躇しない悪魔のような人物である。つまり、『最終幕』ではたしかに観客はヴュステ大尉とリヒャルト少年に感情移入することができるが、これら人物は物語の中心にはいない。そこにいるのは自己同一化することが許されない、唾棄すべき歴史的人物なのである。

なぜ、そのような人物を主人公に据えた映画が成立し得たのだろうか。そこには、映画『最終幕』に内包されていた目的がかかわっているように思われる。『砂漠の鬼将軍』や『犬どもよ、永遠に生きたいか』の場合、ヒトラーを非国民化することによって、歴史的な国民共同体を形成することが目的となっている。そのため、ヒトラーに敵対する主人公に視聴者が自己同一化できるような物語が展開された。一方『最終幕』では、歴史的な国民共同体の形成というよりも、むしろヒトラーの最期をめぐる神話が問題とされている。「偶然の不気味さを必然的なものに止揚していくことに悲劇の「和解する働き」がある。そのかぎりで悲劇はつねに「運命」の悲劇である」と論じるゲオルク・ジンメルの運命論にしたがうなら、カエサルやナポレオンが代表的な「世界史的個人」（ヘーゲル）とみなされているのは、彼らが道半ばで目的を挫折して死を迎えたために、歴史の偶然性が克服され、その必然性が実現されることを自身の悲劇によって体現した「悲劇的英雄」であったからである。▽5 つまり、ヒトラーの死が悲劇のなかで殉教として語られるならば、彼の政治目的も必然性を帯びかねないことになる。『最終幕』は、まさにヒトラーの死から悲劇性の余地を消し去り、彼が「悲劇的英雄」になる可能性を摘み取ることを主眼とした映画であり、その目的のためにヒトラーは主人公に据えられたのである。

したがって、ヒトラーはその最期において暴君として描かれるだけでは不十分だった。「世界史的個人」や「悲劇的英雄」の暴君性はその政治目的の必然性によって正当化され得るからである。また、エゴイストであることを示すだけでも不十分だった。「世界史的個人」の行動は、たとえ私利私欲に基づいているとしても、世界史の必然性と合致していることに意味が見出されるからである。ヒトラーの最期は——ふたたびジンメルの概念を使用するならば——外部の力による破綻によってその行動の必然性を実感するような「悲劇的なもの（Tragisches）」ではなく、その行動の偶然性によって自滅していった「無惨なもの（Trauriges）」でなければならなかった。そのため『最終幕』でヒトラーは、狂暴な独裁者や非国民的なエゴイストとして描かれただけではなく、その行動は猟奇的なものとして病的に表現され、形相もそれに合わされている［図4］。当時の『フランクフルト一般新聞』による批評は、この映画におけるヒトラーを「悪魔のような権力への意志によってみずから消耗し、それによってつねに無気力と燃え上がる狂気のあいだをよろめく状態に陥ったタイプ」▽6であると表現したが、この映画で示されたヒトラーの行動の偶然性と猟奇性を適切に言い表していよう。そして、自殺のために私室に入る前に見せた憔悴しきった絶望的な顔立ちと［図5］、肩を落としてとぼとぼと死に場所に向かう姿には、悲劇性も英雄性も感じることはできない。そこで描かれていたのは悪魔の死というよりも、多大な犠牲者をともなった行動がもたらした自業自得の狂人の死である。

興味深いことに、『最終幕』は二五ヵ国で上映されて高い評価を受け、『タイムズ』誌から「戦後最高のヨーロッパ映画作品」と讃えられたが、西ドイツとオーストリアでは興行成績が振るわず、上映は短期間で打ち切られた。この映画は、ヒトラーの死が神話になりがたい諸外国では精神的負担なしに鑑賞され得たが、ナチスドイツのかつての「民族」にとって、このテーマは娯楽の対象とするには重すぎたといえよう。しかも、西ドイツ人にとってヒトラー自身がまだ歴史的に距離をとり得る対象ではなかった。アレンスバッハ世論研究所が戦後長らく西ドイツ市民を対象につづけた、「戦争がなかったら、ヒトラーはもっとも偉大なドイツ政治家の一人だったと言えますか」という問いに対する統計結果[▽7]はそのことを如実に示している。反ヒトラーと反ナチスを標榜しているこの国では、人目をはばかることなく「はい」と公言しにくいはずのこの問いに、一九五〇年代末までそう答える割合のほうが「いいえ」よりも高く、七〇年代までその割合はほぼ三割をこえていたのである。つまり、当時はまだ多くの西ドイツ市民がヒトラーに熱狂し、彼と一体化していた過去を記憶しつづけていた。ヒトラーが自己同一化の許されない悪魔だったとしても、その悪魔は他者のまま内在していたのである。こうして、ヒトラ

図4・5　ゲオルク・ヴィルヘルム・パプスト『最終幕』(1955)

ーは関わりたくないのに、こだわりつづけなければならない厄介な他者となった。『最終幕』は、最初からヒトラーと敵対していたドイツ人が好む映画であったとしても、そうではなかった多数派のドイツ人には煙たいものだったのである。

『ヒトラー〜最期の12日間〜』にみるヒトラーの表象

西ドイツでは『最終章』以後、ドイツ再統一にいたるまで、ヒトラーを主人公に据えるメジャーな映画は制作されなかった。ところがこの映画の公表からほぼ半世紀後の二〇〇四年に、しかも総統地下壕における彼の最期の日々という同じテーマで、ヒトラーを主役にした映画『ヒトラー〜最期の12日間〜』（以後『最期の12日間』と略す）が公開された。原題は破滅、没落、滅亡などを意味する „Der Untergang" である。主役はブルーノ・ガンツという高名な俳優が演じた。▽8

同じ歴史的題材を扱っているのもかかわらず、両者には大きな相違点が見られる。まず、短期間で上映が打ち切りとなった『最終幕』とは市民の反応が著しく異なった。『最期の12日間』は最初の週にすでに数十万人が、翌年の一月末までに四五〇万人が鑑賞しており、その年にテレビで放映されると二〇パーセント以上の視聴率と七〇〇万人以上の視聴者を獲得した。『シュピーゲル』誌の二〇〇四年の三五号でも特集され［図6］、ガンツが演じるヒトラーがその表紙を飾っているように、この映画は一種の社会現象として受け取られた。統一ドイツが実現され、ドイツ人が新たなナショナル・アイデンティティを求めている時期に『最期の12日間』は公開されたのである。

さらにこの映画は、総統地下壕だけでなく、その主を守るために市街戦がおこなわれたベルリン市内をもう一つの主要舞台に設定している。たしかに『最終幕』でも、放水されて市民が溺死していくシーンなど、ベルリン市内の様子も描かれているが、それはヒトラーの悪魔性を示すための補助的な舞台にすぎない。『最期の12日間』では、この「内部」と「外部」の世界はもっと有機的に結びつけられ、それぞれ一人の登場人物の視点から映し出されている。「内部」の地下壕で「最期の12日間」を見つめていたのは、当時のヒトラーの若い秘書であったトラウデル・ユンゲであり、彼女の回顧録『私はヒトラーの秘書だった』は、この映画の原作の一つとなっている。一方、「外部」のベルリン市内での敗戦を見とどけることになったのは、ヒトラー最後の映像で勲章を授与された少年をモデルとするペーターである。つまりこの映画は、いわば「女子供」の視点から描かれたヒトラーと第三帝国の「最期の12日間」であるということになる。

図6 『シュピーゲル』35号の表紙（2004）

この「内部」と「外部」は能動と受動の関係にある。地下壕では、あたかもヒトラー個人の私情によってすべてが決定されていったかのように絶対的な命令が下され、ナチ党という組織とも、ナチズムというイデオロギーとも無関係に、ドイツ民族の運命はヒトラーの恣意性と偶然性にゆだねられていたことが、この映画で示されている。そして、軍事的劣勢のなかで赤軍の首都攻略はもはや時間の問題となっていたにもかかわらず、ヒトラーは無条件降伏を拒否し、最後の一兵、一市民になるまで抗戦することを命じ、ベルリン市民に事実上の死刑判決を下していく。そのため首都防衛に駆り出された多くの市民が敗戦間近にして赤軍の攻撃にさらされ、次々に倒れていくだけではなく、逃走しようとする市民がヒトラーの下手人によって射殺され、街頭に吊るされていく。そのあいだにヒトラーは、エファと結婚式を執りおこない、苦痛なく自殺できる方法の助言を医師に求め、死後に辱めを受けないために自らの遺体を処置するよう命じているのである。想像を絶する数の犠牲者がヒトラーの政治的歩みのあとに残されていったが、ベルリン市民はその最後の歩みでもたらされた犠牲者として描かれている。

しかしこの映画では、一九五〇年代の『砂漠の鬼将軍』や『犬どもよ、永遠に生きたいか』のように、ヒトラーおよびナチスとドイツ国民を加害者と犠牲者に峻別する二分法は取られていない。ペーターはヒトラー・ユーゲントとしてヒトラーを盲信して父親と対立しており、ユンゲはヒトラーの秘書であり、最後まで彼を信奉しているのだから政治的に無辜ではありえない。実際に、映画の最後にユンゲ本人が六〇年後の姿であらわれ、ヒトラーの秘書になったことを若気のいたりであったと弁明することはできないと、その責任を告白している。また映画のなかでも、地下壕に呼び出された医師に付き添った看護師は、ヒトラーの前で泣き崩れ、ドイツ民族を導くよう懇願し、彼に最後まで従うことを誓っている。あるいは、帝都の防衛に駆り出された「国民突撃隊」の撤収を求める懇願に対してゲッベルスは、私たちはドイツ民族を強制したことはなく、この民族はその運命を自ら選択して私たちに委託したのであって、その首が切られても自業自得だと答えて、撤収の申し出を拒否している。同じ趣旨の言葉はヒトラーからも発せられている。死の決意を語ったあとに国民への容赦をシュペーアから求められたヒトラーは、「我が国民がこの試練に耐えられないのなら、一粒の涙も流すことなんかできない。ふさわしい罰だ。自業自得の自分の運命なのだ」と応答した。

したがって、この映画の原題が意味していることは、ヒトラーと第三帝国だけではなく、彼に熱狂したドイツ国民の「Untergang＝破滅」であるといえよう。そしてこの映画は、地下壕を抜け出したユンゲがペーターとともに、廃墟と化したベルリン市街を自転車で抜け出し、第三帝国とその結末の痕跡のない別世界、すなわち「未来」が象徴されている場所に向かうシーンで締めくくられている［図7］。こうして、この二人が歴史的に表象＝代表していた「内部」と「外部」のドイツ国民は、ヒトラーと第三帝国だけではなく、ヒトラーに代替させた「集団的自我理想」（ミッチャーリヒ）、つまりヒトラーに熱狂し、ヒトラーを愛し、ヒトラーと一体化した歴史的自己にも別れを告げたのである。これまで一九四五年の評価は、「解放」と「敗北」という二つの解釈で対峙していたが、[9]『最期の12日間』はこの解釈に「破滅と別れ」というオルタナティヴを加えたと言えるかもしれない。

図7　オリヴァー・ヒルシュビーゲル『ヒトラー〜最期の12日間〜』(2004)

この「破滅と別れ」によって『最期の12日間』のヒトラーの描き方は、『砂漠の鬼将軍』や『犬どもよ、永遠に生きたいか』、とくに『最終幕』とは異なるものとなった。そもそも、これらの映画ではヒトラーとドイツ国民の関係は対立が前提とされているので、両者は「別れ」ようがなく、「破滅」したのはヒトラーとその国家であって、国民はその巻き添えを食ったにすぎない。この二項対立のなかでヒトラーが悪魔化・狂人化されることで、ドイツ国民がその犠牲者として歴史的に形成されているのである。一方『最期の12日間』では、ヒトラーは悪魔や狂人としてではなく、もちろん英雄や聖人としてでもなく、人間として演じられている。このヒトラーは、秘書には父親のように接し、彼の最後の食事を調理した料理人の腕前を優しくほめたたえ、ヨーゼフ・ゲッベルスの子供たちの合唱にやさしく微笑み「図8」、人目を気にすることなくエファ・ブラウンへの愛情を表現すると同時に「図9」、そのエファの懇願を無視して彼女の義弟の処刑を断行し、ドイツ市民の犠牲を一顧だにしない命令を下し、無理難題の作戦命令が失敗すると、それを部下たちの責任に転嫁する。たとえば作戦会議で自分の立てた計画が実行不可能であると告げられると、ヒトラーはカイテルやヨードルら四人の最高司令官だけを会議室に残し、激しく怒りながら「臆病者、裏切り者、役立たず」と罵倒し「図10」、その声は部屋の外にも響きわたる。このようにヒトラーの人間としての激しい喜怒哀楽の感情が目まぐるしく吐露されていくのである。

つまりこのヒトラーは、『最終幕』とは異なり、鑑賞者が部分的に感情移入することが可能な主人公である。

上から：図8–10　同／図11　『最終幕』（1955）／図12　『ヒトラー～最期の12日間～』（2004）

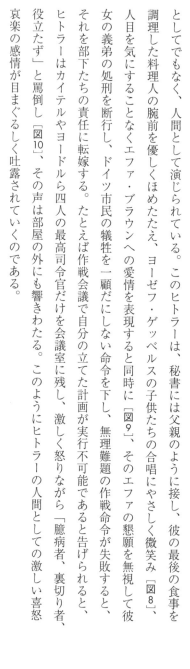

同じことは、秘書のユンゲはもちろん、エファ、シュペーア、ハインリヒ・ヒムラー、ゲッベルス夫妻にいたるまで、ほかの地下壕の住人にも言える。この観点で『最終幕』との相違が如実にあらわれているのは、ヒトラーとエファとの関係においてであろう。『最終幕』において、人格をもった女性というよりも、ラブドールのような描き方をされているエファは、結婚式で一瞬、喜びの表情を見せるものの、ヒトラーは憔悴した悪魔の顔のままで儀式を事務的にこなし［図11］、祝賀の席にも参加せずに、「政治的遺書」の作成に取りかかる。これに対して『最期の12日間』では、エファは情に厚く、快活な女性として生き生きと描かれている。結婚式は愛情関係の帰結であり、死をともにするための儀式として設定され、ヒトラーはそこに神妙な態度で臨み［図12］、エファの喜悦は視聴者に実感され得るように演出されている。

ヒトラー、解禁へ

このようにヒトラーとその取り巻きは感情移入できる歴史的人物として描かれたが、もちろんヒトラーは共感という意味で自己同一化できる人間ではない。ドイツ国民を虜にしたのも、その男たちを戦場に駆り立てていったのも、ヨーロッパ大陸を征服したのも、ドイツの都市を瓦礫と廃墟にしたのも、ホロコーストという未曽有の大量殺戮を引き起こしたのも、英雄でも、悪魔でもなく、人間であったというのが『最期の12日間』のヒトラー像である。同じことがヒトラーの側近にも言えるが、ヒトラーがゲッベルス、ヒムラーとともに地下壕の世界の悪玉として描かれていたとすれば、善玉もこの映画には登場している。建築家であり、のちに軍需大臣となるシュペーアと親衛隊医師のエルンスト＝ギュンター・シェンクである。シュペーアはドイツ国内の資源、産業施設、インフラなどを、敵国に占領される前に破壊することを命じたヒトラーの「ネロ指令」を無視することで彼に刃向かい、シェンクはベルリン市民に対する徹底抗戦の命令とそれに反する者の処罰に反対する行動をとっている。このように自己同一化しやすい人物が提供されることで、総統地下壕の共同体は善と悪の人間が共存する歴史的な国民共同体として構築され、これにヒトラーの徹底抗戦の命令で絶望的な状況に陥ったベルリン市内のもう一つ国民共同体が対峙されている。こうして、それまで他者の世界に属していたこれらの登場人物は、ドイツ人の歴史的自己の構成要素として取り入れられたと言えよう。

たしかに『最期の12日間』は、第三帝国の一二年間を最後の一二日間に縮減し、それ以前の歴史的犯罪を問題にしていない。[10] また、その責任者を「人間」として扱うことで責任問題が人格化され、ナチ党や国防軍、親衛隊といった組織がその罪を問われなくなる危険性も指摘されている。[11] 実際に、この映画では善玉として描かれている親衛隊員のシェンクは、強制収容所で人体実験をおこなっていたという経歴をもっている。[12] しかし、この映画は彼らの犯罪の有無を疑問視したり、ドイツ国民の責任を不問に付したりするような修正主義的な意図をもっているわけではない。このことは監督のオリヴァー・ヒルシュビーゲルが『ベルリン新聞』とのインタビューで述べた以下の言葉からも理解できる。

私たちは自らの歴史と正面から向き合わなければなりません。そもそも私たちは、自らの歴史をあっさりと「清算する」のではなく、とにかくこの歴史に立ち入って行かなければなりません。[13]

しかし彼はその発言の前に、「ドイツ人であることを誇りに思うと何の問題もなく語ろうとするならば」という条件文を添えている。そして、「永続的に罪を告白しつづける」ことも、ドイツ人の犠牲によって罪を相対化することも拒否するヒルシュビーゲルは、ナショナル・アイデンティティの必要性を訴えたあとすぐさま、「私はドイツ人であり、このことはばつの悪いことではないと、この映画によって言いやすくなりました」と発言している。

この発言の意味を考えてみよう。ドイツ人としての誇りを語りやすくしたのは、彼自身がそのインタビューで「私たちはこの罪から真っ白に洗浄されることはできないでしょう」と述べているように、この映画がドイツ国民をヒトラーの犠牲者として描くことで、その過去の罪を清算したからではない。むしろ、第三帝国における歴史的犯罪に対するドイツ国民の責任を回避するために、あるいは自己をヒトラーおよびナチズムの犠牲者として歴史的に認識するために、ヒトラーを悪魔として他者化してきたことが問題とされている。かつては自己同一化していたヒトラーのぬくもりを記憶しながら、つねに彼を冷酷な他者として扱ってきたドイツ人の歴史認識がもたらすアポリアに『最期の12日間』は立ち向かっていたと言えよう。つまり、この映画はヒトラーが犯した罪とそれに対するドイツ国民の責任を認めたうえで、ヒトラーを人間として認識し、自己同一化できる存在として認め、ヒトラーに熱狂したドイツ国民とその歴史的責任も含めて、現在のドイツ人の歴史的自己のなかに取り入れようとしている。そして、その「破滅」を演出することによって、歴史的責任を負いながらヒトラーとその国民から「別れ」、ヒトラーとその国民を歴史的人物と歴史的集団として、第三帝国を歴史の一ページとして認識していくための物語を『最期の12日間』は提示した。この物語を通してヒルシュビーゲルは「ドイツ人であることを誇りに思うと何の問題もなく」語ることができたのである。

『フランクフルト一般新聞』のフランク・シルマッハーは、この映画の脚本と制作を担当したベルント・アイヒンガーが以前は誰も成功しなかったこと、すなわちヒトラーの「第二の発明」をおこなったと讃えた。▽14 この「発明」によってはじめて、ヒトラーを彼が私たちに指示したものとは別の脈絡のなかに据えることが可能になり、こうしてヒトラーは「制御可能」になったのだという。このことを、これまで展開した分析視角から言い換えてみよう。ほんらい自己同一化していたヒトラーを悪魔として他者化することで、その他者を悪魔として内包してしまった西ドイツ人は、その他者によって振り回されてしまったのだが、ヒトラーを人間としてドイツ国民の歴史的自己の一部として取り入れることによって、自己の歴史的脈絡のなかにヒトラーを据え、彼から歴史的距離をとることが可能になり、彼を駆使できるようになったのである。

おわりに

国民が熱狂したヒトラーから、悪しき非国民、悪魔という他者のヒトラーを経て、人間としてのヒトラー、そして制御可能なヒトラーへ——実際に『最期の12日間』以後に「制御可能」になった新たなヒトラーを題材にした映画が創り出され、大きな話題となった。ヒトラーが喜劇の主役を演じる二〇〇七年の『我が教え子、ヒトラー』と、冒頭で紹介した『帰ってきたヒトラー』である。寝小便でパジャマの股間を濡らし、性的不能でエファからそっぽを向かれ、バスタブで戦艦のおもちゃを浮かべて興じるヒトラー［図13］、すなわち、プロパガンダ映像や戦後の映画などによってモデル化されていたヒトラー像とは異なる、デフォルメされたヒトラーが演じられ

図13　ダニー・レヴィ『我が教え子、ヒトラー』(2007)

た『我が教え子、ヒトラー』では、『最期の12日間』のヒトラーでもまだ付着していたアウラが払拭されることで、ヒトラーは笑いやブラック・ジョークのネタとして、ポピュラーカルチャーでも使用可能な存在であることが示された。過去の世界観をそのまま抱いて生き返ったヒトラーがコメディアンとして現代社会で活躍する『帰ってきたヒトラー』においてヒトラーは、彼とその世界観の否定によって正当化されていたはずの戦後体制の現実を映し出す鏡像となる。ここではヒトラーは現代社会批判の道具として機能しているのである。

　本章で論じることはできなかったが、このような新しいヒトラーが生み出されている時期は、ホロコーストの記憶がグローバル化し、歴史的解釈と道徳的判断の基準軸として確立していく歴史的過程[15]と大きく重なり合っている。この過程のなかでホロコーストの首謀者であるヒトラーは「悪のイコン」となって魔力を発揮していくようになり、ポピュラーカルチャーに頻繁に取り入れられるようになったのである。では、「制御可能」になったヒトラーを誰が、どのように制御し、使用していくのだろうか？　この問題は、右翼ポピュリズムが台頭し、この「悪のイコン」がその支持者からも、敵対者からも政治的に利用されるようになったいま、ポピュラーカルチャーの枠組みをこえて、アクチュアルな政治・社会的な課題となっている。

▽1 Helmut Ortenr, Kult um Hitler, in: *Frankfurter Rundschau* vom 4. 12. 2015.

▽2 本章では、その変化の歴史的背景や原因の分析はおこなわない。これに関しては拙稿「ヒトラーが『最期の12日間』から『帰ってきた』わけ」『ドイツ研究』五二号、二〇一八年、および拙著『ホロコーストと戦後ドイツ――表象・物語・主体』岩波書店、二〇一七年を参照。

▽3 田野大輔「民族共同体の祭典――ナチ党大会の演出と現実について」『大阪経大論集』五三―五、二〇〇三年、一九五、二〇七頁。

▽4 この映画に関しては、Andreas Kilb. »Ein Mahnmal, ein Reißer, ein Meisterwerk? Das Ende Adolf Hitlers im Kino: *Der letzte Akt* von Georg Wilhelm Pabst und *Der Untergang* von Oliver Hirschbiegel im Vergleich«, in: Margrit Frölich / Christian Schneider / Karsten Visarius (Hg.). *Das Böse im Blick. Die Gegenwart des Nationalsozialismus im Film*. München 2007.

▽5 ジンメルの出典も含めてこの点に関しては拙著『ホロコーストと戦後ドイツ』一六〇―一六二頁を参照。

▽6 Der Anti-Heros. Zum Film „Der letzte Akt“ von G. W. Pabst, in: *Frankfurter Allgemeine Zeitung* vom 29. 4. 1955.

▽7 Elisabeth Noelle-Neumann / Renate Köcher (Hg.), *Allensbacher Jahrbuch der Demoskopie 1993–1997*, Band 10, 1997, S. 514.

▽8 この映画に関してはとくに次を参照。Willi Bischof, (Hg.), *Filmri : ss. Studien über den Film „Der Untergang“*, Münster 2005. Zeno Ackermann, „Der Untergang“ und die erinnerungskulturelle Rahmung des Zivilisationsbruchs, in: *Geschichte in*

Wissenschaft und Unterricht 3. 2007. Paul Cooke, Der Untergang (2004): Victims, Perpetrators and the Continuing Faschnation of Fascism, in: Helmut Schmitz, ed., A *Nation of Victims? Representations of German Wartime Suffering from 1945 to the Present*, Amsterdam / New York 2007.

▷9 Signe Barschdorff, *8. Mai 1945 – ›Befreiung‹ oder ›Niederlage‹? Die öffentliche Diskussion und die Schulgeschichtsbücher 1949 bis 1995*. Münster 1999. Jan-Holger Kirsch, ›Befreiung‹ und / oder ›Niederlage‹? in: Burkhard Asmuss u. a. (Hg.), *1945–Der Krieg und seine Folgen. Kriegsende und Erinnerungspolitik in Deutschland*, Berlin 2005.

▷10 Aleida Assmann, Lichtstrahlen in die Black Box. Bernd Eichingers Der Untergang, in: Frölich / Schneider / Visarius (Hg.). *Das Böse im Blick*, 2007, S. 48.

▷11 Vgl., Jan Weyand, So war es! Zur Konstruktion eines nationalen Opfermythos im Spielfilm „Der Untergang“, in: Willi Bischof, (Hg.), *Filmri*. 2005.

▷12 Vgl., Christoph Kopke, Heil Kräuter. Der gute Mensch in Hitlers Bunker? Die Rolle der Artztes Ernst Günther Schenck im „Untergang“ , in: *Frankfurter Allgemeine Zeitung* vom 20. 9. 2004.

▷13 *Berliner Zeitung* vom 11. 9. 2004.

▷14 Frank Schirrmacher, Die zweite Erfindung des Adolf Hitler, in: *Frankfurter Allgemeine Zeitung* vom 15. 9. 2004.

▷15 これに関しては拙著『ホロコーストと戦後ドイツ』を参照。

II HITLER - GERMAN STUDIES 06

ナチスvsニュージャーマンシネマ

渋谷哲也 SHIBUTANI Tetsuya

戦後ドイツと負のアイデンティティ

戦後ドイツにおける巨大な負の遺産であるナチスとホロコーストは、映画にとっては題材の宝庫でもある。第二次大戦中のアメリカ映画ではドイツが敵役になることが自明の前提だったが、戦後においてもナチスドイツはアメリカのみならず各国で悪役として映画に取り上げられた。そこには犯罪的なファシスト国家が生まれたことへの警告や反省が含まれるが、そうした道徳的態度と無関係にナチスをファッションとして捉え、制服、紋章、ナチ式敬礼などが気軽に消費される事態も起こっている。スーザン・ソンタグが一九七四年に発表した「ファシズムの魅惑」は、ナチ時代の代表的映画監督レニ・リーフェンシュタールの戦後復権を批判したエッセイとして知られているが、ソンタグの主な論点はナチ時代が遠のいてゆく中で、ナチ的表象においてかつては自明の前提だった政治的コンテクストが不当に軽視されてしまうことへの警告である。それを鋭い指摘と見なすか過剰反応と見なすかで評価は分かれるだろうが、いずれにせよナチスの復権やホロコーストの否定をめぐって現代でも極めて政治的な議論が引き起こされることは事実である。

ナチスとの対峙は、加害国ドイツにおいてさらに複雑な様相を呈する。事情はどうあれドイツ国民はヒトラー政権を共に生きた当事者である。だが、実際に戦後ドイツを再建する際にナチス協力者や同調者を全て排除することは不可能だった。映画産業の再編においても、ナチ時代のスタッフや俳優たちが活動を継続した。とりわけ西側のアメリカ占領地域では、映画を気晴らしと位置付けて非政治的な娯楽映画の製作が優先され、ナチ時代の娯楽映画のスタイルがそのまま継承された。一方東側のソ連占領地域では反ファシズムの啓蒙のために映画が率先して利用されたが、それはヴァイマール時代の左翼労働者映画の伝統に連なるものである。また俳優たちもナチ時代のスターが引き続き人気を博していた。戦後ドイツ映画はまさに時代の連続性の中にあった。

好むと好まざるとにかかわらず、二〇世紀ドイツはナチスを生んだ国というネガティヴなイメージで語られることになり、それを前提に戦後ドイツのアイデンティティを形成せざるを得ない。西ドイツはナチスと戦争の過去を忘却することで戦後復興を遂げたわけだが、六〇年代には戦後世代による親世代への糾弾が過熱化した。映画業界においても「パパの映画」への対抗文化として「若いドイツ映画」が興隆し、やがて国際的な注目を浴びてニュージャーマンシネマと呼ばれた。劇映画、ドキュメンタリー、実験映画という区分けを越えた多様な美学的・主題的関心が混在するニュージャーマンシネマの作品群は、先行するヌーヴェルヴァーグのような映画としての斬新さや魅惑だけで評価される映画運動ではなかった。現体制への抵抗の身振りが、ナチ時代を継承する社会への批判と不可分に結びつき、そのドイツのネガティヴな遺産に対抗する社会的運動の一端を担った。その際に映画メディアが注目されたのはなぜか。映画研究者トーマス・エルセサーは以下のように纏めている。

映画は国民についての特定イメージを置き換えるには特権的なメディアだった。それは映画史的なものよりむしろ社会や政治の歴史的背景についてのイメージでもある。七〇年代のニュージャーマンシネマはある意味で映画館に行かない人のための映画だった。根本に「社会問題を扱う」というレッテルもあり、国家の助成を受けた独立系の映画は政治や文化の問題の中に含まれるもので、映画の娯楽的価値からは遠いものとなった。まさに社会的・経済的危機に起因する根本的な対立の時代におけるメディアとして部分的には公的機

関としての機能や地位を得ていた時期において、映画が公的な議論の場として新たに定義された。▽1

ニュージャーマンシネマは何よりもまずアンチシネマであり、時代を批判的に記録するという使命を帯びたメディアだった。フェミニズム、性的マイノリティ、移民労働者、テロリズムなどの喫緊なテーマが取り上げられ、社会的議論を喚起した。その際に、国家権力とマイノリティ迫害の歴史はたちまちナチ時代の事例と結びつく。同時代のテーマであってもナチスは絶えず議論に登場した。ニュージャーマンシネマは歴史意識を持った批判精神によるドイツ・アイデンティティ再構築の試みであり、それが映画という美的形式で実践されたことで海外の映画人の注目を集めることになった。

ニュージャーマンシネマの最盛期は左翼的傾向の強い一九七〇年代だが、八〇年代の保守政権の成立によってドイツ映画業界は大衆向け娯楽作品の製作へと方向転換し、観客不在のニュージャーマンシネマは急速に忘れ去られていった。この過渡期にあたる八〇年初頭には海外市場を意識した一般向けの大作として『リリー・マルレーン』（一九八〇）や『Uボート』（一九八一）が製作された。それぞれ監督を務めたライナ・ヴェルナー・ファスビンダーとヴォルフガング・ペーターゼンはニュージャーマンシネマで開花した才能である。とりわけファスビンダーは反体制的な挑発者として知られ、当時のニュージャーマンシネマという枠を越えてドイツ映画界で最も知名度のある監督でもあった。そもそも『リリー・マルレーン』はナチ時代の歌謡ショーを豪華に再現する作品だったが、同時にナチ体制下でスターになることへの冷笑的な批判が含まれ、保守派にとってはナチ時代の娯楽を懐かしく回顧できる作品ではなかった。一方ペーターゼンは、七〇年代にテレビのアクションドラマの監督としてデビューしたが、社会のタブーに触れる題材を取り上げて放映禁止の物議を醸したこともある。だが『U

ボート』は第二次大戦中のドイツ軍を共感的に描き、戦争アクション映画として一般観客に訴える作品となっている［図1］。いずれにしても『リリー・マルレーン』『Uボート』は、六八年世代の批判に晒されてきた親世代のドイツ映画の伝統を利用し商業的成功をもたらした例となった。

ニュージャーマンシネマの時代には、国家や家族といった制度はナチスを支えた親世代の価値観を反映するものとして根本的に批判の対象となった。八〇年代にはこうした社会的・歴史的コンテクストの負荷から逃れるように、個人的な記憶の物語として過去を回想する傾向が顕著になる。すでに『Uボート』が、ドイツ人は全てナチスに加担した悪人であるという画一的な図式から距離を取って国防軍の兵士の物語として描いている。だがそれはいわゆる「国防軍神話」として当時の戦争犯罪から目を逸らす役割を果たしたことはよく知られる通りだ。また銃後の人々を描くドラマとしてヨーゼフ・フィルスマイヤー監督『秋のミルク』（一九八八）は、ナチ時代後半の田舎の人々の生活を丹念に綴った家族ドラマとして、いわゆる「郷土映画」への回帰と見なされた。五〇年代の西ドイツでは、ナチスと戦争の暗い過去から逃避して地方の牧歌的な生活を謳い上げる「郷土映画」が量産されたが、『秋のミルク』は田舎の生活を単に美化するものではなく、農家の日常をリアリスティックに描き、戦争の現実についても部分的に言及される。だが田舎の家族という狭い世界を中心に描写することで、ナチ時代の政治的激動は遥かに隔たった非日常となり、その点では五〇年代の「郷土映画」に向けられた現実逃避という批判から逃れ

図1　ウォルフガング・ペーターゼン『Uボート』（1981）

きれてはいない。

ニュージャーマンシネマでも地方が舞台となる映画が製作されたが、それは田舎がけっして楽園ではなく、抑圧や排除の構造を持った反動的社会であることを暴露するものだった。それは「新郷土映画」と呼ばれ、ペーター・フライシュマン監督の『下部ババリアの人間狩り』(一九六九)が代表作である。ニュージャーマンシネマは戦後においてあらゆるドイツ映画のモティーフを批判的に問い直し脱構築した映画群でもあったのだ。

さらに、ニュージャーマンシネマが映画メディアそのものへの批判的対峙であることも見過ごしてはならない点である。ナチ政権下で映画やラジオが徹底してプロパガンダに利用された事実を踏まえて、「映画とは何か」という問いを政治的な次元も含めて徹底的に問いに付した作品群でもある。映画中の出来事があたかも現実であるかのように装うイリュージョニズムを破壊し、観客の冷静な知覚と思考を喚起するブレヒト的異化の手法が重要視された。それは映画娯楽の本質をなすスペクタクルの誘惑への抵抗でもある。こうしたエリート的な傾向がニュージャーマンシネマに通底していたことは否めず、その反動として八〇年代にはエリート性から通俗性へ、異化効果から感情移入的な物語へ、社会的コンテクストの重視から個人史への回帰といった変化が起こり、それは現在まで続いている。それによって七〇年代ニュージャーマンシネマの映画美学は一気に過去の存在になってしまった。だがそこで実践されていた映画によるナチスとの対峙という大命題は、現代においても解決済みになったとは言い難い。そもそもニュージャーマンシネマによるドイツのアイデンティティ再構築の手法は、もはや有効性を失ってしまったのだろうか、あるいは別の形で受け継がれているのだろうか。

ドイツイメージを決定づけるナチス

ドイツ映画が歴史上被った最大の打撃は、ナチ時代に優れた映画人が国外流出したことだけでなく、ナチ時代のドイツイメージがあまりに強大な影響力をもって戦後も作用し続けたことかもしれない。ナチス宣伝相ゲッベルスによる映画プロパガンダの方針は、政治的なメッセージ性を直接訴えるよりも、一見無害な気晴らしやスペクタクルの様式によって一般大衆を体制に順応させることだった。したがって、ナチ時代の映画は露骨なプロパガンダ性のない非政治的な娯楽作品が大半だったことは今ではよく知られている。その傾向は『意志の勝利』(一九三四)や『オリンピア』二部作(一九三八)のようなナチ体制のプロパガンダに大きく寄与した作品にも当てはまる。これらの映画には政治的メッセージを伝達するナレーションがなく、ひたすら圧倒的な映像の流れに観客を巻き込む見世物である。ヒトラーと国民の熱狂的なまなざしの交換、ナチ体制下の国際的イベントにおける世界のアスリートの華麗な活躍、ここでは直接政治的なメッセージではなくイメージそのものの力が人々に訴えかける手段となる。この事情についてエルセサーの考察を引いてみたい。

国民社会主義の表象において映画がとりわけ両義的な役割を果たしたことは、何よりドイツのファシズムが映像と音声により、自らの姿とその歴史観を視覚的に記録する式典の演出を、それに先立つどの体制よりも大規模に残したことによる。レニ・リーフェンシュタールの『意志の勝利』は、一九三四年ニュルンベルクでの国民社会主義者たちによる党大会の記録報告である以上に、むしろその大会の視覚的、音響的、劇的、建築的な演出を記録するものだ。この映画を取り巻く両義性と魅惑は、その全てのメッセージ性を政治的に直接解体した後も延命する。なぜなら、まさにテレビの時代において人々はこの映画の隠された美学と生きざるを得ないからだ。公の出来事は多くの場合演出され、ニュースは実際に起こったことよりむしろ作為的なものとなる。▽2

まさに効果的な演出という意味で『意志の勝利』は、現代まで無限に応用可能なスペクタクルの形式を提供することになった。しかもこのオリジナル作品があまりにも巧緻にナチスドイツを映像化してしまったために、歴史資料として映像の一部を引用されるや否や、ヒトラーを歓迎するドイツ国民の現実の姿であるかのごとく印象付けられてしまう。この徹底して作為的な映像プロパガンダの形式が、時代を越えたドイツイメージとなってしまった。

ナチスドイツを特徴づけるもう一つのイメージ群がホロコーストをめぐるものだ。それはまず不可視にされ、次に衝撃と共に発見された。ゲットーや強制収容所の被収容者たちの惨状を捉えた映像は、大半が解放後に連合軍によって撮影されたものだが、中にはエルヴィン・ライザー監督『我が闘争』（一九六〇）で紹介されたワルシャワ・ゲットーの映像のように、そもそもナチスが反ユダヤ主義を宣伝する目的で撮影されたが、あまりに悲惨な光景だったため、観る者の同情を喚起する可能性があり公開中止となったものもあった。結局ナチスが強制収容所における大量虐殺の映像記録を禁じたことはよく知られるとおりだ。ホロコーストは見るに堪えないもの、または目を逸らしてしまうものとしてタブーイメージとなり、やがてランズマンの『ショア』（一九八五）によって、ナチスのユダヤ人虐殺を映像化してはならないという新たな禁則として論議の対象となった。いずれにせよドイツの映像は、見えるものは虚偽であり、見えない真実は映像化できないものとなった。

戦後において、ナチスやホロコーストの映像は『夜と霧』（一九五五）や『我が闘争』のような思索的あるいは啓蒙的なドキュメンタリーの中で使用され、やがて一九六〇年代末になるとファシズムとセクシュアリティ、神話等のメタフィジックなテーマを関連づけたアート系映画としてヨーロッパで数多く製作されるようになった。その先駆けとなったのは、ルキノ・ヴィスコンティ監督『地獄に堕ちた勇者ども』（一九六九）である。こうした映画は、ナチスやヒトラーがなぜ人々を魅了していったのかという心理学的な問題を喚起するものでもあった。やがて八〇年代以降にはナチスが大衆娯楽映画の中で扱われるようになり、作品の本数もジャンルの幅も次第に増えていった。とりわけ二一世紀にはドイツでも堰を切ったようにナチスに関する劇映画が製作されるようになる。邦題だけを並べても『ヒトラー～最期の12日間～』*Der Untergang*（二〇〇四）、『九日目～ヒトラーに捧げる祈り～』*Der neunte Tag*（二〇〇四）、『わが教え子、ヒトラー』*Mein Führer*（二〇〇七）、『ヒトラーの贋札』*Die Fälscher*（二〇〇七）とヒトラーブームが到来したかのようである。これらの作品の中で原題にヒトラーの名が入っているものは一作もないが、ともかくこれまでのドイツ映画の欠如を埋めようとするかのようにナチスに関わる映画のブームは継続している。

ナチスやホロコーストは、ドイツにとって語り得ないタブーではなくなりつつあるのだろうか。だとすればそれは戦後が遠のく中でドイツがナチ時代の犯罪の重荷を下ろそうとし始めた徴候なのだろうか。それに関して二一世紀初頭の象徴的な出来事を挙げることができる。『意志の勝利』や『オリンピア』の監督リーフェンシュタールが、二〇〇三年に一〇一歳の生涯を終えたことである。戦後を通じて彼女は、ナチスに加担した過去の責任を認めようとしない親世代の典型的な存在であった。『意志の勝利』でさえナチスのプロパガンダ映画ではないと主張し、それだけに長らくドイツ国内では彼女の作品を客観的に評価することは困難だった。とはいえ公の場で彼女が声高に自己正当化を繰り返したことで、逆にナチ時代についての批判的検証の重要性を人々に意識させる契機となったことも事実だ。リーフェンシュタールは戦後ドイツにおける過去の克服にとって、厄介だが重要な棘の役割として意義がある存在だったと今となってはいえるのではないか。

だが二〇〇三年にその棘がドイツ社会から抜けたか。リーフェンシュタールは自身を政治と無縁の美の探求者だと主張していたが、その自己イメージを記録した自伝『回想』や、様々なインタヴュー映像は彼女の死後も何の修正もないまま書籍やDVDとなって流通している。その結果、リーフェンシュタールの個人史が無批判に引用されて新たな映画がつくられる。その例が二〇一六年にアメリカ・ドイツ・カナダで共同製作された『栄光のランナー／1936ベルリン』[▽3]である。一九三六年、ナチスドイツで開催されたベルリン・オリンピックにアメリカ代表として出場した黒人アスリート、ジェシー・オーウェンスの伝記映画で、映画後半は彼が広大なオリンピック・スタジアムで活躍する場面が見せ場となる。ベルリンでの競技を記録する撮影チームのボスがリーフェンシュタールである。彼女の指示した競技撮影を宣伝相ゲッベルスに繰り返し妨害されたという『回想』のエピソードを下敷きに、映画では両者が不倶戴天の敵同士として描き出され、宣伝大臣のオーウェンスを露骨に差別する態度とは対照的に、人種に関係なく優れた選手の活躍を記録しようとするリーフェンシュタールの信念に満ちた態度が際立っている。こうして映画『オリンピア』は、ナチスの人種主義に抵抗してオーウェンスの輝かしい成績を称賛する映像記録として高く評価され、監督リーフェンシュタールは彼女自身が望んだように非政治的芸術家としてスクリーンにその姿を刻むことになった。

ベルリン・オリンピックが、ベルリンの街ぐるみでナチスドイツのイメージ戦略として利用されたイベントであり、映画『オリンピア』もナチ党の全面的な協力で製作された映画であることは、現在では様々に検証された事実である。リーフェンシュタールが自らのキャリアについておこなった歴史修正主義的な言説の数々は、彼女個人の名誉の問題ではなく、社会においてホロコースト否定論やネオナチによるナチスプロパガンダの再利用などアクチュアルな問題との関連で見てゆく必要があるだろう。リーフェンシュタールの芸術性を非政治的なコンテクストに限定することで、映画『オリンピア』の画面外に確実に存在していた政治的側面を隠蔽することが問題なのだ。ドイツがナチスやホロコーストの扱いについては極めて慎重な対応を取り続けてきたことは、一見すると芸術表現の自由に対する大きな挑戦といえるかもしれない。そしてナチスとの連続性の中にある戦後ドイツを表象すること自体が一筋縄ではいかない厄介な試みとなる。そのための独特な否定性の美学を追求したのがニュージャーマンシネマといえる。

戦後ドイツの転換点――ナチスの娯楽映画化

戦後長らくナチスの組織的大量虐殺を題材にした映画は限られた観客層に向けられたものだったが、この状況が大きく変化したのは、一九七〇年代後半にアメリカのテレビドラマ『ホロコースト』が世界各国で放映されたことである。ナチ時代ドイツのユダヤ人一家が受ける迫害、またナチス親衛隊一家がユダヤ人大量虐殺に加担してゆく様をメロドラマ的な見せ場の連続で描いたものだ。ユダヤ人街の焼き討ち、障害者の安楽死、ゲットーでの処刑、絶滅収容所でのガス室まで残虐な内容が描き出されるが、テレビ視聴者が耐え得るように凄惨な描写は回避されている。この作品に対し、想像を絶する大量虐殺に通俗的な映像を与えることは許されるのかという抗議の声がエリ・ヴィーゼルらホロコースト生還者から上がった。九〇年代の『シンドラーのリスト』（一九九三）に対してランズマンが起こした批判もこの延長にある。その一方で、幅広い大衆に訴えかける手段としての映画やテレビドラマ、コミック作品はけっして無視できない影響力を持つ。実際に八〇年代以降、ドイツでナチ時代に関する商業映画が製作されるようになったのは、テレビドラマ『ホロコースト』の成功が重大な契機となったといえる。以下は当時のドイツ人ジャーナリストによる評価である。

まったく素晴らしい。わが国の現代史家やジャーナリストや映画製作者が、ドイツの犯した世紀の犯罪の恐しさを、記録集や記事や映画で伝達しようと長年に渡って努力してきたが、そこへハリウッド製の商品映画がやって来て、ヒトラー以降のドイツ人の心を揺り動かした……、他のどんな映画も数百万のユダヤ人のガス室への行進をこれほど理解可能なまでに可視化したことはなかった。『ホロコースト』のおかげでようやくそれ以降国民のより大多数が、「ユダヤ問題の最終解決」という、無味乾燥だが恐ろしい官僚的表現の背後に隠されてきたものを知ることになった。それを知り得たのはアメリカの映画作家が人々を怖気づかせる教義、大量虐殺は表象不可能だ、を破ったことによる。▽4

実際に、ナチスを通俗化して描く行為がその裏面に様々な表現上の問題を含み得ることは、『ヒトラー～最期の12日間～』（二〇〇四）が明確に示している。悪のカリスマとしてのヒトラー像は、外国映画が好んで描く人類の敵としての悪魔化の手法であり、その矛先は潜在的にドイツ人全てに向けられる。一方、戦後ドイツの内側でヒトラーを描くことは、自分たちの歴史の一部としてヒトラーと向き合うことである。だからこそ戦後長きにわたって、ドイツ映画はヒトラーの描写を慎重に避けてきたということができる。そのドイツ映画史において商業作品として大胆にもヒトラーを主役にした『ヒトラー〜最期の12日間〜』が登場し、奇しくもリーフェンシュタールの死の翌年に公開された。そこには『意志の勝利』に見られる颯爽とした総統の姿はない。地下壕で爆撃に晒されながらもヒステリックに総力戦を命じる狂気の独裁者であり、その一方、側近や秘書には紳士的な態度で接する好人物な側面も見せる。人間味あるヒトラーを描くことは、戦後世代がおこなってきた「自らの内なるヒトラー」への批判を捨てて、自らの暗い過去との宥和へと進むことでもある。結局はヒトラーもただの弱い人間に過ぎないとするなら、ナチスとヒトラーを悪魔化する必然性はない。その一方で、総統命令に従ったために爆撃や赤軍の侵攻に巻き込まれた数多くの弱いドイツ人たちの共通体験として戦争が描写される。つまりこの映画はドイツ人も戦争の犠牲者であるという立場を表明した作品として、過去のドイツ人の自己正当化の論法に回帰したものとなった。以前と異なっているのはそこにヒトラー総統も加わっていることだ。

だがドイツ人にとってヒトラーがあまりに身近な対象となることに対し、『帰ってきたヒトラー』(二〇一五)は不気味な警鐘を鳴らした。二一世紀ドイツに突如復活したヒトラーは、これまでのステレオタイプである誇大妄想的イメージとは正反対に、むしろ理性的で思慮深く、威厳ある発言で周囲の者たちの心を摑んでしまう。ユーモアと柔和さによって受け手は当初の警戒心を解かれ、ヒトラーの言説に巻き込まれてゆく。テレビショーの人気者となったヒトラーに、現代の排外主義や国粋主義が共鳴するというブラックジョークについても、映画内で批判的コメントはほとんどなく、ヒトラーの政治的潜在力に対する批判は極めて曖昧な領域に留まっている。

あくまで意識ある観客に向けた知的なゲームとして、この映画の批判的スタンスは理解されるものだろう。これはニュージャーマンシネマの戦略とは異なるがエリート的な態度であることは同様であり、とはいえメディアの戯れを逆利用するポストモダン的な批判の効力は、この映画を観る限りかなり両義的だ。

当然ながら『帰ってきたヒトラー』は、ヒトラーそのものを肯定してはいない。だがこの映画は、ヒトラーとナチスを表層的に消費することで「我らの内なるヒトラー」の復権に声を与えてしまうことを明らかにしたといえる。それほどまでにナチスはドイツの加害者性に対する批判を明確に示さねばならない題材であることを、『帰ってきたヒトラー』のインパクトは逆説的に伝えている。ドイツ映画に取り憑いたナチスとヒトラーの呪いを振り払うことはまだまだ難しい。

ニュージャーマンシネマの系譜――リアリズムとキャンプ美学

ここでナチスという過去の克服としてのニュージャーマンシネマの成立史を辿ってみたい。その前史となるのはまず、フランスで一九五〇年代末に台頭した「新しい波（ヌーヴェルヴァーグ）」である。映画には撮影所もスター俳優も必要なく、自らがカメラを持って街頭に出ることで作品が成立する。それは映画批評家アンドレ・バザンがロベルト・ロッセリーニのネオリアリズモを評した考え方に基づいている。それは映画において映像よりも現実を重視するということであり、カメラがどのように現実を切り取るかによって批判的態度が提示されるのだ。その際、ヌーヴェルヴァーグの作家たちはホークスやヒッチコックなどハリウッドのジャンル映画の巨匠たちを称揚し、文学性や社会的テーマでなく、映像表現そのものに作家性を見出すという独自の「作家主義」を提唱した。またロッセリーニを評価する際も、『無防備都市』(一九四五)や『ドイツ零年』(一九四八)等の反ファシズムを実践したネオレアリズモの代表作ではなく、『イタリア旅行』(一九五四)や『ストロンボリ』(一九五〇)といった政治的テーマから遠ざかった作品にむしろ注目した。ニュージャーマンシネマは、この点でヌーヴェルヴァーグとは異なり従来のネオレアリズモの政治的主題により直接的に接近することになる。いわば戦後ドイツ映画が『ドイツ零年』を撮れなかった反省を出発点としている。

映画は映像だけでなく言語も重要な構成要素であり、ニュージャーマンシネマにおいて文学的テクストは重要な位置づけを持っている。それはバザンの「不純な映画のために」における、文学作品の脚色が映画を豊かにするという形式論的な議論とは本質的に異なり、むしろブレヒトが「演劇の文学化」として提唱した手法が映画に応用される。観客が眼前の出来事をあたかも現実であるかのように受け取ってしまうイリュージョニズムを打破し、映像に対する批判的な距離化を促すために、敢えて異質な要素である文字や文学テクストを挿入する技法である。例えば、一九六〇年代に西ドイツで映画製作を始めたストローブ=ユイレの映画において、ブレヒト的なテクスト使用が徹底して実践された。そして、文学テクストを駆使して実験的またはエッセイ的な映画を作ったアレクサンダー・クルーゲ、ハンス・ユルゲン・ジーバーベルク、ハルーン・ファロッキのような作家たちもいる。またニュージャーマンシネマの代表的存在でもあるファスビンダー、ヴィム・ヴェンダース、ヴェルナー・ヘルツォーク、フォルカー・シュレンドルフらは著名な文学作品の映画化に取り組み、それぞれに映像とテクストの緊張関係を映画的に表現すべく実験的な試みをおこなっていた。

だがニュージャーマンシネマの多様性を考える時、その美学的インパクトをヌーヴェルヴァーグとネオレアリズモ、そしてブレヒトだけに帰するのは明らかに限界がある。そこでぜひ注目したいのが実験映画への傾倒である。一九六七年に、ベルギーのクノッケ映画祭でアメリカのアンダーグラウンド映画を発見した若き自主映画作家たち、ローザ・フォン・プラウンハウム、ヴェルナー・シュレーター、ハルーン・ファロッキらに端を発する流れである。そこにはファスビンダーや、スイス出身のダニエル・シュミットも加えることができ、また後のウルリケ・オッティンガー、エルフィ・ミケシュ、ロータル・ランベルトらへと繋がってゆく。さらにアンダーグラウンド映画の実践者としては、八〇年代以降むしろB級映画マニアの傾向が強いものの、価値倒壊的な自主映画製作をおこなったヨルク・ブットゲライトやクリストフ・シュリンゲンジーフもその延長線上に位置することになるだろう。▽5

アメリカの実験映画やアンダーグラウンド映画は、アンディ・ウォーホル、ジャック・スミス、ジョナス・メカス、クッチャー兄弟、スタン・ブラッケージ、ケネス・アンガーなど、個人的かつポストモダンなアート実践をおこなう映像作家たちが名を連ねている。その中でもウォーホル、アンガー、クッチャー兄弟など、主流文化へのパロディ的な諧謔が際立つ作家たちは、「キャンプ」と総称された悪趣味かつ低俗な映像文化を代表する。そこでは性愛表現の自由さも特徴であり、同性愛や異性装など現代のクィア文化の先駆者としての価値観を備えている。このラディカルなアンダーグラウンド美学が、ニュージャーマンシネマの抵抗文化の底流の一つになっているのは見過ごせない。これらの作品には、体制への批判の中にキャンプ的な俗悪さや倒錯性の美学が結び付いている。その俗悪さは批判すべき対象をデフォルメしてパロディ化するという対抗戦略であるとともに、戦後ドイツの文脈に収めるなら、その批判対象であるナチスこそが最も価値倒壊的な制度であったという歪んだ自画像へと投げ返されるだろう。この「キャンプ」に自虐的な批判性が加わるところに、ニュージャーマンシネマの極めて屈折した対抗文化としての特性がある。

ここで興味深いのは反ファシズムの批判精神を持ったネオレアリズモと、低俗で不真面目なクィア・アンダーグラウンドが、ニュージャーマンシネマの少なからぬ映画監督において絶妙なバランスで共存していることだ。その中でもアンダーグラウンドのパロディ精神と性的マイノリティの人権運動を両立させたローザ・フォン・プラウンハイムは、当初は政治的言説をコント的な寸劇と結びつけながらフェミニズムやゲイの実情を素描したエッセイ的映画や、テレビのソープオペラをパロディ化しつつマイノリティの性をフィーチャーする劇映画を発表していたが、次第にパロディ的な要素を抑えながら真摯なテーマの作品を手掛けるようになる。ヴァイマール時代における性科学者として、同性愛者の人権のために闘ったマグヌス・ヒルシュフェルトの伝記映画『セックスのアインシュタイン』（一九九九）や、『男性の英雄、ゲイのナチ』（二〇〇五）のように、ネオナチシーンにおける同性愛者男性の実態を暴くドキュメンタリーを製作し、キャンプ的なメロドラマ様式を利用することで政治的主題をあまり深刻にならないように提示している。

図2　ヴェルナー・シュレーター『爆撃機パイロット』(1970)

一方でシュレーターは、当初ウォーホールなどの影響下でオペラやサイレント映画のスタイルを取り入れた耽美的なアンダーグラウンド映像を発表していたが、初の劇映画『爆撃機パイロット』（一九七〇）［図2］で、ナチ時代から戦後ドイツの移行期における三人のショーガールの生きざまを断片的な場面のコラージュとしてオペレッタ映画にした。キャンプ的で卑俗な表現の中にヒトラー式敬礼やナチ時代の官僚的話法を取り入れ、本来は重い政治的題材をふざけたトーンで演出し、しかも戦後のドイツ社会をグロテスクに反映した物語に仕上げている。一方『ナポリ王国』（一九七八）では、ナポリ現地のロケによって戦後のイタリア社会における社会主義者と保守的なファシスト資本家たちのせめぎ合いの歴史を素描し、ネオレアリズモの現地ロケや素人起用のスタイルを基盤に、ソープオペラの過剰な演技や美術による通俗的描写を織り込んだドラマを生み出している。

ニュージャーマンシネマの中でも、とりわけアンダーグラウンドの傾向を保持しつつハリウッド主流映画の様式をもっとも効果的に取り入れたのがファスビンダーである。彼のハリウッド・メロドラマ指向は、体制倒壊的なクィア美学をメジャーの舞台に移植しようとする実験でもあった。小市民的な結婚生活を俗悪かつ心理的にはリアルな掘り下げによって描き出した『四季を売る男』（一九七二）や『マルタ』（一九七四）は、メロドラマを脱構築した典型例だが、やがて七七年『デスペア』、八〇年『リリー・マルレーン』、八二年『ヴェロニカ・フォスのあこがれ』では、ナチ時代ドイツを過剰に装飾された様式化の中で捉える作品となった。ヴィスコンティの『地獄に堕ちた勇者ども』のような、ナチスの魅惑と恐怖を豪華なオペラ風に描くスタイルをあからさまにキッチュで低俗な表現と混合させ、メジャーとアンダーグラウンドの境界を揺さぶる独自の世界観を実現した。ファスビンダーやシュレーターの方法は、ナチスの魅惑や下品さを主流映画や伝統的芸術と同一の装いで提示することで悪趣味を露呈させる。ナチスを知的言語で解説するのではなく、美的スタイルとして感覚的に提示するところに彼らの映画的な批判性がある。

一方、コラージュ的な手法でドイツ社会とドイツ史を横断しつつ知的に物語化する作家としてクルーゲは独自のポジションを占めている。第二次大戦末期に故郷ハルバーシュタットの空襲をかろうじて生き延びたクルーゲ

図3　ハンス・ユルゲン・ジーバーベルク『ヒトラー、あるいはドイツ映画』（1978）

は、ドイツ人の戦争体験を直接的に主題とする『愛国女性』（一九七九）を発表した。歴史的な絵画、戦争映画、記録映像、同時代の社民党の党大会の様子など様々な映像素材をコラージュした本作は、ドイツ人として戦争の歴史を率直に語る困難を主題とする。その際、ホロコーストには一切言及されないのが徴候的だ。だがクルーゲにおける歴史探求は、戦争加害性からの現実逃避やセンチメンタルな過去の回想とは異なり、様々な歴史的資料や専門家の言説を渉猟しながら、愛国者たるドイツ人の歴史意識が抱えざるを得ない葛藤を明かそうとする。

個別の作品を見てゆけば、ニュージャーマンシネマがナチスドイツをただ一面的に否定する作品ばかりでないことは明白だろう。不真面目さの美学が両義性としての受容の幅を生み出している。こうしたキャンプの精神がもっとも物議を醸す作品へと結晶したのが、ジーバーベルクの問題作『ヒトラー、あるいはドイツ映画』（一九七八）［図3］である。

この七時間からなる大作は、ドイツとドイツ文化がヒトラーとナチスによって深い傷を受けたことを哀悼するだけでなく、むしろヒトラーとは何かというドイツ人にとって内省的な問いについて、時代や地理的な制約を超えて、戦後世界の情勢や宇宙の成り立ちにまでコンテクストを広げながら、それら全てを投影する映画装置としてヒトラーを普遍化する壮大なコンセプトを実現している。ジーバーベルクは本作に先立ち『ルートヴィヒII世のためのレクイエム』（一九七二）と『カール・マイ』（一九七四）を発表し、一九世紀ドイツのロマン主義的文化が時代の進展する中でナチズムとヒトラーに絡めとられてゆく状況を取り上げた。この連作の第三部に位置する『ヒトラー』は、戦後ドイツで最大のタブーと呼べる対象を中心に据えるという大胆な挑発をおこなったが、本作の製作と時期を同じくしてヒトラーへの注目を高めたもう一つの映画の存在も忘れてはならないだろう。

それは歴史家・ジャーナリストでもある作家ヨアヒム・フェストが七三年に出版した『ヒトラー』の伝記を自ら監督し、映画化した『ヒトラー　あるキャリア』（一九七七）が西ドイツで大ヒットを記録したことである。これはナチス台頭から第二次大戦やホロコーストへの展開を、ヒトラー個人のドラマとして描くことでナチスの犯罪の原因を総統崇拝に収斂させており、そうした個人化の視点は当初より厳しい批判を浴びた。とはいえ映画ヒットは、ドイツでヒトラーが相変わらず待望されるキャラクターであることを証明しただけでなく、ヒトラーを特別視して描くことが、ドイツ人のナチ加担の責任を軽減する方便となり得ることを改めて確認させることになった。

この露骨なヒトラーのカリスマ化と比較するならば、ジーバーベルクの作品が内包する保守的心性や歴史修正主義的な傾向はずっと省察に満ちた屈折を含んでいる。全体を四部構成とし、全て撮影所のセット内に構築された舞台では、ときに『チャップリンの独裁者』（一九四〇）やフリッツ・ラングの『M』（一九三一）が模倣され、セット中央に置かれた小さな黒い小屋は、エジソンのスタジオ「ブラック・マリア」と称される。その映画史の本流にルードヴィヒⅡ世やカール・マイのロマン主義も流れ込む。映画中で紹介されるヒトラーやヒムラーのエピソードは、悪魔化とは程遠い日常的な姿を伝えるものばかりが選ばれており、むしろ人類悪の象徴としてのヒトラーという記号が考察され、戦後の東西冷戦や核戦争と関連付けられてゆく。この普遍化の手法によって、ジーバーベルクの映画はナチスやヒトラーをドイツにかけられた呪いと見なす価値観から逆説的に解放しようとする。それはニュージャーマンシネマの課題である、ドイツというナショナリティをナチスやファシズムとの対峙によって問い直す試みの一つの変奏でもあったが、ドイツ映画におけるタブーを破る行為としてヒトラーを直接映画の中に取り込んだことで、西ドイツ国内では評価の難しい作品となった。一方アメリカやフランスでは高く評価され、また東ドイツではハイナー・ミュラーが『ヒトラー』を「悪魔祓い」と述べて評価している。[▽6] この多義的であるとはいえ実質上のヒトラー復権があればこそ、近年のドイツにおけるヒトラー映画のブームが容易になったといえなくもない。『ヒトラー〜最期の12日間〜』や『帰ってきたヒトラー』がドイツで生まれる前史として、ジーバーベルクの映画は重く受け止めざるを得ない。

ニュージャーマンシネマにおけるドイツ映画史の連続性

ナチ時代の映画は必ずしも否定されるべき負の遺産ばかりを戦後世代に遺したわけではない。その点で、戦後西ドイツの代表的監督の一人であるヘルムート・コイトナーの例は興味深い。第二次大戦中の野戦病院での悲劇を描く『最後の橋』（一九五三）など社会派作品も発表したコイトナーだが、ナチ時代にはメロドラマやコメディなど娯楽映画を監督することでキャリアを開始した。そんな彼がナチ時代終盤に監督した『グローセ・フライハイト七番地』（一九四四）〔図4〕は船乗り男のロマンスを描いた作品だが、豪華な衣装やセット美術、シルエットと色とりどりの照明を組み合わせた鮮やかな色彩の演出が印象的である。リアリズムから極めて遠ざかった様式化は、ファスビンダー後期の『ベルリン・アレクサンダー広場』（一九七九）や『ローラ』（一九八一）を彷彿とさせる。ファスビンダーにおける過剰な色彩設計は五〇年代ハリウッド映画からの影響として語られることが通常だが、実はファスビンダーが明言しないだけで、ナチ時代の映画から多くの要素を取り入れているのではなかろうか。コイトナーはそうした隠された参照項の一つといえる。

図4　ヘルムート・コイトナー『グローセ・フライハイト七番地』(1944)

さらにコイトナーの映画には男性同士の友情の絆を強調する作品が多く、『グローセ・フライハイト七番地』も同様である。こうした同性愛的底流と過剰な色彩はまさにファスビンダー的なキャンプ美学に結び付くものだが、ナチ時代の映画においてもいわゆる退廃的な表現が許容されていた事実は、ドイツ映画史の再評価にとって重要な視座を与えてくれる。ファスビンダーの親世代に対する態度は極めてコンプレックスに満ちている。その彼が主流ドイツ映画として監督した『リリー・マルレーン』は、ナチ時代への回顧と批判的な距離、華麗なスペクタクルと俗悪な倒錯、こうした両義性が実は右翼・左翼を包括したドイツ社会そのものの歴史であることを示しているのかもしれない。

ファスビンダーがおこなったような歴史意識と映画の接合は、二一世紀のドイツ映画にどう継承されるのか。

その一例はクリスティアン・ペッツォルトの『あの日のように抱きしめて』(二〇一四)〔図5〕に見出すことができる。ロベール・モンティロの小説『帰らざる肉体』を原作として舞台をフランスからドイツに移し、ナチ占領下で夫に密告されて強制収容所に送られたユダヤ人の妻が生還し、その際顔の整形手術を受けて別人として夫に近づくというサスペンスドラマを展開した。ペッツォルトはこの作品の参照作品としてヒッチコックの『めまい』(一九五八)と共に、ファスビンダーの『マリア・ブラウンの結婚』(一九七九)を挙げている。つまり一人二役の恋愛ドラマの背後に、ナチ時代から戦後にかけて生きるドイツ女性の幽霊じみた危ういアイデンティティを重ねたメロドラマ作品というわけだ。

図5　クリスティアン・ペッツォルト『あの日のように抱きしめて』(2014)

ドイツにおける新しい作家映画「新ベルリン派」の代表的監督であるペッツォルトは、シネアストとしての研ぎ澄まされた映像表現によって物語を構築する作家である。ニュージャーマンシネマのアンチシネマ的な断片性やアンダーグラウンド性とは対極を志向し、ナチスとホロコーストの傷を負ったドイツのアイデンティティをむしろストイックなまでに正攻法で映像的に表現するという困難な課題に向き合っている。その意味ではドイツを代表する作家映画の継承者であるが、映画の枠を破壊するニュージャーマンシネマ的な傾向なくしてナチスの危険な表象といかに向き合うかについてペッツォルトの可能性はいまだ未知数だろう。

ニュージャーマンシネマから遠く離れて二一世紀のドイツに佇むとき、ナチスとホロコーストを題材に『帰ってきたヒトラー』と『あの日のように抱きしめて』という対照的な作品が生まれたことは示唆的だ。ニューシネマ世代の挑発や実験精神、とりわけ映画制度そのものに疑問を投げかけるアンダーグラウンド的かつクィア的な価値観は、現在の映画シーンにおいてチャンスを失いつつある。だがナチスとホロコーストの根底に破壊的な倒錯への傾向があるとしたら、それに対抗する映画はやはりどこかで既存の映画的・テレビ的なイリュージョニズム（それはヒトラーの偽物と戯れるリアリティショーでもあり得る）への徹底した否定において表現されるべきものではないだろうか。本章では具体的に言及できなかったが、ストローブ＝ユイレ、ペーター・ネストラー、ハルーン・ファロッキらはそれぞれに独創的な反ファシズムの映画技法を展開している。ニュージャーマンシネマの持つ批判的射程の幅広さはまだまだこれから発見されるべきものだろう。

▽1 Thomas Elsaesser, *Der Neue Deutsche Film: von den Anfängen bis zu den neunziger Jahren*. Deutsche Erstausgabe. Wilhelm Heyne: München, 1994, S. 371.
▽2 Ebd., S. 356.
▽3 この映画の原題はRaceであり、人種と競技レースの掛詞となっている。本作はオーウェンスがアメリカおよびナチスドイツで受けた黒人差別について踏み込んで描いており、その意味でリーフェンシュタールは直接の批判の対象としては浮かび上がってこない。
▽4 Heinz Höhne, *Der Spiegel* 29. Januar 1979, S. 15.

▽5 彼らはニュージャーマンシネマ以降の時代に、低予算自主製作によりナチスやヒトラーを過激に映像化した存在でもあった。ブッドゲライトは短編映画の中に鉤十字の旗を登場させ、シュリンゲンジーフは『アドルフ・ヒトラー100年：総統地下壕の最期』（一九八八）で、ヒトラー最後の日々を戯画的に演じさせた。これらの作品はB級映画のモンスターとしてヒトラーとナチスを利用する傾向にある。戦後ドイツのタブーだったヒトラーとナチスを映像化したことは挑発的だが、既存の価値観への批判においてはシュレーターやファスビンダーのクィア的でアナーキーな挑発性は希薄である。

▽6 ハイナー・ミュラーは一九八〇年、フランスの『カイエ・デュ・シネマ』誌の特別号にジーバーベルクの『ヒトラー』評を寄稿し、それまでの左翼の言説がヒトラーというキッチュにして祖国の守護天使という夢想を人民から隔離してきたことに対し、ジーバーベルクの映画がその夢想の領域を奪い返したことを指摘している。映画『ヒトラー』について「映画と演劇、ワーグナーとブレヒトの衝突という煙の幕の中に可動性の建築が立ち上がる、それは総合芸術の原形質だ」と形容し、この映画が「悪魔祓い」であると述べた。映画に対する一面的な批判や拒絶ではないが、この評価は極めて両義的に解釈し得るものだ。この点については以下の文献を参照。Dietrich Kuhlbrodt, *Nazis immer besser*. Konkret Literatur: Hamburg, 2006, S. 49.

column

壁の向こうの反ナチ映画——ドイツ民主共和国（東ドイツ）が描いたナチ時代

渋谷哲也

一九四九年に建国されたドイツ民主共和国いわゆる東ドイツは、かつてナチ党と闘争した共産主義者による新たな民主的ドイツを目指す国家として反ファシズムを掲げた。西側のドイツ連邦共和国に対しては、ナチ党員が政治経済界の要職に復帰した国であり、資本主義がファシズムの原因であるとする図式で過去のナチ体制の問題を西側に帰する言説が展開された。だが現実には東ドイツ国民の大半もナチ時代を生きた当事者たちであり、戦後の占領時代においてドイツ国民の非ナチ化の再教育は東側でも重要な課題だった。やがて東西冷戦の分断が進む中で、ナチ時代の過去との対峙は東西それぞれ異なった展開を見せた。東ドイツの映画人は、ソ連支配下でのドイツ社会主義統一党による介入を余儀なくされたため、ナチ時代の過去を映画で取り上げること自体がその都度の党の方針によって左右されることになる。すでに一九五〇年代において、同時代の社会主義体制を称揚するためには、過去の戦争犯罪を振り返る題材は望ましくないものとなった。またナチ時代を描く際の態度として、ナチスに加担した者たちを同じドイツ人として単純に他者化するわけにもいかず、だが彼らへの同情や共感を示すことも困難だった。しかも映画のメッセージとして全体主義を批判することがスターリニズム批判と重なることは回避せねばならなかった。したがって東ドイツにおいてナチ時代を反省的に描く場合、徹底した自己批判の態度を取ることが極めて難しい。この厄介な政治的事情ゆえに、東ドイツ映画では他国のナチス関連の映画とは異なる奇妙な無力感を伴った作品が生み出されることになった。

戦後の廃墟と新たな出発

戦後間もない一九四〇年代後半から五〇年代初頭は、反ファシズムの理念を掲げた映画がドイツ国内で次々と生み出された。ナチ体制の中で活動の自由を制限された映画人たちが、暖めていた企画にようやく着手できるようになったからだ。ヴァイマール時代に共産主義運動に属していた者たちは、国外亡命者も含めて戦後ドイツの再建のために東側で活動することを選んだ。その中にはブレヒトと共に『クウレ・ヴァンペ』(一九三二)を監督したスラタン・ドゥードウや、二〇年代からブレヒトの劇作品演出を数多く手がけたエーリヒ・エンゲルらがいる。またナチ時代にキャリアを開始した世代も国内で消極的抵抗を続けながら戦後を迎え、新しいドイツを目指してナチ時代の過去と対峙する映画を生み出した。連合軍の分割統治がおこなわれた一九四五年以降、ドイツ人が映画を製作するには各占領地域における管轄の許可を得る必要があった。こうした反ファシズムを掲げる映画が主に東側ブロックで製作された事実は重要である。

ヴォルフガング・シュタウテは、ナチ時代に俳優として反ユダヤ主義プロパガンダ映画『ユダヤ人ジュース』(一九四〇)等に出演し、その後娯楽映画で監督デビューを果たして映画界に留まったが、それは戦時中の徴兵を逃れるための苦渋の選択だったという。シュタウテは「私が殺したい男」という映画の草稿を準備し、終戦後まずアメリカ軍に撮影許可を求めるが却下され、その後ソ連軍から許可を得た。この映画はその後『殺人者は我々の中にいる』と題名を変えて、後に東ドイツ国営映画会社となるDEFA（デーファ）最初の作品となった。アメリカは戦後、ドイツを自国の娯楽映画の市場とすることを優先し、しかも政治的な主題の映画を敬遠していた。一方ソ連は、映画を通してドイツ人の反ファシズム教育をおこなう意義を認めていた。それがナチスに抵抗した映画人にとって自由な映画製作を実現できる土壌となった。

一九四六年に公開された『殺人者は我々の中にいる』Die Mörder sind unter uns［図1］は、東方戦線の兵士だった男性と強制収容所から帰還した女性が戦後ベルリンの瓦礫の中で生活を立て直そうとする物語である。男性は自身が戦争犯罪に関わったために良心の呵責に苦しんでいる。それは戦時中ポーランドの村で大勢の民間人処刑に加担したことである。主人公は上官の命令に抵抗するが、結局は指示に従って処刑を実行してしまう。そんな折、彼に民間人殺害を命じた上官が、過去を隠蔽して戦後復興の波に乗ろうとしているのを発見し、その罪を裁くため自ら銃を手にして向かってゆくのがクライマックスである。当初の案では殺害が実行されるのだが、ソ連側の指示で主人公は射殺を思いとどまり相手を告

図1　ヴォルフガング・シュタウテ『殺人者は我々の中にいる』（1946）

訴するという結末に変更された。ラストシーンでは鉄格子の向こうから元上官が自分の無実を叫ぶ姿が見える。

『殺人者は我々の中にいる』は、ドイツ人によるドイツ人の戦争犯罪追及が陥るジレンマを明示した点でも重要な作品である。シュタウテによる当初のタイトルが示唆するように、結末で処刑が実行されれば主人公自身の犯罪加担の事実を無視して上官に責任を負わせる行為となるだろう。だが戦争犯罪の実行者は主人公自身でもある。こうした自己批判の不徹底さは公開当時の批評でも指摘されていた。このがんじがらめの状態を解決するのが、個人の激情による懲罰行動ではなく法で追及すべしという理性的な結論、それがソ連軍による変更指示の内実である。ドイツ人のナチス加担や戦争犯罪は事実として認めつつ、それを反省したうえで新しいドイツ社会の構築につなげるという態度である。そこで映画の主人公たちは悔い改めた良きドイツ人として未来に向かうことになるが、その一方でアイヒマン裁判を待つまでもなく、全て上からの命令に従っただけであると罪を認めない戦争犯罪者の声は常に立ち上ってくる。この葛藤は戦後東西ドイツで違った形の過去の清算のあり方をもたらした。西側ではナチスに同調加担した親世代が過去を忘却することで経済復興を遂げ、そこで隠蔽された過去の犯罪は、六〇年代後半に戦後世代が糾弾の声を上げることで大きな世代間対立となった。西ドイツ映画においても、一九五〇年代から六〇年代前半にかけてナチ時代の戦争犯罪を取り上げる作品は生まれたが、あくまでも例外的な現象であった。

東側は、ソ連の指導でドイツ人として過去の反省を内面化しつつ、表向きはナチスに対抗した共産主義者として反ファシズムを唱える国民という自己形成をおこない、ファシズムの悪は全て西側へと外部化することが有効な図式となった。例えばナチ体制を大企業が支えた事実が暴露されたニュルンベルク裁判資料を基に、映画『神々の評議会』*Rat der Götter*（一九五〇）が作られている。本作は製作当時、西ドイツで公開禁止となった。

やがて戦後復興が進むとともに、東ドイツでは社会主義国家の発展を示すことが映画に求められ、第二次大戦中を舞台とした反ファシズムのテーマは次第に望まれなくなった。しかも壁が建設される一九六一年までは東西の国境を越えて人々が往来し、東ドイツ国民も西側の娯楽映画を鑑賞することができた。そこでDEFAは、西ドイツ映画に対抗して観客獲得のための娯楽作品も製作することを余儀なくされた。映画スタッフも国境を越えて往来し、技術的な側面を見ればこの時期の東西ドイツ映画の撮影や美術にはさほど大きな相違はない。だからこそ、商業性にとらわれることなく政治的主題の映画を製作できるDEFAの仕事を重視する映画人たちも少なくなかったが、党の介入により、製作中止や内容変更を余儀なくされるトラブルが起こるたびにDEFAを去る映画人が相次いだ。シュタウテも一九五五年まではDEFAで監督をしていたが、その後活動場所を西ドイツに移してファシズムの過去を追及する作品を発表し続けた。

当初のDEFA映画は必ずしも共産主義者を主人公にするのではなく、普通の人々がナチ時代に体験した出来事を描いた作品が多い。それはファシズムを招来した原因が、政治的意識を持たずに自身の生活ばかりを考えていた小市民層の問題であることを批判する目的があったからである。シュタウテの『回転』*Rotation*（一九四八）［図2］は、政治に無関心な印刷機械工の男性が、ナチ政権発足から終戦後までを生き抜く様を描く。青年時代に女性と知り合い、結婚して子供が生まれる。その背景でナチスが台頭し住居の周辺でもユダヤ人排斥が起こるが、主人公はそうした不都合な世相については見ぬふりをする。ある時、妻の親類から印刷機の修理を依頼され、それが反ナチ抵抗組織のビラの印刷機だったことから、ヒトラー・ユーゲントになった息子に密告されて投獄される。やがて戦争が激化する中で主人公は生き延びるが、妻は避難中に命を落とす。成長した息子は兵士となり、降伏後はソ連軍に拘留される。当時のドイツ人の家族で起こったであろう典型的な出来事のドラマ化である。撮影技術については、『殺人者は我々の中にいる』が表現主義的な舞台美術や照明などの技巧を用いたのとは対照的に、リアルなロケ撮影と抑制された演技を貫いており、イタリアのネオレアリズモを指向する作品となっている。そして映画の結末は象徴的だ。戦後自宅に戻り一人で生活している父のところへ息子が帰ってくる。息子は過去の経緯ゆえに父に拒絶されるのではと心配するが、父は肉親との再会を素直に喜び、過去の過ちを繰り返さぬようにと息子の制服を暖炉で燃やす。そして息子の世代が新たな人生を始めるところが映画のラストシーンである。息子が女性と知り合い公園でデートする場面は、映画冒頭で父が将来の妻と知

図2　ヴォルフガング・シュタウテ『回転』(1948)の撮影風景

り合いデートする場面と全く同じ演出をおこなっている。ただしラストカットで二股道に差し掛かった時、息子のカップルは父のカップルが選んだのとは反対の道へと進む。映画の題名『回転』との関連で考えるならば、未来を過去の繰り返しにするまいという意図が窺えるが、あくまでも暗示のままだ。シュタウテの平和主義はすべての人間が過ちを犯すという、集団の罪を認める前提に立ち、だからこそ個人が和解と反省と共に生きねばならないという教訓が際立つ。

他の初期のDEFA映画では、クルト・メーツィヒの『愛は永遠に』*Ehe im Schatten*（一九四八）でユダヤ人の妻を持つ俳優夫婦がナチ時代に迫害を恐れて服毒自殺をするという、ナチスの人種主義ゆえの悲劇をメロドラマ化し、本作は東西両ブロックで公開されて大きなヒットを記録した。ユダヤ人迫害が描かれる場合は、東西の思想的対立の問題は生じないようだ。だがその後DEFAではホロコーストとユダヤ人をあつかう作品はほとんど製作されていない。例外的に一九七四年に『嘘つきヤコブ』が製作され、国外で高い評価を得たにもかかわらず、DEFAで同傾向の作品が続かなかったことも東ドイツの過去の克服における偏向を明らかにしている。社会主義国家の発展にとって、ユダヤ人とホロコーストの問題は優遇されるべき問題ではなかった。

一方『殺人者は我々の中にいる』や『回転』のようにナチ体制に属した普通のドイツ人を扱う場合、その加害性を描くにはどうしても罪の意識の心的抑圧と関わらざるをえない。一九五〇年代には、この不安定な精神性を糊塗するように東ドイツのアイデンティティを強化する映画が作られた。ナチスと敵対した共産主義者の伝記映画『エルンスト・テールマン』*Ernst Thälmann* 二部作（一九五四）が代表作として知られる。ヴァイマール時代にはドイツ共産党の議長として活躍したが、ナチ時代に逮捕されブーヘンヴァルト強制収容所で死亡した伝説的な人物をあつかう英雄譚である。その一方で、ナチスに加担するドイツ人を批判的に描く作品も製作された。アーノルト・ツヴァイクが一九四三年に発表した小説を原作とする『ヴァンズベックの斧』*Das Beil von Wandsbek*（一九五一）では、ナチ政権下で生活に困った肉屋の親方が親衛隊将校の依頼で共産主義者の処刑を引き受け大金を得るが、それを周囲に知られて孤立し自殺する物語である。しかし、処刑人となった後悔から深刻な憂鬱に陥る主人公に同情を催させるという当局の判断により公開中止となった。このようにナチス加担の責任追及は、ドイツ国民として相応しくない人物像を描くというジレンマに直面してしまう。そこに社会主義国家のイデオロギーが隠れ蓑のように作用することで、「我々の内なるヒトラーとナチス」という、一九六〇年代以降西ドイツで展開した内省の視点が奪われることになる。

壁建設後——分断されたドイツ映画

一九六一年、ベルリンの壁建設によって東西分断が固定化し、DEFA映画は東ドイツ国民にとって外国映画を除きほぼ唯一の映画供給源となった。ナチ時代の過去を題材とする映画も引き続き製作されたが、そこには社会主義国家の現状が明らかに反映されるようになる。フランク・バイヤー監督『裸で狼の群れの中に』*Nackt uner Wölfen*（一九六三）［図3］は、終戦間際のブーヘンヴァルト強制収容所にアウシュヴィッツから移送されてきたユダヤ人がスーツケースに隠していた三歳児を収容所の共産主義者グループが匿う物語である。東独の作家ブルーノ・アピッツの強制収容所での実体験に基づく同名小説を原作としており、子供を匿うことはグループにとって死の危険を伴う一方で希望の象徴を守る行為ともなる。収容所を運営するナチス親衛隊は赤ん坊の存在を嗅ぎつけ、赤ん坊の行方をめぐって被収容者への拷問が繰り返される。この映画は強制収容所の内実を初めて描いた作品として語られることが多いが、むしろそこに共産主義の理想と苦境が暗喩的に重ねられる点が見逃せない。映画の結末ではソ連軍により収容所の門が開かれ、解放を喜んで駆けだす被収容者たちの群れが広場を埋め尽くす。その中には無事に生き延びた子供の姿もある。そして拷問を受けつつ黙秘を貫いた仲間たちも最終的に解放されて子供との再会を果たす。ファシズムへの抵抗はイタリアのネオレアリズモの代表作『無防備都市』（一九四五）を想起させるものの、本作では収容所解放の喜びは背景に退き、むしろ拷問で疲弊しきった共産主義者たちの放心状態が強調され、救われた子供を抱えて歩む足取りも頼りない。東ドイツ独自の文化政策を取ることになった一九六〇年代以降のＤＥＦＡ映画は思想的な制約がさらに強まったことで、描かれる内容には表向きの社会主義プロパガンダと内実の抑うつ状況がさらに分裂した表現をとることになる。

反ファシズムを主題とする映画はその後も作られ続けた。とりわけ第二次大戦におけるドイツ人の描き方において対照的な二作品が一九六八年に製作されている。一つはＤＥＦＡ映画の代表的存在であるコンラート・ヴォルフ監督による『僕は一九歳だった』*Ich war neunzehn*［図4］、もう一つはそのヴォルフに捧げられたハイナー・カーロウ監督『ロシア人が来る』*Die Russen kommen*［図5］である。どちらも東方戦線におけるドイツ人とソ連兵の関係を、一〇代のドイツ人少年の体験として描き出した。

ヴォルフは生涯にわたってナチ時代を題材にした作品に取り組み、六一年の壁建設以前はナチ加担側のドイツ人やユダヤ人排斥をテ

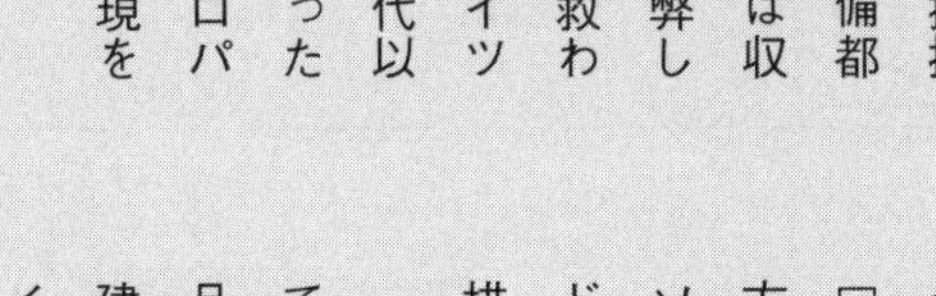
図3　フランク・バイヤー『裸で狼の群れの中に』（1963）

ーマにした作品を発表し続けた。『リシー』（一九五七）では、一九三〇年代を舞台にナチ党に入党し突撃隊に加入した夫との結婚生活で苦悩するヒロインを描いた。『マムロック教授』（一九六一）は、彼の父フリードリヒ・ヴォルフの同名戯曲の映画化で、ユダヤ人だった外科医の主人公がナチス台頭と共に厳しい迫害に晒されてゆく顛末を描く。

　壁の建設後に製作された『僕は一九歳だった』では、ドイツ人はむしろ観察対象となる。主人公はヒトラー政権樹立後にソ連に亡命した共産主義者一家の少年であり、彼はソ連軍の若き将校として敗色濃いドイツに進軍する。彼は赤軍の中ではドイツ出身のよそ者と見られるため、常に自分はロシア人であると口にせねばならない。その彼が行く先はかつての故郷ドイツであり、そこで本来の母語によってドイツ人に降伏を呼びかける役割を担う。

　ヴォルフ監督の実体験に基づくこの物語では、一九歳の主人公はソ連兵とドイツの人々の関係を目撃するが、そこでは一方的にナチスドイツへの敵意や非難が描かれるわけではない。むしろ登場するドイツ人は傷つき無気力に覆われた幽霊のような存在である。その反面、ドイツ兵の処刑を止めさせようとするソ連軍将校のエピソードや、ドイツ軍のソ連侵攻で故郷や家族を失ったソ連兵の憎しみの独白などが盛り込まれ、ソ連軍側の人間性も強調される。またドキュメンタリー風にドイツ兵が強制収容所のガ

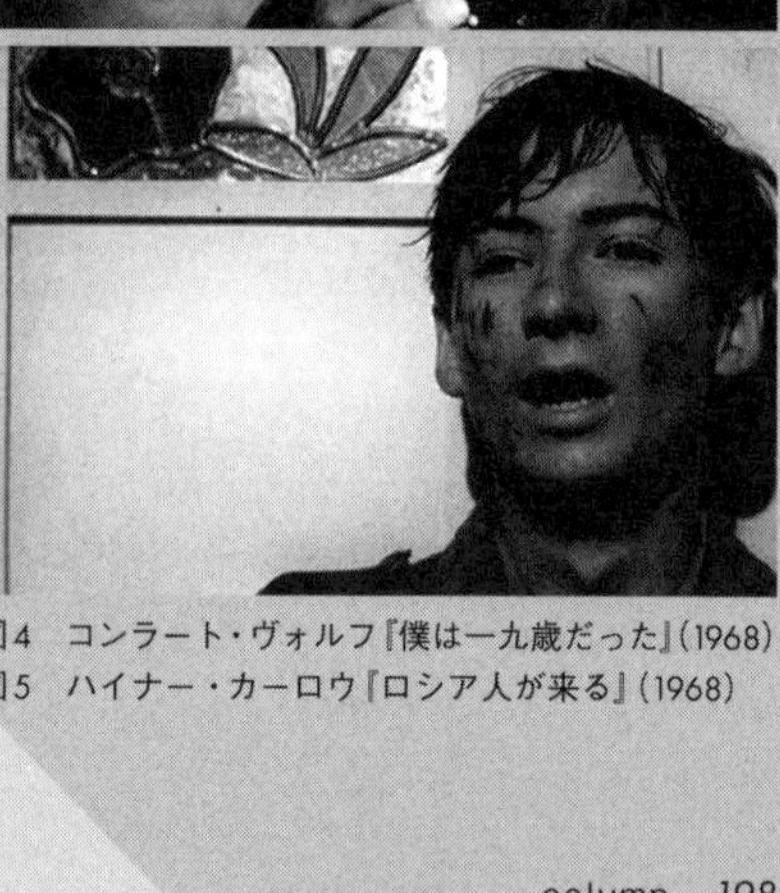

図4　コンラート・ヴォルフ『僕は一九歳だった』(1968)
図5　ハイナー・カーロウ『ロシア人が来る』(1968)

ス室の構造を説明する場面や、ドイツ人学者によるナチス台頭についての考察が挿入され、ナチスドイツの戦争犯罪を冷徹に考察する啓蒙的な要素も盛り込まれる。だが当時の赤軍兵がドイツでおこなった略奪行為やレイプなどの暴力を示唆する直接的な描写はなく、その意味でこの映画はソ連にとって望ましい人物像が描かれることになり、それが一九歳の主人公の引き裂かれたアイデンティティに憂鬱な影を落とす原因となっている。

一方『ロシア人が来る』では、ヴォルフの映画が描き切れなかったナチ体制下の愛国的ドイツ人が主人公となる。監督ハイナー・カーロウは代表作『パウルとパウラの伝説』（一九七三）で一組の男女の波乱に満ちた恋愛の顚末や、『カミング・アウト』（一九八九）でタブーだった同性愛者の恋愛を描いたように、社会環境の中で翻弄される人間の感情描写に長けた作り手である。カーロウの描く第二次大戦の物語も、若い主人公の心理描写に重点を置く。

バルト海に面した田舎町に住む一六歳の主人公は、ヒトラー・ユーゲントとしてソ連から来た労働者少年の追跡と殺害に積極的に協力し、その功績から鉄十字勲章を得る。だが主人公の愛国心は、物語の後半で彼を厳しい試練にさらす。街は東方からのソ連軍に占領され主人公も捕虜となる。彼は鉄十字勲章を付けていたため、それが授与された経緯を取り調べられる。ナチ時代の名誉の勲章が同胞への裏切りを強いる小道具に一変してしまうのだ。その結末は、ヴォルフの映画が提示したような宥和的なものとは程遠い。彼は銃殺の実行犯だった警察官と一対一で対面させられる。年老いた警察官は互いに黙秘することでこの場を逃れようと提案するが、主人公は自分を殺人行為に巻き込んだ警察官に怒りをぶつけて殴り殺してしまう。国家への服従が自己破壊的な結末へといたるこの作品は、まさに『殺人者は我々の中にいる』の当初のラストをさらに先鋭化した結論でもある。本作にはソ連軍を否定的に描く描写はないが、製作時がプラハの春と重なったため上映禁止となり、東ドイツ崩壊直前の一九八七年にようやく公開された。いずれにせよこの物語はあらゆる全体主義体制に置き換えて読むことが可能であり、しかもナチスドイツへの冷徹な批判として実践し得た極めて野心的な作品といえるだろう。

東ドイツ映画がそれでもナチ時代を描く意味

DEFA映画におけるナチス描写の抱えるジレンマは、対峙すべきナチ時代のドイツ人アイデンティティに寄り添うことも、徹底的に批判することもできない点にある。西ドイツでは自らの内なるヒトラーとナチズムに踏み込むことがニュージャーマンシネマの批判性を担保していたが、東ドイツではそうした自己分析の機会が封じられてしまったといわざるを得ない。ファシズムの原因を西側の資本主義に求め、社会主義をソ連に仮託することで、ドイツ人自らの過去が空虚なものになってしまった。そこに登場するドイツ人は、過去を哀悼することもなければ当事者としての責任を内省することもできない。西ドイツ社会について語られた精神分析学者ミッチャーリヒによる『喪われた悲哀』のナチ時代の過去と現在の自分を切り離して生きるドイツ人の心性は、東ドイツ社会において国家の思想的裏付けによりずっと極端な形で実体化されているのかもしれない。その徴候となっているのがDEFA映画全般に見られる抑うつ的な描写ということになる。

とはいえ戦後間もない時期にシュタウテが『回転』で示したように、本来の戦後ドイツの再出発はナチ時代の過ちを繰り返すことなく未来へ向かおうとする試みだったはずだ。しかしそれは戦後の東西冷戦の中でたちまち後景に追いやられてしまった。したがってナチ時代の過去の克服の問題は、東西の壁を取り去った状態で改めて検証するべき事柄になったといえるのではないか。

DEFA映画の評価に関しては、どうしても東ドイツの政治状況や文化政策の枠内で評価がなされがちになる。ナチ時代を取り上げても、不可避的に社会主義国家たるドイツ民主共和国の現状を反映する物語として読まれてしまう。例えば『嘘つきヤコブ』は、ＤＥＦＡ映画としては極めて例外的にナチ時代のユダヤ人ゲットーの内情を示した作品であり、それゆえホロコーストとの関わりから国際的に評価の高い作品となった。だが東ドイツの文化政策という色眼鏡を通して見れば、この映画の物語も東ドイツにおけるユダヤ人差別を問うものではなく、壁に閉じ込められた東ドイツ市民のメタファーと捉えられかねない。

だが西側のような商業性からは距離を置き、またニュージャーマンシネマのような抵抗文化の批判性とも異なる映画文化を生んだＤＥＦＡ映画について、その独自の様式と内容はもっと注目されてしかるべきだろう。その際にナチスやホロコーストを主題にしたＤＥＦＡ映画をその表層から読むことは、西ドイツや他の欧米諸国の描いたドイツ人像とは違った独自の過去との対峙のあり方を浮き彫りにする。例えば『嘘つきヤコブ』で、ナチス親衛隊とゲットーのユダヤ人被収容者の間で人間的なつながりをもって対話がなされる様が描写され、そこには西側の作品で常套的なナチスの悪魔化はなされていない。

またゲルハルト・クライン監督『グライヴィッツ事件』*Der Fall Gleiwitz*（一九六一）では、第二次大戦の発端となったポーランドのドイツ軍放送局への襲撃が、実はドイツが宣戦布告するためにでっち上げた事件だったことが再現ドラマとして提示される。この映画の主要人物はナチス親衛隊であるため、彼らに対する感情移入は徹底して排される。技法的にも現代音楽の使用やシンメトリーを活かした幾何学的構図を多用した実験映画的スタイルで一貫し、映画中に引用されるナチ時代のニュース映画としてマスゲームや軍事パレードの映像も非人間的な様式性によって不条理な印象が強調される。つまりナチ時代のプロパガンダ的要素を全て異化的に反転し、社会主義体制の芸術評価において非難の対象となった形式主義を政治的な文脈での批判として再利用するという興味深い実践がなされているのだ。こうしたユニークな取り組みは個々の作家や作品を入念に検討することによってようやく見いだせる。

東西ドイツの建国、国境を隔てる壁の建設、スターリニズムの重圧と束の間の雪解けといった力のせめぎ合いは、DEFA映画を語る際のキーワードとなってきた。だがその発端には、ナチ時代を生きたドイツ人たちが直近の過去と対峙するための真摯な映画製作があり、それが戦後ドイツ人のアイデンティティの拠り所としてDEFAから始まったことを忘れてはならない。しかしその後西側では世代対立として外在化したナチ時代の過去の克服の問題を、東側では罪を内面化しつつも意識から切り離したことによる抑うつ状況を生み出したとするなら、加害当事国という立場でナチ時代とファシズムを描く東ドイツ映画の独特の立ち位置は、さらに掘り下げて考察することが必要となるだろう。ソ連によるファシズムからの解放神話と現実の社会主義体制への静かなる抵抗は、冷戦下の東ヨーロッパ映画に共通するテーマだったが、その葛藤をもっとも内面化させた東ドイツ映画のユニークさはこれから本格的に発見されるべきだ。

［主要参考文献］

Wolfgang Gersch, *Szenen eines Landes: Die DDR und ihre Filme*. Aufbau: Berlin, 2006.

Sabine Hake, *Screen Nazis: Cinema, History, and Democracy*. The University of Wisconsin Press, 2012.

Wolfgang Staudte: "nachdenken, warum das alles so ist". Alf Gerlach u. Uschi Schmidt-Lenhard (Hrsg.), Schüren, 2017.

III *AFTERMATH - OTHER COUNTRIES - THEATER*

III AFTERMATH - OTHER COUNTRIES - THEATER 07

石鹸と沈黙

イスラエル映画に見る生還者の表象

四方田犬彦 YOMOTA Inuhiko

1

一九九三年、スピルバーグが『シンドラーのリスト』を完成し、世界に先駆けてイェルサレムで特別試写会が開催されたときのことである。

試写会には政府の文化関係者や有識者のほかに、アウシュヴィッツからの生還者たちが、十数人ほど招待されていた。いずれもが高齢者だった。上映が開始されると、彼らは最初のうち神妙にスクリーンを見ていたが、やがてひそひそ話を始めた。誰もが俳優によって若き日の自分が演じられているのを見て最初は居心地悪そうにしていたが、やがてそれに馴れるとリラックスし、細部の描写をめぐってお喋りを始めた。収容所のなかで結婚式を挙げた男はフィルムでその場面が再現されているのを見て、あのときはウェディングドレスなどなかったから、毛布で代用したんだっけと発言した。他にもあちこちで昔話が続いた。

三時間を超えるフィルムが終わろうとするときになって、突然、予期せざることが起きた。強制収容所が解放され、自由を回復したユダヤ人たちは苦節の末に新生国家イスラエルに到達する。彼らは夕陽に照らされながら、一人ひとりシオンの丘を登る。このハッピーエンドの場面まで来て、生還者たちがいっせいにゲラゲラ笑い出したのだ。試写会場は騒然となった。原因は画面の背後に流された音楽にあった。それは一九六七年に歌謡フェスティヴァルで入賞し、六日間戦争の間中、ラジオから引っ切りなしに流されていた流行歌、《黄金のイェルサレム》だったのだ。

一九四〇年代後半のシオンの丘の映像に、なぜ六〇年代の流行歌が被せられてしまったのか。日本でいうならばこれは、戦後直後の『わが青春に悔なし』(一九四六)や『安城家の舞踏会』(一九四七)の結末部で坂本九のスキヤキ・ソングが流れるようなものである。厳粛な気持ちで画面に見入っていたはずの生還者たちが笑い出してしまったのも無理はない。

イェルサレムの配給会社試写会場からは、ただちにハリウッドのスピルバーグに連絡がいった。作品の威信に関わる問題だから、緊急に音楽を取り替えないと大変なことになりますよと、イェルサレムはいった。だがフィルムはすでに全世界に配給され、公開を待っている。今さらそれを回収し、もう一度編集作業にかかることはできない。スピルバーグは結果的にそう判断し、イスラエルで公開されるプリントにだけは、音楽の改訂処理を行なった。

わたしにこの話を聞かせてくれたのは、スティーヴン・スピルバーグ・ジューウィッシュ・フィルム・アーカイヴの館長であるヒレル・トライスターである。二〇〇四年六月のことで、わたしはテルアヴィヴ大学に客員教授として勤務していた。この映画アーカイヴは世界中のフィルムのなかで、ユダヤ人が一コマでも映っていれば保管するという方針をもつ組織であり、わたしは両大戦間にシオニストが制作したプロパガンダ映画について論文を執筆するため、週に一度、勤務先のテルアヴィヴからイェルサレムのアーカイヴに通っていたのである。アーカイヴにスピルバーグの名が付されているのは、彼が『シンドラーのリスト』の全世界公開で得た巨額の配収を、残らず寄贈したからだった。スピルバーグはそれじゃあイェルサレムに来たわけ?と、わたしはトライスター館長に尋ねた。いや、一度もと、彼は手を横に振った。

スピルバーグのフィルムの結末部はいくつかのことを示唆している。それはまず彼と彼の制作スタッフが、ホロコーストとイスラエルの現代史、文化史に対し、きわめて貧しい知識しか抱いていなかったことを意味している。六〇年代の流行歌をただ有名な国民歌謡だというだけの理由から、四〇年代の映像に重ねるなんて！

だが事態はそれほど単純なものではないのかもしれない。《黄金のイェルサレム》がヒットしていた一九六七年とは、イスラエルが六日間戦争でヨルダン領イェルサレムに武力で侵入し、西側の壁を破壊して都市を奪回した年に当たっている。兵士たちはこの「歴史的回復」の瞬間、誰ともなくこの歌を口ずさんだという記録がある。《黄金のイェルサレム》はいうなれば、国家の神聖なる物語に奉仕するポピュラーミュージックであり、現在では第一級の愛国ソングとなっている。となると、スピルバーグが意図してこの曲をフィルムの結末部に置いたのではないかという可能性も存在する。だがそうなると、彼がその後に『ミュンヘン』(二〇〇五)でイスラエルの秘密組織モサドのテロぶりをあそこまで描いたことと矛盾しているようにも思われる。

まあその問題は措くとしよう。結末部の映像の意味をもう一度考えてみなければならない。

『シンドラーのリスト』というフィルムの結論とは、次のようなものだ。ユダヤ人はナチスドイツのもとで強制収容所に送られるという、かぎりなく悲惨な眼にもあいましたが、幸いにもドイツ人のなかにはシンドラーさんのように善き人もいなかったわけではありません。生き延びた人たちはその後、ユダヤ人だけの国であるイスラエルに向かい、そこで幸福な余生を送りました。黄金の夕陽に祝福されるようにして、先祖たちと同じようにシオンの丘に登るユダヤ人たち。この映像は、イスラエルこそがユダヤ人の究極の到着点であり、彼らはかの地に到って、これまでの人生で体験した迫害と恐怖の補償を得ることができるという前提に基づいている。わたしが疑問に思うのは、こうしたユダヤ人をめぐる物語のイデオロギー的操作のことである。イスラエルが世界中のユダヤ人をはたして代表できるのかという疑問がひとつ。収容所から生還したユダヤ人たちは、新生国家イスラエルにおいて、はたして本当に幸福になりえたのかという疑問がもうひとつ。スピルバーグはこの問題をめぐって、どの程度にまでリサーチをしていたのだろうか。

一九四八年、シオニストたちが国家イスラエルを樹立し、周囲のアラブ諸国と（現在にまで続く）戦争状態に突入して行ったとき、彼らが必要としていたのは国家を正当化する強力な物語であった。二五〇〇年にわたる離散に終止符を打つといった言説が宣言されなければならない。旧約聖書に説かれた古代神話がまず援用された。実際にはユダヤ人の多くは離散など体験しておらず、二五〇〇年にわたってイスラム教徒やキリスト教徒の隣人たちと共生してきたわけであるから、この離散物語は虚構である。

だが二〇世紀の現在、離散神話だけでは充分ではない。そこで彼らはホロコーストの犠牲者に訴えることにした。ナチスによって五〇〇万人もの同胞がガス室で生命を奪われた。彼らがもし戦前からパレスチナの地に入植をしていたならば、こうした悲劇は起きることがなかったであろう。そのためにも地上にユダヤ人だけの国家が樹立されなければならない。シオニストたちはこうした理屈に基づいて、パレスチナに以前から居住していた者たちを虐殺し追放することを正当化した。

この巨大な神話物語を構築するにあたっては、重大な障害があった。なるほど死んだユダヤ人は死んだインディアンと同じく、善良なユダヤ人である。収容所で殺害されたユダヤ人は貴重な登場人物として建国物語に参入することが許されたが、殺害を免れた者たち、すなわち生還者は神聖な物語に加わることを拒否されたのである。彼らは恥であり、醜聞であった。国家成立のため周囲のパレスチナ人と、血で血を贖う土地の争奪戦を繰り広げ、（彼らの得意とする比喩を用いるならば）巨漢ゴリアテを退治する勇敢で機敏なサムソンのように闘ってきたユダヤ人にとって、抵抗することもなく、ただ屠畜所へと向かう羊の群れのように大人しく殺されていった同胞とは恥ずべき存在にほかならず、同情に値しないとみなされた。シオニストたちは、ホロコーストの生還者が民族のために立ち上がった愛国者でなかったばかりか、灼熱の地で危険な開拓作業を実践してきた自分たちの労苦を嘲笑していた者たちであったと見なした。ベン＝グリオン首相が建国にあたって期待していたのは、祖国建設のための情熱に燃え、屈強な身体を備えた五〇〇万の青年たちであった。彼は生還者に向かって、「人間の屑」はいらないと宣言した。

一九六一年のアイヒマン裁判の後、イスラエルは国家を挙げて、それまでほとんど言及を避けていたホロコーストに対する態度を変え、それが世界的にイスラエルをアピールする好材料であることに気付いた。一九六七年の六日間戦争の後には、強制収容所におけるユダヤ人の体験こそは、他の歴史的受難とは比較を許さないものであるという神話化が急速に進行した。それは安易に表象を許してはいけない〈絶対〉であり、イスラエルのみならず、あらゆるユダヤ人のアイデンティティの根底に横たわる体験として権威化された。にもかかわらず、現実の生還者はイスラエル国内にあって、やはり沈黙を余儀なくされた。彼らは（アウシュヴィッツでの死体再利用計画に基づいて）「石鹼」と呼ばれて蔑まれ、出自を隠しつつ社会の周縁に生きることを余儀なくされた。たとえ家庭を築いたとしても、多くの者たちは、かつて自分が体験した悲惨な日々について語ることがなかった。皮肉なことに、多くのイスラエル人がホロコーストについて一般的な知識を得たのは、アメリカの連続ＴＶドラマ『ホロコースト』が国内で放映された一九八〇年代初頭であった。彼らは他者の媒介なくしては、同胞たちの厄難を知ることができなかったのである。

こうして収容所からの生還者たちは、国家建設のための神話物語からつとに排除されてきた。彼らはイスラエル史のなかの醜聞であり、けして表舞台に現れることがなかった。

テルアヴィヴの夏は四月から一〇月まで続く。浜辺はいつも海水浴をする若者や家族連れで賑わっている。大学でも官庁でも、半袖のシャツが日常的に用いられている。ところがその茹だるような暑気のなかで、ときおりキチンと長袖のYシャツを着用している老人を見かけることがある。あれはきっと収容所から生き延びて来た人だよ。あるとき海岸を歩いていて、わたしの学生の一人が教えてくれた。手首に刷り込まれた数字を隠すために、ああやっていつも長袖の服を着ている人がいるんだと、彼は付け加えた。

生還者たちが自分たちの来歴をカムアウトし、苛酷な体験について口を開き出し始めたのは、一九八〇年代以降のことにすぎない。

こうした事情を知ってしまうと、『シンドラーのリスト』の結末部がいかに愚かしいものであるかが、二重にも三重にも判明する。単に流行歌の使用が誤っていたという問題ではない。生還者はイスラエルに移住して、誰もが人生の幸福の補償を与えられるという考えこそが安易であり、建国神話に依拠したグロテスクな認識であることが判明する。

以下に（けっして網羅的なものではないが）生還者の困難を主題としたイスラエル映画を、何本か取り上げてみようと思う。

イスラエル映画にはナチスの悪逆非道を正面切って扱ったフィルムがない。ホロコーストはあまりに深刻かつ微妙な主題であるために、軽々と扱うことができないからである。

同胞の組織的な絶滅が計画され、現実に五〇〇万人が強制収容所において殺害された。この歴史的な悪夢を素材に、アクション映画やメロドラマといった商業映画を制作することができるだろうか。もしそれが人類史のなかの他の愚行とも一線を画した、絶対的な事件であるならば、それを表象することは許されているだろうか。イスラエルのユダヤ系映画人はこの問いを前に、躊躇いを隠すことができない。この点で彼らはユダヤ系フランス人で『ショア』（一九八五）と『イスラエル空軍』（一九九四）を監督したクロード・ランズマンと同じ地平に立っている。アウシュヴィッツは絶対的な出来ごとであったために、表象不可能性の領域に属していると、ランズマンはいう。『ショア』は観る者をブラックホールに陥れたままにし、いかなる肯定的な契機も提示せずに終了する。

イスラエルでもホロコーストを直接に描くことは回避されてきた。映画人たちはアメリカの連続ＴＶドラマ『ホロコースト』やスピルバーグの『シンドラーのリスト』が世界的に放映・上映され、世界中の善意の聴衆観客に支持されていると知らされるたびに、複雑な気持ちに襲われてきた。かかる厄難を軽々と映像化することのできるハリウッドに対し、羨望と批判の入り混じった口吻を漏らす。だが他者によってユダヤ人の物語が表象され、ヒューマニズムという平板な表現のもとに映像が世界的に流通消費されていくという事態に対し、彼らはかぎりなく無力であり、対抗する映像を提示する術をもっていないのだ。

イスラエル映画を振り返ってみると、一九八〇年代までは、ホロコーストに言及するフィルムがほとんど存在していないことに気付く。先にも書いたように、強制収容所から運よく生還し、イスラエルに居住することになった世代の多くは、自分たちが歓迎されざる客であることを知るや、牡蠣のように口を閉ざしてきた。いや、たとえその存在を認知されたとしても、筆舌に絶する体験を生きたという事実を、それを知らぬ者にどう語ってよいのやら、言葉を見つけ出すことができなかった。ましてや撮影カメラを前によどみなく体験を語る力もなければ、他者に理解されるという期待も抱くことが難しかった。生還者をめぐるフィルムがぽつりぽつりと現れだすのは、建国第二世代が映画界に台頭するようになった一九八〇年代から九〇年代になってからのことである。ちなみにそれは、トム・セゲブやイラン・パペといった新歴史学派がアカデミズムのなかで台頭し、建国以来のイスラエルの公式的物語に実証的な立場から批判的言説を発表するようになった時期に一致している。

この新世代の映画人たちはホロコーストの恐怖ではなく、ホロコーストを通過して生き延びた者たちに襲いかかることになった困難を描く。いうなればそれは、ポスト・ホロコースト的状況をめぐる映像である。以下にいくつかの例を紹介してみよう。

ダニエル・ワッツマン『トランジット』Transit

一九八〇年という、比較的初期に撮られた劇映画である。ワッツマンは一九四六年に上海に生まれ、四八年に両親とともにイスラエルに移住。パレスチナ人とユダヤ人が混在するナザレで育ち、ロンドンの映画学校に学んだ。デビュー長編『トランジット』は、イスラエルが建国以来醸成してきた神話の虚構に対する、静かな怒りと失望に満ちた作品である。

主人公ヌッスバウムはドイツからの難民である。舞台は一九六〇年代後半、彼はテルアヴィヴに住み始めるが、言葉にも街の不潔さにも馴染むことができず、イスラエル人のマナーの悪さに辟易している。年齢の離れた女性と結婚するが、やがて離婚。住んでいたアパートが崩壊したのでやむなく場末の安ホテルに移るが、そこにも耐えられなくなり、とうとう西ドイツに戻ってしまう。彼は生涯にわたってトランジット（乗り継ぎ）の途上にあるのだ。この行き場のない男の孤独を、長い歳月の後に息子が思い出す。ヌッスバウムが収容所からの生還者であったことが、そのときに判明する。だが息子はその意味を理解できないでいる。

ツィピ・トロープ『テルアヴィヴ・ベルリン』Tel Aviv-Berlin

一九八七年に撮られたこのフィルムでは、生還者の適応困難が描かれている。アウシュヴィッツを生き延びたベンヤミンは、その後精神的な危機に襲われ、イスラエルに来たものの病院に入っている。彼は親切な看護師に出会い、退院して五年後に彼女と結婚。一人の娘を得る。だがその心を占めているのは、かつてのベルリンの文化の記憶である。懐かしの音楽と美術、自分を育んでくれた高雅な道徳。しかし生還者仲間のチェス友だちはこうした彼のノスタルジアに批判的で、自分がドイツから携えてきたのは腕に刻まれた番号だけだと、事なげにいう。

ある晩ベンヤミンはナイトクラブで、ベルリンから到来したという女性に出会う。彼女こそはまさに自分が喪失した文化を代表する優雅さの化身だと一瞬思うが、かたわらの妻にそれを告白するわけにもいかない。彼はまた収容所でゾンダーコマンド（ユダヤ人の中から協力者として特別に選ばれた雑役夫）であった鍛冶屋に出会ってしまい、複雑な心境になる。

トロープは一九四〇年代にテルアヴィヴに生まれ、イスラエルとミシガンで映画を学んだ、典型的な第二世代である。『テルアヴィヴ・ベルリン』で彼女が主題としたのは、生還者のトラウマ的記憶が彼をして道徳的困難へと追い詰めていく過程である。

オルナ・ベン・ドール『あの戦争のせいで』*B'Glal Hamilchamah Hahi*

一九八八年に撮られ、ベルリン国際映画祭で国際映画批評家連盟賞を受けたドキュメンタリーである。主人公はロックグループ、ベンジンの二人のメンバー、ヴォーカルのイェフダ・ポリカーと作詞のヤアコヴ・ギラである。彼らとその両親との関係が、ベンジンのステージと交叉しながら語られていく。ちなみにベンジンはアルバム『灰と塵埃』で、強制収容所の問題を正面から歌った。

ポリカーの父は収容所からの生還者である。ギラの母は詩人にして小説家であり、その作品にはワルシャワの記憶が深く影を落としている。二人はともに戦後、イスラエルへ渡った。その子供たちは『灰と塵埃』のなかで、「永遠とは灰と塵埃にすぎない。歳月と無が忘れられる」と歌い、トレブリンカ駅では「コックはガスで料理する」と歌った。ポリカーは自分の吃りについて語る。思い出のなかで父親は、いつも貪り食うように食事をしていた。自分が子供のころ、一度、父親がパンで咽喉を詰まらせたことがあった。自分は子供だったが、助けを求められた。肩に父親の重い軀を感じたことを憶えている。自分が吃るようになったのは、それ以来のことだ。

ベン・ドールは一九五四年生まれで、生還者の二世である。『あの戦争のせいで』は、生還者の第二世代の微妙にして複雑な内面を描いた、最初のドキュメンタリーとなった。

ツィピ・ライベンバッハ『選択と運命』*Habechirah Ve'Hagaral*

一九九三年に撮られ、一九九五年に山形国際ドキュメンタリー映画祭でグランプリに輝いたドキュメンタリーである。

ライベンバッハは収容所からの生還者の夫婦の娘として、一九四七年にポーランドに生まれ、一九五〇年に一家でイスラエルに移住した。この作品のなかでは、監督が両親に収容所のことを訊ねる。

毎日の台所仕事。家の掃除。しかしドアを閉めるといったさりげない仕種の背後にも、実は忌まわしい記憶がこびりついているのだ。淡々とした日常がどこまでも続くなか、最初は躊躇していた二人だが、やがて父親がぽつりぽつりと語り出す。最後に母親が、堰を切ったかのように突然に口を開く。「死に馴れてしまうのよ。死が自分を待っているってわかるのよ」。

アシェール・トゥラリム『わたしのホロコーストに触れないで』*Al Tigu Li B'Shoah*

一九九四年に撮られたこの作品は、イスラエルとドイツという二つの異なる社会において、ホロコーストが遺した心理的痕跡を比較してゆく。イスラエルは記憶しようとし、ドイツは忘れようとする。ドゥディ・マアヤムが演出する、アッコ劇場の舞台『労働は自由にする』が取り上げられる。アウシュヴィッツの入口に掲げられた標語を題名に用いたこの演劇作品は、大いに物議を醸した。フィルムではその制作過程が描かれ、劇団員へのインタヴューがなされる。このドキュメンタリーの根底にあるのは、われわれは誰もが生還者だという認識であり、歴史的記憶と文化的表現の間にあるべき関係を探求しようとする意志である。インタヴューを通して浮かび上がってくるのは、イスラエル社会に横たわる階層とエスニシティの問題の深刻さへの言及である。

トゥラリムは一九五〇年にモロッコのタンジェに生まれ、ラマトガンの映画学校に学んだ。イスラエル映画界では数少ない、非アシュケナジームの映画人である。ワッチマンの『トランジット』を含め、少なからぬフィルムに編集者として関わった後に、ドキュメンタリーを手掛けることになった。

以上のフィルムは劇映画であれ、ドキュメンタリーであれ、生還者のトラウマ的記憶とイスラエル社会での違和感を主題としている。だが生還した者だけが苦難の日々を生きているわけではないのだ。その周辺にあっては、生還という物語からも排除された、さらに悲惨な状況にある者たちが存在している。次にきわめて微妙なケースであるが、ポスト・ホロコーストをめぐる二本のフィルムを取り上げてみよう。

3

ギラ・アルマゴールはユダヤ系イスラエル人にとって、国民女優とでも呼ぶべき存在である。日本でいえば、さしずめ往年の田中絹代か、杉村春子か。イスラエル映画に不案内な人でも、スピルバーグの『ミュンヘン』で、秘密警察に勤める主人公の母親を演じていたお婆さんといえば、思い出す人も多いだろう。一九四〇年にハイファに生を享け、八〇歳近い現在も「イスラエルの母」と呼ばれながら、舞台とスクリーンの双方で活躍中の女優である。

アルマゴールは悲痛な少女時代を過ごした。ホロコーストで全家族を失い現実と妄想の区別がつかなくなった女性を母親にもち、一人娘として最後まで彼女を看取った。その一方でハビマー劇場の演劇教習所に通い、八年間にわたってカメリ劇場で舞台に立った。その後、映画に転進。ジルベルト・トファノの『包囲』（一九六九）で彼女が演じた傷ましい戦争未亡人は、国際映画祭で高く評価された。

一九八〇年代の中ごろまで、多くのイスラエル人は漠然とではあるが、アルマゴールをモロッコ系ユダヤ人であると信じてきた。メナヘム・ゴランの『エルドラド』（一九六三）や『死海から来た少女』（一九六六）で、ミズラヒーム、つまり中東やマグレブから渡来したユダヤ人の貧しい村娘や下級娼婦を演じ、強い印象を観客に与えてきたからである。▽イスラエル社会で最下層のユダヤ人、ミズラヒームの出自を背負いながら、栄光の世界に躍り出た女優。1 イスラエルのユダヤ人たちはそうしたメロドラマを信じ、それに喝采を送ってきた。また彼女自身もその噂をあえて否定せず、伝説に依存しながら自分のカリスマ性を高めていった。これは日本におけるスターやアイドル歌手のエスニシティをめぐるゴシップを想起していただければ、理解が早いかもしれない。ところが一九八六年、彼女は突然、少女時代の自分を回想する手記を出版し、そのなかでアシュケナジームの裔としての自分の受難の物語を語ったのである。

アルマゴールの母親は強制収容所からの生還者であった。彼女はそのため深刻な精神障害を患い、イスラエルに到着した後も長らく精神病院に収容されていた。一人娘である女優は孤児同然の身の上となり、寄宿学校で恥と屈辱の日々を過ごさなければならなかった。収容所からの生還者に対し、こっそりと「石鹼」という陰口が叩かれ、多くの犠牲者が自分の体験した悲惨について、頑に口を噤んでいた時代のことである。

アルマゴールの手記出版は母親の名誉に関わることであり、少なからぬ人々は彼女の勇気を称賛した。彼女がそれまでモロッコ系であるとの風評のなかで出自を曖昧としていたことも、事情が事情だけに許され、カリスマ性にはますます箔がつくことになった。彼女は真の出自を隠したくて長い間ミズラヒームのふりをしていたのだと、人々は信じた。アルマゴールは手記を原作に一人芝居『アヴィヤの夏』を制作し、みずから母親の役を演じた。芝居は大きな評判を呼んだ。原作もベストセラーとなり、一六の言語に翻訳されたばかりか、一部が高校の教科書に採録されるまでになった。エリ・コーエンによる映画化、『アヴィヤの夏』*Aviya's Summer*〔הקיץ של אביה, Ha-Kayits Shel Aviya〕（一九八八）は、こうして制作された。

『アヴィヤの夏』にはさらに後日談があった。母親の受難の物語が広く喧伝され、アルマゴールに同情と称賛が向けられていくほどに、彼女は居心地の悪さを感じるようになったのである。実は、彼女の告白は虚構だったのだ。それに耐えきれなくなった彼女は二度目の告白をし、それもまた大きく報道された。

新しく判明した事実によれば、アルマゴールの母親は強制収容所からの帰還者ではなかった。彼女は幼いころからパレスチナに居住していたのである。彼女は深刻な狂気を患っていたが、それは収容所での非人間的な扱いと恐怖からではなかった。家族全員が収容所に送られ、そこで生命を失ったことは事実であったが、彼女だけは家族の誰かの先見によって一人パレスチナに送られ、運よく迫害から免れえていたのである。だがこの幸運が禍《わざわい》して、彼女の狂気の原因となった。自分だけが犠牲者になることを免れ、生き延びたという思いが彼女に罪障感となって重くのしかかり、それが原因となって彼女は精神に変調を来してしまった。これは強制収容所のみならず、人間が極限的体験をした場合に、それを偶然に免れえた者がしばしば陥ることになる心理的トラウマである。アルマゴールは自分が希有なる生還者の娘としてもてはやされることに耐えきれなくなり、ついに第二の告白へと追い詰められていった。

『アヴィヤの夏』の七年後、こうして新しい告白に基づいて、続編にあたる『ドミームの樹の下で』*Under the Domim Tree*〔עץ הדומים תפוס, *Etz Hadomim Tafus*〕（一九九四）が撮られることになった。ドミーム・ツリーというのは日本では馴染みがないが、簡単にいえば野生のリンゴである。

『アヴィヤの夏』は一九五一年、つまり国家《エレッ》イスラエルが建国されて三年目のひと夏を描いたフィルムである。舞台となっているのはとある小さな入植地。九歳の少女アヴィアは母親が精神病を患っているので、寄宿学校に入れられている。彼女を訪れる親戚縁者は誰もいない。母親は一度だけ、学芸会でアヴィアが聖史劇の主人公を演じたとき、参観に来てくれた。

夏休みになり、子供たちはそれぞれ親元に戻っていく。アヴィヤも母親の住む村に戻るが、そこは丸太を並べただけのような、ひどく粗末な小屋である。久しぶりに娘の顔を見た母親が最初にしたことは、彼女のきれいに整えられた三つ編みの髪を鋏で切り落とし、頭を剃り落として丸坊主にしてしまうことだった。虱が集《たか》っているからだというのが理由である。坊主頭が恥ずかしいアヴィヤは、外出のさいにはいつも帽子を被ることになり、それを近所の子供たちから揶揄《からか》われる〔図1〕。彼らはアヴィヤを「キチガイ婆あのところのハゲ娘」と呼んだのだった。

母親はなぜこのような残酷な行為を娘に対し行なったのか。それはフロイトの説く心理的反復強迫の現れである。強制収容所に連れて来られた女性たちは例外なく頭を丸坊主に剃られ、左手首に数字を刺青された。母親は自分が体験した忌まわしい記憶から解放されることができず、抱え込んだトラウマゆえに、自分の娘に同じ体験を強要したのだ。繊細な感受性をもった娘にはその意味が理解できない。ただ母親に憎悪と恐怖を抱くことになる。

家には父親がいない。母親は近所の洗濯物を引き受けてかろうじて生計を立てているが、アヴィヤに向かってけっして父親の話をしない。偶然から若き日の父親の写真を手に入れたアヴィヤは、眠りにつく前に寝台でこっそりそれを眺めることを心の慰めにした。父親はアヴィヤが生まれる以前に死んでいるのだが、彼女の空想のなかでは父親はまだ生きていて、母親とずっと結婚生活を続けている。

母娘の住む家の隣に、ガンツさん一家が越してくる。ガンツさんは母親の古い知り合いらしく、アウシュヴィッツから生還してきた。彼は養鶏場に職を見つけるが、イスラエルの国語であるヘブライ語を話すことができない。どこに行ってもドイツ語で通そうとし、つねに戦争状態にある新生国家の緊張に馴染むことができない。やがて一家はアヴィヤたちに別れを告げ、オーストラリアへと移住していく。

図1　エリ・コーエン『アヴィヤの夏』(1988)

幼いアヴィヤを捕らえているのは踊ることへの情熱である。彼女は母親に懇願してオシャレなドレスを買ってもらい、熱心にバレー教室に通う。もっとも母親は娘の情熱がまったく理解できない。洋服は清潔であれば充分であって、オシャレである必要などないというのが、母親の信念である。

あるひどく暑い夜、母親はこれまで一度もしなかった父親の思い出を突然に語り出す。若いころ二人でワルツを踊ったことがあった。それはそれは愉しかった……。母親は娘の手をとって踊り出す。アヴィヤが疲れたといってやめようとしても、憑き物にでもつかれたかのように、いつまでも回転をやめようとしない。

いよいよバレー教室の発表会の日となる。アヴィヤは期待に胸弾ませて舞台に躍り出る。観客席にはこの日のためにと着飾った賓客たちが並んでいる。もっともアヴィヤを恥じ入らせたのは、ただ一人、母親だけがひどく粗末な服装をしていたことであった。こうした事件も手伝って、アヴィヤとバレーの先生とは衝突してしまう。だが、ひとたび和解がなされたとき、二人は互いに抱えている秘密の悩みを語り合うまでになる。オシャレな洋服などどうでもいい。大切なのは自立するために戦うことだと、先生はアヴィヤに告げる。

長かった夏休みが終わる。母親は発作を起こして精神病院に収容され、アヴィヤは一人で置き去りにされる。彼女がふたたび寄宿学校へ戻るところで、フィルムは終わる。

『アヴィヤの夏』は本来はアルマゴールによる一人芝居であったが、映画版では彼女みずからが母親役を引き受け、子役の演じる少女アヴィヤとの間に横たわる緊張関係をみごとに演じている。

『ドミームの樹の下で』では、アヴィヤは一一歳になっている。彼女がいるのは、強制収容所から生還した子供たちだけを集めた特殊施設である。子供たちの大半は大きなトラウマゆえに、日常生活において精神的な障害を抱え込んでいる。

さまざまな子供がいる。背中に大きな傷をもっている少女。ユダヤ人狩りを逃れて二年にわたり森に隠れ住んだために、片時も別れていることができず、つねに肩車をして一心同体を確認していないと発作を起こしてしまう兄弟。二人は深夜になるといつも二匹の動物のように森を駆け廻り、狼のように遠吠えをやめない。誰も彼らを止めたり、引き離したりすることができない。ポーランドにいる父親が贅沢な子供服を送ってくれたにもかかわらず、この国では誰もこんなものを着ないからといって拒む少女。自分の両親を本当の両親だとどうしても信じられず、彼らの訪問を拒む少女。施設にいることに耐えきれず脱走を試み、水死してしまう少年。少年の捜索のために集められた犬たちを見て、収容所時代を思い出し、壮絶な恐怖に見舞われる少女……。この施設では、子供たちはお互いの来歴を語り合うということがない。誰もが余人に追随を許さぬ体験をしてきたため、どんなに親しい間柄になろうとも、それを安易に人に語ることはしないというのが、暗黙の約束ごとなのだ。

アヴィヤはサブラ、つまりイスラエルで生まれ育った少女である。彼女の母親はヨーロッパに生まれ、戦争の前にパレスチナに移住したために、強制収容所に送られることはなかった。もっとも家族と友人のすべてを失ってしまったという設定である。加えて母親はアヴィヤが生まれる前、一九三九年に、夫をアラブ人との抗争で殺害されたという悲痛な記憶を抱えている。自分一人だけが生き延びてしまったという罪悪感から、彼女は過去の追憶の世界に閉じこもり、しかもその世界に充満している恐怖に苛まれている。自分が強制収容所の生き残りであるという妄想を固く信じているのだ。

図2　エリ・コーエン『ドミームの樹の下で』(1994)

アヴィヤは伯母から送られた父親の写真を後生大事に守っている［図2］。写真の裏側に記されてあったメモを頼りにハイファに向かい、何とか父親の墓を突き止める。施設にはかつてオランダでレジスタンスに参加して収容所に送られたという庭師がいて、荒廃した土壌をなんとか再生させ、チューリップの花を咲かせようと奮戦している。もっとも子供たちは彼の努力にまったく無関心だ。ただ一人、アヴィヤだけが彼と心の交流をもつ。

アヴィヤは他の子どもたちのように収容所体験がない代わりに、またしてもここで孤立してしまう。もっとも一人の利発な少年が彼女の気持ちを察し、彼女に親しげに話しかける。アヴィヤはこの少年を精神病院にいる母親のところへ連れて行く。二人はアヴィヤにはわからない言語、ポーランド語でいつまでも話している。母親との面会の後で、少年はアヴィヤに向かって語る。

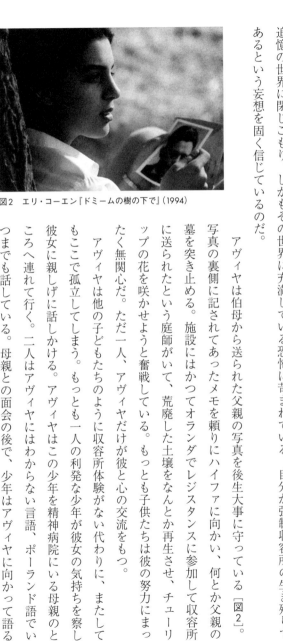

「そこにいたがゆえに忘れたいと思う人がいるように、まるで自分がそこにいたかのように生きていく人だっているんだ」。

『ドミームの樹の下で』は、陰鬱な冬が終わり、春の気配が感じられるところで終わる。ある朝、オランダから来た庭師が歓びの声を挙げる。施設の前の荒地にはいつの間にか、チューリップがしっかりと芽を出していて、いたるところに花が咲き乱れているではないか。こうしてフィルムは、悲惨を通過した後の世界の再生を予告するところで幕を閉じる。

アルマゴールが物語を書き、コーエンが監督したこの二本のフィルムには、『シンドラーのリスト』のように、直接的に強制収容所での物語が活写されているわけではない。また『ショア』のように、生き延びた者たちの証言が延々と続いているわけでもない。主人公もその母親も、厳密な意味では収容所からの生還者ではない。だがここには、公式的に喧伝されてきた生還者の映像とははるかに異なった形で、犠牲者たちの映像が提示されている。

生還した子供たちとは、二重の意味で犠牲者である。彼らは大人たちのようにトラウマを表現し証言する力も機会も与えられず、ただ悲痛な精神疾患という形でしか、自分の来歴を表現し、現下に置かれている抑圧的な困難を訴えかける手立てを知らない。アヴィヤの母親にしたところで、自分が抱え込んだ罪障意識を分析しそこから解放される手段を見つけ出すことができない。彼女はいたずらに狂気の淵を辿るばかりである。

収容所から解放され、「祖国」へ生還を遂げたときから、この連作の登場人物たちはもうひとつの収容所的状況、つまり精神病院と特殊施設に投げ込まれた。いや、それぱかりではない。『アヴィヤの夏』は、新生の国家イスラエルもまた、生還者には苛酷極まりない世界であり、地上の楽園からはほど遠い抑圧的法則の支配する場所であることを物語っている。

強制収容所体験という不幸なトラウマを抱え込みつつ、それを長きにわたって隠蔽してきた国家イスラエルは、こうして国民女優であるギラ・アルマゴールをも心理的に追い詰めてきた。彼女はモロッコ系の出自という虚構から、生還者の娘という別の虚構へと飛び移り、最後にその物語もまた虚構であることを告白しなければならなくなった。だがこれは何と傷ましいことだろう。虚構の物語を受け容れて狂気に陥った女性を母親にもち、それを一人芝居に仕立て上げる女優とは、演技者として何と悲痛な人生を生きていることだろう。

ギラ・アルマゴールの物語に基づく二本のフィルムは、イスラエル社会におけるホロコーストからの生還者の困難な状況を、斜めの角度から映し出している。イスラエル映画は直接的にナチスの暴行と強制収容所の悲惨を描くことが、いまだに出来ないでいる。だがそうした大文字の破滅の後に生じた、泡のような小さな破滅の物語を一つひとつ拾い上げて映画にしている。

それではと、わたしはまた別の問題に捕らわれる。イスラエルの映画人は、インティファーダ以降のより困難な状況を生きるガザの子供たちに対し、同じような映画的な想像力を向けることができるのだろうか。イスラエル国家がかつて自分たちに加えられた厄難をパレスチナ人に向かって行なってきたという事実を理解するには、フロイトの説く反復強迫という概念がもっとも適当である。ナチスドイツがユダヤ人たちを強制収容所に閉じ込めたように、シオニストはガザを巨大な強制収容所に変えてしまった。この歴史的事実は、いつ映画史のなかで贖われることになるのか。「石鹼」に対し沈黙を続け、「石鹼」に長い間語る言葉を与えてこなかったイスラエル社会は、パレスチナ人に対して加えてきた暴力と偽善的な処置に対し、いつそれを正視し、映画として表象することになるのか。いつパレスチナのアヴィヤたちに言葉を与えることをするのか。

▽1　イスラエルの人口の七割強を占めるユダヤ人社会は実は一枚板ではなく、大まかにいうと、出自によって三通りに分類される。ドイツやポーランドといった東部、中央ヨーロッパから渡来した者たちの後裔はアシュケナジームと呼ばれ、政治的にも、経済的にも支配階級である。もちろんアカデミズムでも芸術家の世界でも、彼らは中心的存在である。一九世紀以来、シオニスムを提唱して、パレスチナの地に「西洋よりもより西洋」の国家を建設しようという志を抱き最初に入植した者たちは、このアシュケナジームであった。

それに対し、スペインからギリシャまで、ひとたび地中海沿岸に離散した後、イスラエルに渡来したユダヤ人はスファラディームと呼ばれ、アシュケナジームよりも一段低い存在として見なされてきた。またモロッコやイラク、シリア、イランといったイスラーム文化圏から移住してきた者たちはミズラヒームと呼ばれ、ユダヤ人社会のなかでも最下級の扱いを受けてきた。彼らは言語においても、音楽から料理、また信仰の形態においてまで、出身地のアラブ文化から色濃い影響を受けており、移住先のアシュケナジーム文化中心主義に対し、つねに違和感を感じてきた。一九七〇年代初期にはミズラヒームの若者たちの間に「ブラックパンサー」と称する過激派集団が生まれ、一斉弾圧を受けるという事件も起きている。詳しくは四方田犬彦『見ることの塩――パレスチナ・セルビア紀行』（作品社、二〇〇五年）二六頁以降を参照。

［後記］

ライベンバッハの『選択と運命』は一九九五年の山形国際ドキュメンタリー映画祭で上映され、フラハティ賞を受賞した。コーエンの『アヴィヤの夏』は一九九〇年代に東京で開催されたイスラエル映画祭で上映された。もっともここに挙げた他のフィルムがどの程度まで日本で紹介上映されたかについて、著者は十分な知識をもちあわせていない。

本章は著者が二〇〇四年にテルアヴィヴ大学に滞在中、映画学科のヴィデオライブラリーに日参して観た作品のメモと記憶に基づいている。その後、著者はタイ、インドネシアの怪奇映画の研究へと転身したため、残念ながら二〇〇五年以降のイスラエル映画におけるかかる主題の発展については言及することができない。後続する研究者の出現に期待したい。

本章執筆にあたっては、資料的に Amy Kronish and Costel Safirman, *Israeli Film: A Reference Guide*, Praeger, 2003 に依拠するところが大であった。

column

ジャン＝ピエール・メルヴィルの映画とナチス——「待つこと」をめぐって

野崎 歓

メルヴィルの誕生

一九三七年末、ジャン＝ピエール・メルヴィルは二〇歳で兵役についた。一九四〇年五月、ドイツ軍がフランスに侵攻。その直後、彼はダンケルクの戦いに参加する。近年クリストファー・ノーラン監督作品によってふたたび脚光を浴びた、フランス軍にとっては屈辱的な撤退戦である。同年六月にフランスはドイツに降伏。ロンドンからBBC放送で抗戦を呼びかけるド・ゴール将軍に呼応し、メルヴィルはただちにレジスタンス参加を決意する。兄ジャックともどもマルセイユで地下に潜り、組織の情報部員となったのだ。

一九四二年一一月、フランス全土がナチス占領下に置かれると、兄弟はスペイン経由でイギリスに脱出しようとするが、兄はピレネー山脈越えの最中に行方を絶った（のち五二年に遺体発見）。弟はバルセロナで逮捕され、五カ月を監獄で過ごした末、ロンドンに逃げ延びて自由フランス軍の兵士となる。一九四四年五月、イタリアでモンテ・カッシーノの戦いに加わったのち、フランス解放軍に参加した。最終的に一九四五年一〇月に除隊となるまで、彼は八年間の長きにわたって兵士であり続けた。▽1

「もし生きて帰れたなら、自分だけのための映画スタジオを作って映画作りをする」と彼が決意したのは、モンテ・カッシーノでの戦闘の最中だった。また、本名グランバックではなく、尊敬する作家ハーマン・メルヴィルの姓を名乗り始めたのも戦時中のことだった。復員後、馴染んだその名を変えることはもはやできなかった。ジャン＝ピエール・メルヴィルはまさしく、戦争のただなかから生まれた。そしてフランスの映画作家のうち、彼ほど戦争の記憶に忠実であり続けた例はほかにない。

映画的体験としての待機

歴史に残る激戦を身をもって経験しながら、メルヴィルがいわゆる戦争映画を撮っていないのは興味深い。もちろん、戦時中の決心を裏切ることなく、独立不羈な姿勢による映画作りを貫いた彼にとって、ダンケルクやモンテ・カッシーノの戦いを映画化するような大型企画は望んでも不可能だったろう。しかしそこにはさらに、彼の映画の核心につながる選択があったのではないか。戦闘ではなく「待機」を描くという選択だ。

実際、『海の沈黙』（一九四九）から『リスボン特急』（一九七二）まで、ジャン＝ピエール・メルヴィルの映画の主人公たちはつねに、ひたすら待機の状態にある。彼らの言葉少なさも、表情の乏しさも、儀式めいた立ち居振る舞いも、すべては彼らが来るべき事態に備えて、身も心も張りつめた状態にあることを示している。

そこにメルヴィルの美学を見て取ることができるだろう。同時にそれは、ナチスに対するレジスタンスの刻印が戦後も決して消えることがなかった証左である。レジスタンスの聖書とまで謳われたヴェルコールの『海の沈黙』を、長編第一作の原作に選んだ時点で、彼は映画作家としての自らのスタイルを選び取ったといってもいい。

『海の沈黙』とは文字どおり、ひたすら沈黙するフランス人の姿を描いた作品である。登場人物は三人だけ。主人公の父娘は家をドイツ軍に接収され、ドイツ軍青年将校との共棲を余儀なくされる。フランス文化をこよなく愛し、フランス語を淀みなく話す将校に対して、父娘は心を開かず、会話を拒み続ける。やがて将校は、ナチスの実態が残酷な暴力支配にあることを知って絶望し、自ら志願して最前線へ旅立っていく。一見何も起こらない小説であるだけに、そこに脈打つ意志の強靭さが際立つ。称揚されているのは軍隊による戦闘ではなく、個人による精神的な抵抗の貫徹である。

メルヴィルの映画はまさに原作の精神に忠実だ。ドイツ人将校が姿を消すそのときの到来を待ち望みつつ、重苦しく押し黙り続ける父娘の張りつめた日々が描かれていく。どうしてもこの映画を撮りたいと原作者ヴェルコールに直訴し、映画業界の許可も得ないまま撮影に入ったメルヴィルの姿勢自体が、既成の劇映画に対するレジスタンスにほかならなかった。だんまりを貫く父娘の姿をとおして、メルヴィルは「待機」を純粋な映画的体験へと高めていく第一歩を踏み出した。

死への抵抗

『海の沈黙』のドイツ軍将校がパリに出かけるシーンで、メルヴィルはパリ市内でのロケを敢行した［図1］。たった一人とはいえ、ナチスの軍服姿の男を街頭に出現させるのが、終戦二年目においていかに挑発的なことだったかは容易に想像がつく。

そもそもナチスによる占領中に作られたフランス映画で、当時町中ではいやでも目についたはずのナチスの軍服姿が登場した例は、ほぼ皆無ではなかったか。戦時下のドイツでは時局と関係のない娯楽映画が花盛りだったことが知られているが（瀬川裕司『ナチ娯楽映画の世界』平凡社、二〇〇〇）、フランスにおいても映画と現実の乖離は大きかった。一九四〇年から四四年までのあいだ、英語圏からの新作が断たれたこともあって、フランス映画業界は活況を呈し、約二二〇本の作品が封切られた。しかしナチスの意向を反映して、占領の現実を描くことは徹底して回避されたのである。

『海の沈黙』に先駆けてナチスの軍服姿を表象した映画が、ルネ・クレマン監督の『鉄路の闘い』（一九四六）だった。フランス映画総同盟の製作、フランス国鉄の全面協力のもと、鉄道労働者たちによるサボタージュ活動を描いた作品である。ナチスの裏をかいて次々に果敢な作戦を成功させる鉄道員たちの行動力は、メルヴィル作品と何とも対照的だ。ドキュメンタルな写実性を保ちつつ、クレマンは占領下の状況を、いきいきとした活劇として物語化する道を開いたのである。それに対し、メルヴィルは活劇化の誘惑に抗った。軍服姿のナチスを蹴散らす爽快さのかわりに、抵抗の意志を体にみなぎらせながらぐっと我慢する、行動一歩手前の待機と対峙が、彼の登場人物たちに厳粛さを与えるのだ。

そもそもメルヴィルはよほど我慢強い男なのだろう。レジスタンス小説を原作とする作品によって名を上げたメルヴィルが、ふたたび同じ題材に戻ってくるのは約二〇年後、ジョゼフ・ケッセル原作の『影の軍隊』（一九六九）によってである。『海の沈黙』同様、これもまたフランス占領下に地下出版され、熱い支持を集めた作品だった。メルヴィルは解放後すぐにこの小説の映画化を夢見たものの、より製作費が少なくてすむ『海の沈黙』を選択した。それ以来ひたすら機が熟すのを待ち続けたのである。

大物プロデューサー、ロベール・ドルフマンの協力をとりつけたメルヴィルは、たったワンシーンのために二五〇〇万フランの資金を注ぎ込むという蕩尽ぶりを見せた。[▽2]『影の軍隊』冒頭、凱旋門からシャンゼリゼへとドイツ軍兵士たちがただ行進するだけの場面だが、これは前例のないスキャンダラスな撮影だった。何しろシャンゼリゼは戦後、毎年恒例の軍事パレードがおこなわれる、愛国的な象徴性を帯びた場所である。その場所にメルヴィルはナチスの亡霊を出現させた。一小隊をカメラに向かって直進させ、あわやレンズにぶつかるかという瞬間まで長回しでとらえている［図2］。観客は鬼気迫る「待機」のときを味わわされるのだ。ひざを曲げずに歩くナチス式のしぐさを再現するため、メルヴィルは普通のエキストラでは満足せず、男性ダンサーたちを雇い入れて行進させたという。もちろん画面の彼らはダンサーには見えない。映画においては軍服こそが、それをまとう者たちに即座にナチス兵士としてのアイデンティティを与えるという事実が、にべもなく突きつけられる。

それに対して、リノ・ヴァンチュラ演じる主人公ジェルビエを始め、『影の軍隊』を形作るレジスタンスの闘士たちには制服がない。そのことによって彼らの存在の曖昧さが印象づけられる。いったい彼らの地下活動は何を根拠とするのか、彼らの暴力行使はどのように正当化されるのかと観る者は訝しく

図1　ジャン＝ピエール・メルヴィル『海の沈黙』（1949）

図2　ジャン＝ピエール・メルヴィル『影の軍隊』（1969）

思いかねない。メルヴィルはケッセルの原作（『影の軍隊』榊原晃三訳、早川書房、一九七〇）に含まれるレジスタンス賛歌的な部分――「覚えておくがいい、今の世の中では、レジスタンスという言葉がすべてのフランス語のなかでいちばん美しい言葉なのだ」云々といったくだり――をそっくり削除している。それゆえ、身内の密告者を処刑する彼らの暴力が、むきだしの生々しさを帯びる。ベレー帽をかぶった、若くかよわげな密告者を監禁したジェルビエら三人の屈強な男たちが、どうやって殺してやろうかと彼の前で殺し方を議論する場面が、容赦なくむごたらしい。ナチスの巨大な悪が、レジスタンスの面々をも侵しているようにさえ感じられる。

映画『影の軍隊』の構成上の特色は、この前半で示されたレジスタンス活動家たちによる密告者処刑が逆転されるかたちで、中盤以降、ナチスによるレジスタンス活動家たちへの迫害の連続が描かれていく点にある。そこで明らかになるのは、若い密告者が強いられた、まもなく訪れるだろう死の瞬間をなすすべもなく待つという体験が、レジスタンス活動家たちのそれぞれにとって日々、親しいものだったということである。主人公ジェルビエの活動家としてのふるまいは、そのほとんどが待つことを内実としている。理容院に逃げ込んで顔を剃らせながら追手が去るのを待つひとときや、英軍機内でパラシュートで降下するタイミングを待つ数刻。あるいはゲシュタポにつかまった仲間を救出すべく、偽装救急車を仕立てて乗り込んだ際の、門の前で衛兵に待たされる時間。いずれの場合も、一瞬のちには深刻な危機が訪れかねない。とりわけ絶体絶命と思われるのは、ジェルヴィエ自身がゲシュタポに逮捕され、銃をかまえるドイツ兵たちの前に立たされたときである。ジェルビエは自らに言い聞かせる。「おれが死ぬはずはない。最後の瞬間まで、おれは生きているのだから」。ナチスとは個々の人間が立ち向かうにはあまりに巨大な死の機構だ。それでもなお、死への抵抗をやめない者たちの個人的な対決をメルヴィルは描く。しかも悲惨なことに、彼らもまた、他者の死を引き起こし続ける定めなのである。

ジェルビエは、卓越した女性活動家マチルド（シモーヌ・シニョレ）のおかげで処刑寸前に命を救われながら、やがて彼女を処刑しなければならなくなる。その顚末は基本的に原作小説の逸話を踏襲している。だが原作では三行で片づけられているマチルドの最期は、映画ではトレンチコート姿のシニョレが示す表情の素晴らしさによって、われわれの記憶のなかでストップモーションとなり、決して終わることなく引き延ばされ続ける。シニョレの顔は不思議なほど曖昧で、かつ静謐だ。彼女もまた、「最後の瞬間まで」生きているのである。

戦争は終わらない

「わが人生最良の時期、それは戦争の時期だった。あのころは勇気が美徳だった。恥ずかしいことだが、私は戦争を愛したのだ」。オリヴィエ・ボーラー監督『コードネームはメルヴィル』（二〇〇八）の中でメルヴィルはそう述懐していた。そこで称揚されている勇気とは、ひたすら耐え続ける勇気であることを、彼の映画は示している。戦争への愛はほとんど「運命愛」に近いだろう。死の顔を間近に見ながら目をそらさない、ジェルビエやマチルドのような人間が身に帯びる崇高さにメルヴィルは心底、魅せられていた。

『影の軍隊』に照らしてみるとき、メルヴィルの名を高めたフィルム・ノワールの傑作群はすべてレジスタンスの記憶の反復であり、彼の愛した戦争の時間を引き延ばすものであることがわかる。メルヴィル流ノワールを確立した『いぬ』（一九六三）のエピグラフ、「どちらかに決めなければならない……死ぬか、それとも嘘をつくか」は、レジスタンス活動家の二者択一そのものである。『影の軍隊』と共通する場面を拾い出したらきりがない。『ギャング』（一九六六）冒頭、リノ・ヴァンチュラの脱獄。『サムライ』（一九六七）での、椅子に後ろ手で縛られた男の姿。『仁義』（一九七〇）の丘の上で現金輸送車を延々と待機する場面、等々。遺作『リスボン特急』（一九七二）で、カトリーヌ・ドヌーヴが看護婦に変装し、やがて自らの命を危険にさらすことになる成り行きなどは、シモーヌ・シニョレの二番煎じの感を与えるかもしれない。だが戦争がとうの昔に終わったとだれもが信じる時代においてなお、平時を戦争として生き、耐えることの緊迫を反復し続けることがメルヴィルの使命だった。

戦争の活劇化に抗い、待つことの尊厳をつらぬいたその姿勢は、いまなお強靭な新鮮さを保っている。エマニュエル・フィンケル監督の『あなたはまだ帰ってこない』（二〇一七）や、クリスティアン・ペッツォルトの『未来を乗り換えた男』（二〇一八）といった今日の問題作に描かれる「待機」の源流にあるもの、それがメルヴィルの世界なのだ。

▽1　メルヴィルの人生に関しては以下の著作から情報を得た。Rui Nogueira, *Le Cinéma selon Jean-Pierre Melville*, Petite bibliothèque des Cahiers du cinéma, 1996（ルイ・ノゲイラ『サムライ――ジャン＝ピエール・メルヴィルの映画人生』井上真希訳、晶文社、二〇〇三年）; Bertrand Tessier, *Jean-Pierre Melville: le solitaire*, Fayard, 2017; Antoine de Baecque, *Jean-Pierre Melville, une vie*, Seuil, 2017.

▽2　たとえば同時期の『ロバと王女』（一九七〇）――ジャック・ドゥミ作品としては大規模予算作――の制作費は五〇〇万フラン弱だった。二五〇〇万フランという途方もない金額には、ナチス再現に賭けたメルヴィルの偏執ともいえる思いが表れている。

III AFTERMATH - OTHER COUNTRIES - THEATER 08

アイヒマンの同郷人

ピナ・バウシュとナチズムの影

鴻 英良 OTORI Hidenaga

今から二〇年前、一九六〇年五月二三日、ヴェラは病気にも拘わらず、比較的元気に過ごしていた。この日の新聞には、アイヒマンの逮捕を告げる記事が一面にでかでかと掲げられ、議会ではベングリオン首相が、ユダヤ民族に対する罪によってアイヒマンをイスラエルで裁くべきだと演説していた。この記事を無視できるようなイスラエル国民は一人もいなかったし、世界中のユダヤ人にとっても、それは重大なニュースだった。実際、イスラエルで犠牲者の死を悼まないユダヤ人家庭などあり得ただろうか?

ヨッヘン・フォン・ラングが編纂した『アイヒマン調書——ホロコーストを可能にした男』の「あとがき」の中で、アイヒマンに対する取り調べにあたったイスラエル警察のアヴネール・W・レス大尉はその報道のされ方をこのように書いている。[1]だが、戦後一五年にわたり行方をくらましていた後で、このようにイスラエル警察に拘束されることになったアイヒマンについての発表がなされたのは、五月二二日にアルゼンチンのブエノスアイレスの路上でイスラエル秘密警察がアイヒマンを拘束してからかなりのち、つまり、その後密かに、非合法的にイスラエルに移送した後であったことから、アルゼンチン政府がアイヒマンの送還を要求する事態になるなど、事件は国連の安全保障理事会をも巻き込む国際問題に発展し、その紛糾の様までがニュースとなり、別の意味でも多くの人々がアイヒマンに関心を向けるようになった。実際、「アイヒマンがアルゼンチンで拘束されたとき、世界中は彼がまだ生きていたことすら知らなかった。かつての第三帝国においてさえ、彼の名前は決して有名ではなかった」[2]と、ラングは『アイヒマン調書』の「まえがき」で書いているほどである。だが、アイヒマンに対する関心は日毎に高まっていき、翌年の一九六一年春、裁判が始まろうとする頃には、その関心は苛烈を極め、一九六一年四月一一日に公判が始まったときには、その裁判を傍聴しようと多くの著名人が世界各地からエルサレムに殺到した。裁判は七か月にわたって続けられ、一九六一年一二月一五日に判決が下された。死刑であった。直ちに上告はされたが、その半年後に上告は却下され、一九六二年五月三一日深夜から未明にかけて、アイヒマンは処刑された。

ピナ・バウシュとアイヒマンの衝撃

私はピナ・バウシュのダンス・シアターと、その特質について分析しなければならないのに、このようにアイヒマンについての基礎的事象を、おさらいをするかのようにくだくだと記述しているのは、この一連の出来事の推移とピナ・バウシュの留学、つまり彼女がニューヨークに留学し、ダンスの道へと入っていく過程とのあいだに、そしてその後の彼女の作品の形成過程とのあいだに並行関係のようなものがあると考えているからである。

つまり、一九五五年、ドイツのエッセンにあるフォルクヴァング学校に入学し、ダンスを学び始めたピナ・バウシュは、一九五九年に、その学校を優秀な成績で卒業すると、ドイツ学術振興基金（DAAD）の奨学金をもらい受け、ニューヨークのジュリアード音楽院に二年間留学することになったのであった。そして、そのニューヨークで彼女は、アイヒマンの逮捕、もしくは拘束のニュースを、あるいはアイヒマン裁判の経緯について知ることになるのである。どのあたりからピナ・バウシュがこの裁判に関心を示しはじめたのか、そのことを証拠立てる資料・文献を私はいまだ見出せないでいる。しかし、ある一つの偶然から、この問題を考えざるをえないとピナ・バウシュが意識し始めたであろうことは十分推測できるし、そのような前提条件を設定することで、彼女の舞台の複雑さがより多様な意味を持つことになるだろうと私は思っている。

その偶然とは、次のような伝記的事実とかかわっている。ピナ・バウシュは一九四〇年七月二七日、ドイツ西部ノルトライン・ウェストファーレン州の小さな工業都市ゾーリンゲンで、レストラン経営者の娘として生まれた。このことがしばしば言及されるのは、ピナ・バウシュの代表作の一つ、一九七八年初演の『カフェ・ミュラー』の舞台設定の中に、この事実がそのまま入り込んでいるからである。そして、この舞台がピナ・バウシュの少女時代の記憶に関わっているということはよく言われることである。ということは、一九四五年のドイツ敗戦直後の雰囲気がこの舞台に影を落としていることを物語っているともいえる。そして、このゾーリンゲンこそ、ドイツにこのような廃墟をもたらしたナチスドイツの中心人物の一人ともいえるアイヒマンが生まれた街なのであった。ゾーリンゲンの人たちが、自分たちがアイヒマンの同郷人であるということをどのように意識していたのか、そしてそのことをピナ・バウシュがどのように意識していたかについての証言をいまだ手に入れることができないまま、時はすぎていく。しかし、ゾーリンゲン生まれの人間であるとして、アイヒマンに関する記事や文献を目にしたことがあるならば、アイヒマンの出身地がゾーリンゲンであることに気づいたときの衝撃は甚大なるものになるに違いない。▽3

『カフェ・ミュラー』と『ドイツ零年』

廃墟のようなみすぼらしいレストランには無数の椅子が散乱しているようで、客の影はない。レストランはその日、営業されていないのか、廃業した後なのかはよくわからない。そこに人が一人、二人と入って来るが、だれも客のようには見えない。ある女は狂ったように動き回り、小さな木の椅子を蹴散らさんばかりで、危なっかしい。その動きを察するようにある男が、椅子を退かしながら動き回っている。椅子はどかされ、その隙間にできた空間で女は狂ったように動き回り、狂い踊る。その動きが繰り返される。そこへほっそりした女が静かにたたずむように入って来る。どうやら目が見えないらしい。手をやや前にさし出し、その手で何かを探るようにゆっくりと前に進むように動いている。ピナ・バウシュである。たとえば、鏡の壁にぶつかると鏡面に手のひらを当て、静かに佇みつづける。あるいは周囲の音に耳をそばだてているのか。彼女はまるで言葉を奪われているかのように何も語らずにゆっくりと動きを開始する。もう一組の男女が現れる。動きは激しい。

一九八六年、ピナ・バウシュとブッパタール舞踊団による初来日公演の時、『カフェ・ミュラー』で展開されるこのような舞台を目にしながら、私はそれを、一九四六年頃のドイツの小さな工業都市のうらぶれたレストランの光景として見ていたわけではなかった。ピナ・バウシュのドラマトゥルク、ライムント・ホーゲも次のように書きつけている。

失恋の嘆き。思い出す、動く、触れる。態度をとる。裸になる、向かい合う、たがいにすれ違う。失ったものを探す。身近。互いを両手に抱える。壁に向かって走る、投げる、突進する。くずおれるそして立ち上がる。[▽4]

ヨッヘン・シュミットもまた『カフェ・ミュラー』は、一九七八年の夏、ピナ・バウシュが「疲労困憊の危機から必死で抜け出そうとして生まれた作品」と書き、危機の頂に佇む人間の姿の中に救いを垣間見せるという、ピナ・バウシュの方法が確立していくプロセスを語ったのだった。[▽5]このように、普遍的な抽象性をダンスという具体的な動きの中に実現していくピナ・バウシュのタンツテアターの根源に、ナチズムとドイツ崩壊のイメージを見ようとするピナ・バウシュ論は必ずしも主流とは言えない。

とはいえ、このシュミットでさえ、一九七〇年に上演されたピナ・バウシュのごく最初期の作品『ナッハ・ヌル（零の後で）』については次のように書いている。

骸骨のように見える衣装を着た五人のダンサーが、一人はソリストとして四人のグループに対峙しつつ、へとへとになるまで、ぎくしゃくした壊れた動きを踊る。それはまるで、恐ろしい戦争や核による破局を生き延びた人間が、圧倒的な迫力と抜きんでた芸術的な力で、ぞっとするような死の舞踏を祝っているかのようだった。[▽6]

一九四〇年七月二七日、ゾーリンゲンで生まれたピナ・バウシュは、四五年、まだ五歳に届かんとするときに敗戦を迎えた、破壊されたドイツの戦後を生きた芸術家である。ロベルト・ロッセリーニが『ドイツ零年』（一九四八）で記録した敗戦直後のベルリンの映像の世界、エドガール・モランが敗戦後一〇か月した頃ドイツに入り書き上げたドキュメント『ドイツ零年』の悲惨を、まさに「零年（シュトゥンドゥ・ヌル）」の只中で、五、六歳の少女として体験したのだ。そして、一九五五年、エッセンのフォルクヴァング学校に入り、ダンスを学びはじめる。そこは、ナチス政権下でドイツを追われ、亡命生活を過ごさなければならなかったクルト・ヨースが、一九四九年に亡命先から帰り、帰国後に作った学校だった。そしてピナ・バウシュはといえばニューヨーク留学中にアイヒマン裁判の報道が騒がしく飛び交う中で、なぜか一九六二年の終わり頃から摂食障害に陥り体調を崩し、一九六三年春、ドイツに戻ることになった。ドイツに帰ってきたピナ・バウシュは、再びクルト・ヨース指揮下のフォルクヴァング学校で活動することになるが、振付家としてのその創作活動の最初期の作品の一つを『ナッハ・ヌル（零の後で）』と名付けたのだとすれば、「零年（シュトゥンドゥ・ヌル）」という現実が、ピナ・バウシュにとってきわめて重要な意味を持つということが想像されるのではないか。そのような観点から改めて『カフェ・ミュラー』を見るならば、散乱する木の椅子が作り出す光景が廃墟の瓦礫のように見えてくるし、そこで言葉を奪われて佇む盲目の少女が「零年」の亡霊のようにも見えてくるのである。

一九八二年、ローマで『カフェ・ミュラー』を見たフェデリコ・フェリーニが、ピナ・バウシュに映画出演の依頼をしたのも、次回作『そして船は行く』（一九八三）が戦争と世界の終わりというテーマに関わっていたからではないのか。

『ヴィクトール』に見る収容所の記憶

一方、ピナ・バウシュは、やがてローマでの作品制作を依頼され、一九八六年、『ヴィクトール』を完成させるが、これはローマのイメージがカタコンベへと通底させられ、巨大な穴の底でダンサーたちが死の舞踏を踊るというものであった。幕開け、舞台中央奥に女性ダンサーが座っている。脚は前に投げ出されている。手は見えない。そのままの姿で、彼女は足と腰を前に投げ出すように前進してくる。まるで両手両足をもがれた人間が、手も足も使うことなく前進している姿を見せられているようだ。四肢切断、彼女が笑っているのが不気味である。そして多くのダンサーたちが現れてくる。しかし、彼ら・彼女たちがいる場所は深い穴の奥底である。時折、コロコロ、カラカラという土塊の落ちるような音が聞こえてくる。穴の上の縁に一人の男がいて、シャベルで泥を穴の中に落としているのだ。フェリーニの船が行き着いた後であるかのように、穴の底、その奥深いところでは男も女も死の舞踏を踊り、そして穴の上では人がシャベルを持ってその穴を埋めようとしている。

ピナ・バウシュの作品全体の特徴を記述しようとしながら、マルルーニはそのピナ・バウシュ論の中で、当然の事実を指摘するかのように書いている。「ピナ・バウシュの作品をつき動かしているもの、それはなによりもホロコーストの恐怖であり、ナチズムの心理を明確化しようとすることである」▽7と。

同じ年の六月、ミラノでワークショップをしていたポーランドの演出家タデウシュ・カントールもホロコーストの記憶について受講生たちに語りつつ、作品の制作をしていた。カントールは「二〇世紀の終わりを前にして」と題するこのワークショップの最終講義でこのように語った。

四半世紀が過ぎた。
第二次世界大戦。
ジェノサイド。
強制収容所。
焼却炉。
人間という獣。
死。
拷問。
人間は泥と石鹸と灰になった。▽8

そして、ナチス親衛隊の格好をした男たちがバイオリンを弾きながら登場する「ガス室への行進」が、一九八八年のカントールの作品『私はもう帰らない』の中の重要な場面を構成することになる。

おなじ一九八六年にイタリアのローマにいたピナ・バウシュとミラノにいたカントールがこのような共通するテーマに関心を持ったということの意味についてもわれわれは考えたくなる。しかし、このような関連についての言葉をピナ・バウシュの発言の中から見つけ出すのは難しい。ただひとつ、ここに書き添えておこうと思う。私はそれに関係する重大なコメントをピナ・バウシュ本人から聞いたことがあるのだ。その発言は、一九八六年九月の東京、上野の国立博物館の近くでなされた。日本の国宝展で長谷川等伯の《竹林図屏風》などを見た後、霧の流れによって生み出される時空の美学的表出の方法に心を奪われていた私は、前の日に見た『春の祭典』の儀礼性とその土俗的な力について話題にしはじめていた。ところが、そのときピナ・バウシュは、「そうではありません。このダンスは儀礼ではありません。儀礼についてのダンスなのです」と言ったのだった。さらに、「それからもう一つ、重要なのは、ここで犠牲にされるのは、男性ではなくて女性だということです」と続けたのであった。舞台には本物の土が敷き詰められ、その土をダンサーたちが力強く踏みつけるように踊っている。荒々しさが立ち上がって来る。古くからロシアでおこなわれていたとされる祭り、春の祭典、こんなイメージから、陶酔的な力強さが期待される。春が来た、多くの人がそう思っている。だが、一九一三年五月二九日、バレエ・リュスによってパリのシャンゼリゼ劇場で上演されたときにも観客の評価は真っ二つに分かれた。この作品の持つ過激な破壊性のためである。

『春の祭典』の犠牲と『コンタクトホーフ』の不気味

そもそもディアギレフ・バレエのこの作品のタイトルは初めロシア語でジェルトゥヴァ「犠牲」となるはずだった。出来事のモデルとなるのはスラブ民族の夏のヤリーロの祭り、つまり春を犠牲として夏の神に捧げる行事だったのである。命を奪われ、聖なるものとされ犠牲として捧げられる春、つまり春殺害の儀式が演じられるというわけである。実りの秋が来るためには春が去り、豊饒の夏が到来しなければならない、だから長老たちの前で処女が選ばれて、春として殺されなければならないのだ。このような儀礼が演じられるとき、現実が批判にさらされないわけにはいかなかった。第一次世界大戦の前夜にこの作品が初演されたとき、そのような世界の終わりへの予感を感じ取ったものがいたのはそのためなのであった。

儀礼を執りおこなうのではなく、儀礼についてのダンスを批評的に上演することで、そこに描かれている世界の構造を明らかにしつつ、ピナ・バウシュは、戦争の根源へとわれわれを察し向けようとしているのかもしれない。それが「零の後で」、ドイツ零年をもたらした人間が試みなければならない重大事なのである。そして、それが身体からにじみ出るような形で立ち現れてくるためには何がなされなければならないのか。あるいはどのようにすることでそれを教訓的な言説によってではなく、空間的な物質性においてわれわれの思考を促す形で実現することが出来るのか。そのことのために、ときとして実に私的な領域へとピナ・バウシュは踏み込んでいくのである。

一九三〇年代の音楽が流れる。一九八六年の初来日公演の時、『コンタクトホーフ』とは、ナチズムの時代の頽廃的な雰囲気の中で生み出された特殊な空間であると、われわれは教わった。コンタクトの館（ホーフ）、出会いの場、というような意味だ、と。若者たちがそうした場所へと出向いていく。三〇年代、一方において犯罪的な戦争が周到に準備されている。そうした時代の若い男女の生態が演じられているのだ。とはいえ、ピナ・バウシュのグループの多くのダンサーたちは戦後生まれだ。その時代を生きているわけではない。だが、何人かは、ピナ・バウシュのようにその匂いは知っている。でもそこまでである。しかし二〇〇〇年、ピナ・バウシュは、この作品を六五歳以上の人たちと一緒に作ろうとした。ピナ・バウシュよりも五歳から一〇歳年上の人たちとである。つまり、ドイツが戦争に負けたとき一〇歳から一五歳ぐらいだった人たちであり、ピナ・バウシュよりもさらに深く、一九三〇年代のドイツ文化の頽廃的な匂いに浸っていた人たちだ。作品の構造は同じである。コンタクトホーフでのように、自分の体をアッピールに使うシーンが続く。とはいえ、彼ら・彼女たちは現役のプロダンサーではない。中には昔踊っていた人もいるかもしれないが、六五歳を越えた老人たちが腰を揺すってセックス・アピールをしてみせるのを見ているのはあまり気持ちの良いものではない。とはいえ観客も心得たもので、鷹揚に構えて舞台を見ている。ダンスが下手な人もいるが、それを咎める観客の視線もない。だが、やや滑稽なところもあるこの舞台には、プロとは違った熱意のようなものがみなぎっており、左手に消えた人が再び息を切らせて右手から登場してきたときなどは（プロのダンサーの時には、それが意図的である場合はともかく、息切れなど見せられることはない）、私もなんだか知れず、心の中で頑張れとか呟いていた。

こうして時間が流れていくにつれ、われわれ観客は、辺りにただならぬ気配が漂い始めているのに気づきはじめるのである。つまり、そこにいる人たちが同じような動作を繰り返しているうちに、その体の中から破滅に向かう世界の構造そのものが不気味な姿をとって浮かび上がってきているのだ。人々の顔は人間のものとは思えないような悪魔的な恐ろしさを浮かび上がらせている。ロッセリーニの映像が映し出した破壊されたベルリンへと駆り立てたもの、あの映像の起源が、あるいは、やがてエドガール・モランのまえで奇妙な身振りを繕うしかなかった人たちが生きてきた一九三〇年代が、そのままの形で変容していくではないか。アイヒマン裁判の記事を読みながら激しい苦痛に蝕まれていったと想像されるピナ・バウシュの身体の叫びが、戦時下と敗戦後の零年を生きた人たちの不気味な姿と呼応する。

『カフェ・ミュラー』の廃墟の中で、ピナ・バウシュは見つめていた。「目を閉じて。たがいに歩み寄る。たがいに感じあう。踊る。傷つけたいと思う。庇護する。障害を取り除く。相手に空間を与える。愛する」▽9。

『コンタクトホーフ』の中で、老人と老婆たちはドイツを零年へと突き落とした自分たち自身の世界を見つめている。その世界を思い出している。腰を揺すり、手を差し伸べ、歯をむき出しにして、死の舞踏を踊りながら。いや、その当時の歌を聴きながら、三〇年代、四〇年代に、ナチスドイツの時代に立ち込めていた身振りを繰返すうちに、老人・老婆たちの体に刻み込まれている歴史上の様々な出来事が浮かび上がってきたのだ。一九八六年、東京の国立劇場で上演されたダンサーたちによる『コンタクトホーフ』を見たとき、出会いの場とはいえ、そこに作られていたのは広々とした大きく贅沢な空間であり、一九世紀の終わりの世紀末の豊かさも漂わせており、コンタクトホーフで演じられていることは、まるで上流階級の人たちの軽やかな遊戯性を感じさせるものだった。その豊かさの中で、私は見落としていたのかもしれない。だが、その華やかさの中でも死の舞踏は演じられていたのである。

ナチズムの影

それにしても、なぜいつまでもいつまでも思い出さなければならないのか。なぜ肉体は忘却することがないのか。戦勝国が敗戦国を裁くあの屈辱的なニュルンベルク裁判は終わったではないか。これらは難しい問いである。敗戦国ドイツの戦後を生きつつ、そこで作品を作りはじめたピナ・バウシュは、このような問いに直接的に言及しているわけではない。だが、彼女の作品を見ながら、彼女の作品に見えるナチズムの影に視線を向けるとき、私にはカール・ヤスパースの『われわれの戦争責任について』の中の言葉が思い出されてくるのである。

ヤスパースは、ドイツ人のやるせない思いをいくつも取り上げ、それに対して一つひとつ応えていく。たとえば、戦勝国が敗戦国を裁くあの屈辱的なニュルンベルク裁判といった言い方に対しては、次のように応える。

裁判が国民的な恥辱なのではなく、裁判を招来したゆえんのもの、すなわちこのような政府が存在してかくかくの行為をしたという事実こそ、国民的な恥辱なのである。〔……〕ドイツ人が法廷にいるのはドイツ人の自己解放の力によるのではなく、戦勝国の恩恵によることになる。〔……〕裁判は、われわれが自力で犯罪的な政権から自己を解放したのでなく、連合国によって解放されたという事実から生じたものである。[10]

一九四六年、つまりドイツ零年の只中での言葉である。抵抗するものとしてレジスタンス運動の只中にいたベケットやサルトルとはちがって、「騎士的精神と寛仁とを裏切」り、「犯罪的なたくらみ」[11]としての第二次世界大戦を何の躊躇もなく推し進めた国ドイツにいたと自ら認めているヤスパースは、そうした自分たちの責任とは何かについて考察を進めていく。それは難問である。同じドイツに、ナチス政権下に産み落とされ、やがて零の後(ナッハ・ヌル)をどのように生きるべきかを自らが選んだ活動の中で、ダンス的表象として探求しつづけているピナ・バウシュの世界の中に、しばしばナチズムの表象が現れるのはそのような問いへの応答なのかもしれない。

恍惚、感動、圧倒、だが、同時に不気味なもの、そして愛、それらは極私的ともいえる眼差しとともにあるとも言われている。だから、彼女のダンスは動くのではなく、動かされる、何かに突き動かされることで生み出されるのだという。それは二〇歳の頃、ニューヨークで学んでいるときの教師アントニー・チューダーの理念と繋がっているのだともいう。▽12だが、自分を突き動かしているものを極めるために、ピナ・バウシュはいつもささやかな問いから始めようとしていたという。だから、ささやかさが彼女の舞台の魅力だという人もいる。しかし、極私的な問いは、その背後から途方もないものを呼び起こしてくることがある。彼女を突き動かしているものの大きさは計り知れないのだ。そうしたものがどこから来るのか、その原因のひとつを、私は、彼女の生まれに関する偶然の一致、つまりアイヒマンの同郷人であったということ、そしてそれに対するある種の責任の取り方と関係があるのではないのかと考え、その可能性を探ってみた。そしてそこから出発した彼女の態度は、驚くほど尊敬に値する、賞賛に値するものだと思うようになっている。

ピナ・バウシュにおけるヤスパースの問いに対するダンス的応答こそが、二〇世紀のダンスの魅力の一つを確実に作り出していたと思えるからである。

▽1　ヨッヘン・フォン・ラング編『アイヒマン調書――ホロコーストを可能にした男』小俣和一郎訳、岩波現代文庫、三九一―三九二頁。ヴェラは鉄の意志をもって病気と闘っていたレスの妻。

▽2　同前、v頁。

▽3　すでに一〇年近く前、『ポストドラマ演劇』の著者として知られるドイツの演劇研究者、ハンス＝ティース・レーマン氏に、「ピナ・バウシュ、アイヒマンの同郷人」といったテーマの研究はドイツにはないのかどうか尋ねたことがある。自分はいまのところ知らないが、調べてみるとその時言ってくれたが、その数年後、見つからないと言っていた。そもそも戦時

下のドイツにおいて、つまり一九四〇年代のゾーリンゲンの人々は、アイヒマンのことを知っていたのかどうか、有名人だったのか、地元の英雄だったのか、あるいはゾーリンゲンでも無名だったのか、そうしたことを私は知りたいと思う。どなたか、調査済みの方がいたら教えてください。

▽4 ライムント・ホーゲ『ピナ・バウシュ――タンツテアターとともに』五十嵐みち子訳、三元社、一九九九年、七四頁。

▽5 ヨッヘン・シュミット『ピナ・バウシュ――怖がらずに踊ってごらん』谷川道子訳、フィルムアート社、一九九九年、五五頁。

▽6 同前、三三頁。

▽7 Deirdre Mulrooney, *Orientalism, Orientation, and the Nomadic Work of Pina Bausch*, Peter Lang, 2002, pp. 27–28.

▽8 Tadeusz Kantor, "Before the End of the Twentieth Century: XIIth Milano Lesson," comentary by Michal Kobialka, *TRD (The Drama Review): a journal of performing studies*, MA.Winter 1991, p.160.

▽9 ホーゲ『ピナ・バウシュ』、七四頁。

▽10 カール・ヤスパース『われわれの戦争責任について』橋本文夫訳、ちくま学芸文庫、二〇一五年、九三―九四頁。

▽11 同前、九二頁。

▽12 Barbara Newman, "Dancers Talking about Performance," in *The Routledge Dance Studies Reader*, Alexandra Carter (ed.), Routledge, 1998, p. 57.

column

クリストフ・シュリンゲンジーフとヒトラー——欲望と注視の再分配

古後奈緒子

はじめに

メガホンを手にしたアクショニスト。これが日本で知られてきた彼のイメージではないだろうか。それが映画監督の持ち物であること、もう片方の手にはカメラが握られていたと改めて考える気運が近年高まっている。

クリストフ・シュリンゲンジーフ Christoph Schlingensief（一九六〇—二〇一〇）は、ジャンルと活動領域を横断して活躍したドイツの芸術家だ。[▽1] 作品の多くは諸技芸を総合する映画と上演芸術だが、長編映画を発表した一九八三年を起点にすると、前半を貫く映画監督の姿は、後半の国際舞台での活躍の影に隠れがちである。一九九〇年代半ばに仕事の比重が演劇へ、拠点も首都へと移るとともに、テレビで手にした知名度を社会関与型にも似た芸術プロジェクトに利用し、欧州一流の芸術祭や芸術の殿堂で社会を挑発し続けた。このあたりの活躍は、日本でも演劇、オペラ関係者を中心に知られている。一方で映画制作のほうは、子供の頃からオーバーハウゼン宣言がもたらしたインディペンデントの制作環境の盛衰を追いかけ、ニューシネマの「作家映画」が王道だった時代に過激な個性を育んだと見受けられる。[2] 本書の主題との絡みで取り上げる二作は、前半の実験的、後半のメディア横断的な仕事の範例でもある。このコラムでは二つの作品に、彼がニューシネマの後継者となるべくドイツの歴史から何を取り出し、その問題が後年にいかに引き継がれたのかを見てゆきたい。

『アドルフ・ヒトラー100年』

はじめに取り上げる『アドルフ・ヒトラー100年：総統地下壕の最期』100 Jahre Adolf Hitler *Die letzte Stunde im Führerbunker*（一九八八）は、ヒトラーの生誕一〇〇年目に合わせて制作され、後に第二部『ドイツ・チェーンソー大量虐殺』（一九九一）、第三部『テロ2000』（一九九一／一九九二）を加える「ドイツ三部作」の端緒となった。記念好きの国民を挑発するように、ドイツ史上の厄介者が呼び出されたのは、どのような時代だったのか。当時二〇代後半の作家がいかに意識していたかは、作品の細部にうかがえる。発表直後の壁の崩壊が示すように、制作期間をとおして壁のあちら側からは、何らかの轟きが聞こえていたであろう。こちら側もまた奇跡の復興後の停滞を通過し、ヒトラーの復活を求める若者の出現に揺れていた。

一方、芸術においては、ニューシネマの一時代は過去のものとなって久しく、民族意識の形成と結びついた記念や歴史に対する批判が、想起の文化に上書きされつつあった頃であろう。そうした時代における芸術と政治の変節と、ドイツ人イメージの移ろいに関する姿勢は、映像の引用で示されている。[3] それら現代の視点の乱暴なカットインに枠づけられて、戦後のドイツ人にとって最も同胞に生まれて欲しくなかった大罪人の死と復活が描かれてゆくのだ。

構想だけ取り出すなら本作は、映画や演劇が提供しうるあらゆる快楽を詰めこんだ、一大歴史スペクタクルかと思わせる。タイトルロールは、ドイツ人の同一化や平等への欲求を一身に引き受け、民族意識を肥大させた偶像でもある。副題によると、彼と選り抜きの八名は密室で極限状態に置かれ、観客を知られざる行為ののぞき見へと誘う。カルト映画のアイコン的俳優のクレジットを見つけたファンは、映画史のアウラを帯びた競演に期待を募らせるだろう。だがそうした観客の要求は手ひどく撥ね付けられる。白黒の粗い画面上には、史実もプロットの展開も、リアリズムの演技による人間ドラマも与えられない。繰り返し目につくのは生理的欲求を満たす日常行為、あるいはホモセクシュアルを除く多様な組み合わせの性行為の茶番のような提示である。機械的にドライブする演技にたとえ魅入られそうになっても、そのたびカチンコ始まりのカットに中断され、撮影の現在時へ引き戻されるということが、終始繰り返されるのだ▽4［図1］。一見、歴史や俳優に対する冒瀆とも感じられるこれらの演出には、どのような狙いがあるのだろうか。

　理解の糸口となるのが、辛うじて読み取られる寓意である。反復と多重化、カスパール劇のような演技は、独裁者が救世主のごとく国民の求めで甦り、アイコンやアトリビュートが権力の移行を可能にするという見方を伝えている。とはいえ、こうした権力の二重性やSM関係の転倒によるナチズムの理解は、それ自体で珍しいものではない。重要なのは、人物たちから関心の的となるパーソナリティを剝ぎ取り、彼らを部品とする偶像再生産のメカニズムを前景化した点にある。それは後で見るように、二〇

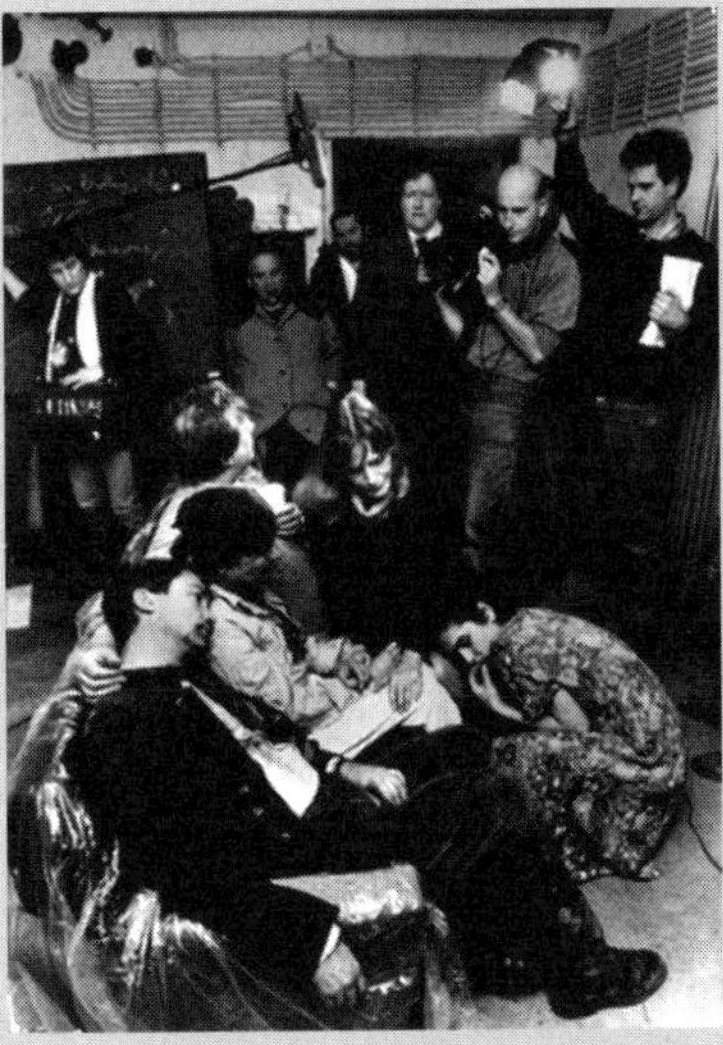

図1　クリストフ・シュリンゲンジーフ『アドルフ・ヒトラー 100年：総統地下壕の最期』（1988）

〇〇年前後に作家が取り組んだスペクタクルの機構と類比する。いずれにおいても作家は、批判するシステム内部に自身を位置づけており、そのため本作では彼の特徴であるイメージの重ね合わせが用いられていることも注目される。

実際ヒトラーという偶像にオーバーラップされてゆく役割や人物像を鍵とすると、作家がここで全うしようとした芸術家の使命に、ある程度納得させられるだろう。それは、半世紀前とはいえ最新技術と、国家規模の予算と人材を使い放題で生みだされたファシズムの魅力を、インディペンデント制作の総力を上げて破壊することと言える。▽5 さらにそうすることで、ドイツ映画の代表的な監督となったヴェンダースの作品とカンヌでの発言に反駁する映画を作ることでもあったようだ。

こうすると、シュリンゲンジーフがヒトラーを呼び出したもう一つの理由が見えてくる。作家はこの作品で、その自己理解に関わる過去の歴史を、同時代の視点を保ちつつ扱っている。後から見ればだが、そこには体制崩壊直前の閉塞状況が鳴り響いており、その中に、歴史の共同責任者としてのドイツ人であることと、ニューシネマの後継者たる映画作家になることの葛藤が映し出されている。このような同時代の投影においてヒトラーは、映画と演劇を掌中にしたカリスマ支配者にとどまらず、作家自身がそうであったかもしれない芸術家くずれなのだ。こうした鏡合わせのような関係によって、一見すると内向的あるいは自閉した印象を受けなくもないが、一方で、ここに結んだ像や手法のいくつかは、その後ジャンルや地域を越えて展開されてゆく。まず何より、犯罪者やテロリストを含む社会の際に追いやられた者、いわゆる他者を自己の中に見つけてそこから社会を見つめるアプローチは一貫している。そして、個人と社会をめぐるアイデンティティの緊張関係、さらにそこから偶像をめぐる大衆／国民優位の社会認識は、スペクタクルに寄せられる観客の欲望と向き合う手がかりとなってゆく。これらは一五年後、最後の映画に際していかに結晶したのか。

『フリークスター3000』

芸術家の使命がスペクタクルに対する大衆／民族の欲望との対峙にあるならば、あらゆるポピュラーなメディア形態やジャンルがその批判的手がかりとなるだろう。実際、シュリンゲンジーフは三部作以降、映画でホラーやモンドの形式を借りた痛烈な風刺のスタイルをとっている。そして二〇〇〇年代初頭には、他のジャンルでも同様の関心を展開できる制作環境にいた。

この間に拠点のような役割を果たしたと考えられるのが、ベルリンのフォルクスビューネである。名物ドラマトゥルク、マティアス・リリエンタールの招きで、一時はフランク・カストルフと並んで共同監督も務めている。同時期にトーク番組のMCとしてテレビの人気者になり、ドイツ総選挙、ヨーロッパ初の極右政権の誕生、テロリズムとイスラモフォビアなど、アクチュアルな社会問題に反応したアクションを、ドイツ文化圏の最高峰の演劇機関で成功させてゆく。それと並行して、社会やメディアによる注視の埒外に置かれてきたマイノリティを、出演者として動員するのが常となった。劇場、テレビ、映画というメディアを串刺しにするように制作された『フリークスター3000』▽6 Freakstars 3000（二〇〇三）は、こうした流れの集大成となるプロジェクトと言える。

この作品の俎上に載せられたのは、メディア技術とグローバル資本が結んだ大衆的人気を誇るスペクタクル、リアリティ番組の一翼を担うキャスティングショーだ。国民的アイドルのプロデュースを謳うそのフォーマットは、大衆娯楽のジャンルである「楽屋もの」や「スター誕生」番組の要素をアップデートし、現在も国境を越えシーズンを更新し続けている。シュリンゲンジーフはこの現代のポップなメディアに初期形態から反応した芸術家だが、▽7本作ではその進化形ドイツ版を、アレンジを加えつつ実演再現する。しかも通常この手の番組に集まる候補者たちより、もっとずっと個性的で特別な面々と。

『ヒトラー100年』で示された独裁者と国民の関係を踏まえて話を進めると、国民的アイドルを投票で決めてゆくキャスティングショーは、大衆の求めるカリスマの再生産を、効率的に実現するシステムのように見受けられる。ところが実際のそれは、つっこみどころの多いやり方で、カリスマ到来を段取りし、大衆の欲望をあらぬ選択へ回路づけている。この作品ではその欲望のすり替えと諸々の目くらましが異化され露呈されるのだが、その注意予報のように、戦前のイラスト誌の画風で描かれたノギスのアニメーションが繰り返し画面に登場する。言うまでもなく、理想のドイツ民族を組織的に生産する建前で、ナチスがマイノリティにおこなった蛮行を思い出させるツールである。それは非人道的に用いられたというだけでなく、合目的性も医学的根拠もない似非科学的な方法を組織に差し出した、科学の愚の警告碑でもある。

では実演再現版でこのイラストがひらひら揺れるとき、キャスティングショーの何に注意を促しているのか。それは、選挙も含めセレクションのための種々の方式が、並ばせた候補者の端を切るヴァラエティにすぎないことや、その実施とともに「落とされなかったから優れている」式の後付けの価値基準がねつ造されることなどに気づかせる。その結果を受けた淘汰のベクトルが表向きと異なることは、番組のクライマックスで毎週誰が泣くのかを見ればよい。

考えてみれば、これに類するトリックは、私たちが生きる社会の様々な局面に埋め込まれている。その機制を浮かび上がらせパロディにするだけでも面白いが、そこまでなら、ふだんのシュリンゲンジーフ作品の常連だけでおそらくこと足りた。

だが本プロジェクトでは、生物多様性を地でゆく他の作品とは逆の布陣で、観客をより先へ連れて行こうとする。システムに従属したスターのワナビーと対照させるためか、あるいは出演者オリジナルの表現に照準をあててこのフォーマットを採用したのか。いずれが主であれ、シュリンゲンジーフとスタッフは由緒正しい精神障害者施設へ赴き、そこの住人を集めてキャスティングショーをおこなった［図2］。カメラは候補者が歌ったりインタビューに答えたりする姿をどんどん映してゆく。観客には作品の入り口で、歴史的見世物の手口を逆手にとって、出演者の呼称と役割が「障害者」を除いて一気にいくつも手渡される。後は一人ひとりの破格のパフォーマンスが観者の網膜の上でノギスを揺らしてゆくはずだ。たとえばそれは、ステージが進むごとに「障害者」というスティグマ概念が後景化し、候補者の個性と表現の独創性が見えてくるといったことかも知れない。また「フリーク」の真骨頂である、観者との主客未分の瞬間を引き寄せるといったこと

図2　クリストフ・シュリンゲンジーフ『フリークスター 3000』（2003）Fotograf: Thomas Aurin

もあるかも知れない。肝腎なのは、そうしたパフォーマーの変容が、観者の感性的認識の領野で起こるということだ。

以上のように、このプロジェクトをとおして観客は、民主主義社会システムの便宜と限界と、その解放の契機を同時に手渡される。一五年前の映画と比べると、偶像のもとの平等だけでなく、突出した個性の排除に守られた同質な民族共同体を求めるシステムの姿がクリアに映し出される。それは、反社会勢力と片付けられてきたネオナチだけでなく、多文化主義の弱点を突いてくるアイデンティタリアンの要求の核心に通じるものである。それに対して、個性と多様性の尊重を求めてリベラルの反論を試みたくなるが、そうした主義主張の対立に回収するのは、映画の体験に背くことになろう。むしろ常に優劣を争う二項対立を骨抜きにするには、何人ものフリークスターたちの表現に、知覚をチューニングしてみよう。選曲のジャンルも歌唱法もばらばらで勝負してくる彼らのパフォーマンスは、障害も才能もひっくるめた存在のスペクトルムへと見る者を誘う。その際、シュリンゲンジーフの枠組みの多重化や、乱暴に見えて細かい演出は、類型から個性への焦点の切り替えだけでなく、個性と属性の両方を同時に見る体験を用意するように思われる。うまくすれば、類でありながら個である存在の、多層的かつ多重的で複雑なあり方をあるがままに味わう感覚が得られるだろうし、それは同時にシステムに掠め取られない、自分だけの快楽への回路を取り戻すことでもあろう。幸運なら、こうした知覚、感覚の果てに、スターとフリークスが同じ地位を占めるような社会のかたちが垣間見えるのかも知れない。

おわりに

シュリンゲンジーフの死後、日本では公共空間でアクションを用いたプロジェクトを中心に、その仕事が紹介されてきた。その一端に関わった者として省みるに、演劇の領域で提供されてきたのはある種の緩衝材を介した作品との出会いのように思われる。というのもまずは単純に、パフォーマンス関連の映像は、第三者が撮影し進行を把握できるよう整理した記録が多いからだ。またそこには、群れをなす観客の映り込みが上手く編集され、注目を保証し操作する。極めつけに、本来は芸術以外の用に仕える公共空間が、彼の作品に固有の身体表象を抑制しているとも感じられる。芸術という特殊な制度空間で貫かれたイメージの畳みかけと、超越的な視点の存在しない空間の圧倒的な体験を思い出すならば、彼の世界への有力な手がかりを残しているのが映画であることは疑う余地がない。それらはいまだ完結しておらず、リリースが待たれるエディションもあり、シュリンゲンジーフの影響あるいは再利用も、映画と演劇の領域ですでに散見される。シネフィルと演劇フリークによるそれらの読み解きによって、少なくとも世界の見方はより豊かにできるだろう。

▽1　公式ウェブサイト［http://www.schlingensief.com/］と以下を参照。Tara Forrest & Anna Teresa Scheer (eds.). Christoph Schlingensief: Art Without Borders. Bristol, Chicago: Intellect Books Ltd., 2010; Pia Janke & Teresa Kovacs (Hg.). *Der gesamtkünstler Christoph Schlingensief.* Wien: Praesens, 2011.

▽2　DVD『CHRISTOPH SCHLINGENSIEF UND SEINE FILME, INTERVIEW UND KURZFILME』（2003 Filmgallerie 451）を参照。八歳で初めてオーバーハウゼン短編映画祭を訪れ、同年にスーパー8で創作を始め、一二歳で「ユース映画チーム・オーバーハウゼン」を立ち上げ、二二歳までに一二の中短編作品を発表したという。バイエルン映画テレビ大学への入学に二度失敗し、実験映像作家ヴェルナー・ネケスの助手を務めながら自作を作り続け、企画助成を受けた長編制作は一九八三年から、「ドイツ三部作」を含む一九九二年まで毎年、その後断続的に一九九七年の『ボトロップの120日』まで続く。

▽3　『アドルフ・ヒトラー100年』の冒頭には、一九八七年のカンヌ映画祭における『ベルリン・天使の詩』の監督賞受賞を報じるニュースと、ヴィ

ム・ヴェンダースによる受賞スピーチ「世界の絵を良くすることで世界を良くする」。最後には、一九八八年までキリスト教社会同盟の党首を務めたフランツ・ヨーゼフ・シュトラウスが、大戦中のドイツ人の行為を評するコメントが置かれる。シュリンゲンジーフはファスビンダーに親近感を表す一方、ヴェンダースに批判的なコメントをいくつか残している。

▽4 この作品の俳優の演技について、グロテスクの概念で論じたマウバッハ、アブジェクションの作用を指摘したクリスティンも参照。Bernd Maubach. *Christoph Schlingensiefs Deutschlandtrilogie: Geschichts- und Gesellschaftdiagnose im Film*, GRIN, 2005, S. 81; Kristin T. Vander Lugt. An Obscene Reckoning: History and Memory in Schlingensief's Deutschlandtrilogie. In: Tara Forrest & Anna Teresa Scheer, *op.cit*, pp. 39–56.

▽5 一九八八年に二〜三週間で脚本を書き、一〇〇〇〇ないし一四〇〇〇マルクの助成金を得て、同年一一月二八日にミュールハイムの地下壕内で、一六〜二〇時間で撮影された。制作条件についてはマウバッハの前掲書に詳しい。二〇一〇年発売のDVDボックス「Deutschland Trilogie」(Filmgalerie451)にアーカイヴされたプレス記事も参照。

▽6 制作の背景として、MTV制作の『U-3000』(二〇〇〇)で、障害のある出演者を編集でカットされそうになった経験から、同様の若者向け音楽チャンネルVIVA制作で「障害者を制作に巻き込む」意図のもと、二〇〇三年に実現化された。詳細は「マイノリティーのパフォーマンスを引き出すメディア空間——『フリークスター3000』にみる空間の多重化」(『a+a美学研究』第10号、大阪大学美学研究室編、二〇一七年、一一〇—一一七頁)を参照いただきたい。

▽7 テレビ番組第一弾『Big brother』ドイツ版の決勝と時を同じくして、ヨーロッパ初の極右政権の誕生で紛糾していたオーストリアの演劇祭で、難民選抜のパフォーマンスを敢行した。その仕組みと経緯および初期フォーマットをめぐる批判については拙著「アクション芸術の現在形——クリストフ・シュリンゲンジーフのパフォーマンス・プロジェクト『オーストリアを愛してね!』」(『シアターアーツ14』晩成社、二〇〇一年)を参照。

後書き——映画批評は生きているのか

本書は企画から刊行までおよそ四年もかかった本なのだが、その期間中、私の場合は論考のテーマもあり、近作中心に多くのナチス映画を観た。近年、日本で劇場公開されるナチス関連作の多さは目を見張るべきものだが、現在の日本の市場において、興行面ではやはり邦画には敵わないのだろう。マスコミ向けの試写会では満席だが、映画館ではそうでもないというような、玄人向けの映画が多い印象があった。

そうすると、映画祭が果たす役割というのが大きい。近年のナチス関連映画の潮流として、周辺国の罪を問うもの、ナチス残党の逮捕劇、ナチス全体を社会学・哲学的に解明しようとしたものの三つがあると拙論で述べた。そこで紹介した『サラの鍵』も『ヒトラーの忘れもの』も『ハンナ・アーレント』も、はじめに東京国際映画祭で上映されてから劇場公開された。これは社会性と商業性と質の三点を兼ね備えた良作が出てきていることの証左であり、基本的には喜ばしいことであろう。

だが、ＳＫＩＰシティ国際Ｄシネマ映画祭で上映された『ザ・ラスト・スーツ』（のちに『家へ帰ろう』というタイトルで劇場公開）を観に埼玉まで行くくらいまでは自分にとってもいつもの延長線上にある行為だったが、熱海国際映画祭で上映された『ウィットネス』を観に熱海までふらふらといつの間にか行ってしまった時には、さすがに考え込んでしまった。炎天下の熱海の寂れた街を歩きながら、私は独りごちた。ナチス／ホロコースト映画を観ることは、明らかにそれ以外の映画を観るのとは違う、快楽があるのである。

スーザン・ソンタグが鋭く指摘したように、「ぞっとするものを見たい」という、原初的な欲望がまずあるだろう。それから、人間というものの存在を捉え直したい、その深淵まで覗き込みたいという欲望。あと一つは、世界的な傾向としてある右傾化——移民排斥やブレグジット、トランプ大統領就任など政治の局面として既に現れている——から、現状分析が急務ではないかという切迫感が挙げられるだろうか。昨今の映画本を出す困難のせいで、決してバジェットの大きい企画ではないのに、錚々たる執筆者が健筆を奮ってくれたのは、最後の危機感が大きいのだろう。だが、先の二つを無視しても、これまたナチス映画の本当の魅力と問題点、そして存在意義には届かない本になってしまうだろう。

ナチス関連作が次々と劇場公開される近年も盛り上がっていると言えるだろうが、日本で最もナチス／ホロコースト映画の是非が議論されたのは一九九五年、東京日仏学院で『ショア』が公開された時であろう。八五年に一一年の歳月をかけて完成され、ホロコーストというカタストロフの表象不可能性を実現した『ショア』が、公開から一〇年後にやっと日本で有志によって字幕がつけられ公開されたのだが、日本での映画における表象不可能性の議論、あるいはその紹介はそこで止まってしまった感がある。だがそもそも、二〇一五年に『サウルの息子』が撮られるまで、ランズマンが褒めるようなホロコースト映画自体、商業的には欧米にも存在しなかったのであるが……。

だが、『サウルの息子』を、従来のシネフィルが全く褒めなかった、そして当時『ショア』を絶賛した、必ずしも映画が専門ではない人々も、『サウルの息子』に対して積極的に言及しなかった。そこに本書の企画意図があると言っても過言ではないだろう。ナチス／ホロコースト映画は、歩みこそゆっくりではありながら、進化／深化しているのに、それらに対する批評がまったく追いついていないという日本の現状に、一石を投じたかったのである。

本書の歩みも、ナチス／ホロコースト映画の歩みに引きずられたのか、ゆっくりとしたものとなった。『国境を超える現代ヨーロッパ映画250――移民・辺境・マイノリティ』（河出書房新社）の刊行記念トークショー後の打ち上げの席で、渋谷氏に「ドイツ映画の本をやらない？」と持ちかけられ、「じゃあナチス映画の本をやりましょう」と即答したのが二〇一五年の一一月。二〇一六年度の後期には渋谷氏が慶應義塾大学でナチス映画についての連続講義をおこない、そこでナチス／ホロコースト映画が包括的に扱われた。また二〇一七年の五月には、四方田犬彦氏が京都造形大学で「アウシュビッツと表象の問題」と題した特別講義をおこない、そこで『サウルの息子』に関するディディ・ユベルマンの著作 ***Sortir du noir*** の紹介と、それに基づいた映画解説がおこなわれた。また、同年六月の日本ドイツ学会第三三回大会では、高橋秀寿氏が「ヒトラーが『最期の12日間』から『帰ってきた』わけ――移民の国のドイツ人」と題した、ヒトラーの映画における表象の流れについて発表した。ゆっくりではあるが、ナチス／ホロコースト映画が多く撮られるようになるとともに、日本の映画研究や映画批評の世界でも、ナチス／ホロコースト映画をめぐる問題が徐々に扱われるようになってきたというところだろう。

二〇一八年一月にはダンスカフェ主催の「現代舞踊学セミナー」で、鴻英良氏が「ダンスと演劇――身体と歴史」と題した、ピナ・バウシュを中心とした講義をおこなう。また、同年八月にはイメージフォーラム・フェスティバル2018でクリストフ・シュリンゲンジーフの特集が組まれ、古後奈緒子氏のトークが実施された。これらは、演劇・ダンスの世界でもナチス／ホロコーストを批評的射程に含めることの重要性が、だんだんと形になっている表れであろう。この二つの発表を論に纏め上げて本書に掲載することができたのは、勿論まずは喜ばしいことである。だが、そもそもナチス／ホロコーストの事象は映画だけでは捉えられるものではなく、またナチス／ホロコーストの問題を考えることが、映画自体にとっても分水嶺になることの表れではないか。そもそも映画とは何か、そんな大それた問いを含んでいるからこそ、ナチス／ホロコースト映画の歩みは、牛歩とならざるを得ないのであろう。

と書いたのは、出版が遅れたことの言い訳でもあるのだが。その後、二〇一八年の八月には企画が固まり、出版に向けて動き出したという経緯である。巻末に収録された、初学者向けに企画したナチス映画50の執筆を編者を中心としておこなったのだが、思った以上に手こずった。これは、現代映画ばかりを（しかも十数本のみ）書いた私が言うのはおこがましいのだが、ナチス／ホロコーストが実際に起こった一九三三年から四五年と、その映画が実際に作られた時、そして現在という三つの時間軸があり、そこを行き来し、さらに映画史やドイツ史に鑑みながら、読者にとってできる限り正しい批評解説を開陳するのが、思った以上に骨が折れたということであろう。三〇本余りを執筆頂いた渋谷氏、助っ人に加わって頂いた杉原賢彦氏には改めて御礼を申し上げたい。

また、ナチス／ホロコースト映画を観る快楽について先に述べたが、本書が世に出る前にあったナチス映画に関する書籍は、研究者が書いた、映画でナチスの歴史を振り返るといったものか、映画秘宝のムックかのいずれかしかなかった。真面目な良作の陰で、映画秘宝のムックで扱われているような、いわゆる〝キッチュ趣味〟に塗れた、ポルノ紛いのナチス映画が量産されていたこともこれまた事実である。また二〇一六年にアイドルグループ「欅坂46」がナチス風の衣装に身を包み、米国のユダヤ系人権団体「サイモン・ヴィーゼンタール・センター」が謝罪を求める声明を出すという事件があった。かようにナチスカルチャーは（決して日本だけではなく）世界中に未だ息づいているのだ。これらナチスのキッチュ文化に関しては、企画書を検討頂いた四方田氏からそれらを包括的に考察・批評する論考が必要だという重要な示唆を頂いた。書き手として生井英考氏を推薦頂き、生井氏の論考は四方田氏の助言がなければ成立しなかったものであるので、感謝の意を表したい。

編集は森話社の五十嵐健司氏が担当した。出版までは長く苦しい道程であったが、途中からその旅に五十嵐氏が加わってくれ、その映画に対する豊富な見識と繊細な配慮は、暗闇を照らすサーチライトのように、夜の森を彷徨っていた私たちの足元を照らしてくれたといっても過言ではない。その他、貴重な論考を寄稿して頂いた執筆者の方々にも御礼を申し上げる。

映画批評がこの本によって生き延びることができたと言うつもりはない。だが、そのための闘いの記録であり、軌跡であることは事実だろう。あとは、それぞれの論考やエッセイが持つ優れた問題意識を、現代の日本を生きるにあたって、読者のみなさんが生かしてくださるのを願うばかりだ。

それでは、読者のみなさんの様々な闘いにおいて、この本が最初の一歩であり、また次の一手でありますように。

二〇一九年八月一五日

夏目深雪

ナチス映画50の作品選定について

世界中で数限りなく製作されるナチス関連の映画を網羅的に取り上げるのはそもそも不可能であり、全ての作品が紹介に値するかどうかの判断も難しい。ナチス映画とは思想的・政治的な問題であるとともに映画としての美学的問題でもあるからだ。そこで各時代において指標となる作品に焦点を絞って紹介することで、歴史的・地域的な変遷を大まかにでも概観できるように試みた。例えば1950–60年代のドキュメンタリー作品において『夜と霧』、『我が闘争』がありながら、ミハイル・ロンムの『ありふれたファシズム 野獣たちのバラード』(65)がない点については、もしこれが100本だったら、200本だったらという想定で各読者にリストを拡充していただければと思う。また近年のSFファンタジー的な作品『イングロリアス・バスターズ』(09)や『アイアン・スカイ』(12)を取り上げていないのは、まさしく本数の制約によって生じたことである。なお、選定においては日本でソフト発売や公開された作品を優先的に選んだ。『ユダヤ人ジュース』のような未公開作は、今後の上映活動の展開を期待したい。

[解説執筆] 渋谷哲也・夏目深雪・杉原賢彦

50

ナチスと美術の関係を暴くドキュメンタリー

ヒトラー VS. ピカソ 奪われた名画のゆくえ

Hitler contro Picasso e gli altri［2018、97分、イタリア、フランス、ドイツ］
監督：クラウディオ・ポリ
出演：トニ・セルヴィッロ
アルバトロスより DVD 発売

ナチスドイツと絵画の関係には驚くほど様々なドラマがあるが、この映画はそれらを概観できるドキュメンタリーである。ナチスドイツがヨーロッパ各地で略奪した芸術品の総数は60万点にものぼり、今でも10万点が行方不明と言われる。ヒトラーは青年時代に画家志望だったが挫折し、彼の絵画に対する執着はそれが原因だという。ヒトラーは、彼の右腕であるゲーリングや息のかかった画商を通じて、ユダヤ人富裕層が所有する名品を次々と没収。周辺国を占領するとその勢いを加速させ、ルーヴル美術館からも問答無用で略奪し、あるオランダ人画商は1240点もの名品を略奪された。そしてナチス占領下のオランダから脱出しようとして事故死した祖父の代わりに、戦後、国内外の美術館に散った美術品を奪還する娘と孫の闘いが紹介される。

一方でナチスドイツは退廃芸術一掃運動をおこなった。モダンアートやバウハウスに退廃芸術の烙印を押し、ピカソ、ゴッホ、ゴーギャン、シャガール、クレーなどの傑作を含む650点を美術館から撤廃。1937年にそれらを集めて「退廃芸術展」を開催した。絵画は汚く見えるように斜めに壁にかけられたという。すぐ近くの会場ではヒトラー自らが企画した「大ドイツ芸術展」が盛大に開催され、純粋なアーリア人による写実的で古典主義的な絵画が飾られた。映画ではこの2つの悪名高い芸術展の様子を知ることができる。

政治と芸術の関係は現代日本でも考えなければいけない問題だけに、その美術品の数と富の莫大さに眩暈を覚えながらも、括目して観たい映画だ。ナチスにフェルメールの贋作を売却した罪で逮捕された贋作家のエピソードや、同じ作家が違う作品で「退廃芸術展」と「大ドイツ芸術展」双方に選ばれるなど、失笑もののエピソードも紹介される。絵画の世界ではいまだに続くナチスドイツの暗い影と闘う画商の子孫たちの勇気とともに、巨大な敵と闘うのに必要な、ユーモアと不屈の精神をもらえる。

［夏目］

Hitler contro Picasso e gli altri

ヒトラーを欺いた黄色い星

Die Unsichtbaren – Wir wollen leben [2017、110分、ドイツ]
監督：クラウス・レーフレ
出演：マックス・マウフ、アリス・ドワイヤー、ルビー・O・フィー、アーロン・アルタラス
アルバトロスよりDVD発売

第二次世界大戦中に隠れ家に潜伏したユダヤ人がいたことはベストセラー『アンネの日記』で広く知られている。密告により2年で終わった若い女性の記録は世界中の人々の涙を搾り取った。一方でユダヤ人の命を救ったドイツ人もいて、映画のヒット作としては『シンドラーのリスト』(93)がある。スピルバーグの手練れの演出力によって、筆舌に尽くしがたいユダヤ人と苦難と、胸をうつ救済の物語が展開される。

戦時下のベルリンでは7000人ものユダヤ人が潜伏し、1500人が終戦まで生き延びたという。自らの家に危険も顧みずユダヤ人を匿ったドイツ人がいながら、それら名もなき人々は今まであまり映画には登場してこなかった。ナチスドイツ＝悪の図式に彼らは邪魔でしかないからだろう。

この映画が優れているのは、ユダヤ人の苦難と救済の物語がフィクショナルに増長していくことを防ぐために、撮影時に存命だった4人のユダヤ人を選び、彼らのインタビューを通して回想形式で話を進めていることだ。義父がドイツ人で母がユダヤ人、自分だけが黄色い星をつけなければいけなかったツィオマ、潜伏しながらユダヤ人向けの身分証の偽造に励んだオイゲン、ドイツ軍大佐の家でメイドをして生き延びたルート、髪を金髪に染め街を徘徊するが、映画館で声をかけてきたドイツ人男性の家で潜伏生活を送ったハンニ。それぞれ立場が違う4人が、様々なドイツ人に助けられながら苦難を乗り越える描写にリアリティがあるのは作りからして当然のことだろう。

4人の現在と過去が交錯しながら進むストーリーは、彼らがソ連兵のドイツ占領によって救われるラストシーンで、複雑なパズルがピタッと完成したような知的な快楽がある。ユダヤ人であると分かるとツィオマを抱きしめ泣き出したユダヤ系ソ連兵の描写が示すように、この物語が民族や国家の枠組みを越えようとした人々の営みをそのまま、精確に提示することに成功しているからであろう。 ［夏目］

Die Unsichtbaren – Wir wollen leben

48

ゲッベルスと私

Ein deutsches Leben［2016、113分、オーストリア］

監督：クリスティアン・クレーネス、フロリアン・ヴァイゲンザマー、オーラフ・S・ミュラー、ローラント・シュロットホーファー

原題「あるドイツの人生」が映画の本質を明かしている。インタヴュー当時103歳のブルンヒルデ・ポムゼルの語る内容は、若くしてナチ体制下で生きた普通のドイツ人の体験談に他ならない。家族との関係、初恋、ある日いなくなったユダヤ人の友達、そして上司の洒落たファッションについて、何ひとつ特別なことはないかのように語る。だがユダヤ人の友達に何が起こったのか、上司がナチスの宣伝相ゲッベルスだったことをどう考えるのか。そもそも上司の重大な政治的局面に居合わせた話題は、彼女の口からは一切出ない。強制収容所やユダヤ人虐殺もよく知らなかったという。後に事実を知ったと述べる彼女が口にするのは、誰もがあの体制から逃れることはできなかった、という自己弁明の決まり文句である。

戦後70年余を過ぎて存命中の当事者の声を聞くことができるのは貴重だが、ナチ時代の新たな知見を得ようとする者にはこれほど空疎なインタビューもあるまい。黒バックにモノクロで撮影されたポムゼルの顔は深いしわが強調され、常に緊張感と警戒心を宿した表情から人間味はほとんど感じられない。彼女は慎重に言葉を紡いでゆくが、そこにホロコーストの実行者アドルフ・アイヒマンの冷笑的かつ高慢な官僚の態度もなければ、ナチ映画の作り手だったレニ・リーフェンシュタールの情熱的に無実を訴える女優の身振りもなく、むしろ落ち着いた思慮深さが印象的である。

本作は決してポムゼルの弾劾裁判ではない。だが語りの合間に当時の強制収容所やゲットーでの残虐な迫害の記録映像が挿入され、彼女が語らなかった（語れなかった？）現実が突きつけられる。戦後70年以上経って彼女にカメラを向ける意義とは何だろうか？　過去の克服という課題があまりにも困難であるという事実を改めて認識させることが彼女の貢献であるといえば皮肉が過ぎるだろうか。　［渋谷］

Ein deutsches Leben

ヴィングに名誉毀損で訴えられる。この裁判を記録した原作を基にした映画が『否定と肯定』である。この映画には、ポスト・トゥルース時代の宿痾《しゅくあ》とでも呼ぶべきものが如実に表されている。ホロコーストの犠牲者など筆舌に尽くしがたい惨禍に見舞われた人々に向かって「そんな惨禍はなかった」と言う人は、言われてこのうえなく傷つく当事者や関係者に較べ、何も失うものがない。その非対称性。

またフェイクニュースが増えた原因として、既存のメディアへの信頼感の低下が挙げられるが、アーヴィングのような、普通に考えたら箸にも棒にもかからない人間が人々の注目を浴びるのは、劣化したメディアが原因であることもこの映画ははっきり描いている。アーヴィングが些末な史実の違いにつけ込み、ガス室の存在を否定する弁論をおこなうと、翌日新聞はその発言をセンセーショナルに書き立てる。そして、リップシュタットと出版社側の主張が認められ、アーヴィングの訴えが退けられた直後、リップシュタットは懲りずに変わらぬ主張を繰り返すアーヴィングをテレビで目撃する。

前者に関しては、リップシュタットやホロコースト犠牲者に証言をさせないという弁護士団が取った戦略により、当事者や関係者が屈辱を味わうことは避けられている。その代わりに弁護士たちは、アーヴィングの著作の意図的な事実の改竄などを突いていく。裁判を感情的にではなく、理知的に進めようとした英国の頭脳の勝利と言えるだろう。後者に関しては、新聞が書き立てた時は怒りを露にしたリップシュタットであったが、テレビでアーヴィングを目撃した時は呆れたような顔でテレビを消しただけだった。避けられないことと諦めがついたのか、勝利した事実が生んだ余裕なのか。

SNSをやる者なら誰でも、信じ難い言説に「いいね」がつき、信じ難い数拡散されているのを見た時、内臓が喉元までこみ上げてくるような感覚を覚えているだろう。匿名の言説とインターネットが人間のパンドラの箱を開けてしまったのか。だが、ネット空間でいつの間にか増殖していく悪意——得体のしれないものに対する恐怖感が、アーヴィングの凡庸さ、やり込められた時に狼狽する様など、生身の人間らしさを感じることによって収まっていく。修正主義者を初めて「人間として」、映画の主要人物として登場させた功績は、強調してもし過ぎることはないだろう。そして何よりも、我々はこの映画でリップシュタットとともに、臍を噛みながらも、最後はその悪に打ち勝つのだ。

〔夏目〕

47

否定と肯定

Denial［2016、107分、イギリス、アメリカ］
監督：ミック・ジャクソン
出演：レイチェル・ワイズ、トム・ウィルキンソン、ティモシー・スポール、アンドリュー・スコット
ツインより DVD、Blu-ray 発売

歴史修正主義者は昔からいた。ただ彼らの言論活動が本格化した第二次世界大戦後のそれが、ホロコースト絡みばかりであったことは興味深い。ホロコーストが、いかにヴァルネラビリティを内包したものであったかということであろう。

日本でも 1995 年に、ナチスのガス室は存在しなかったという記事を掲載した月刊誌が、アメリカのユダヤ人団体から批判を受け廃刊になった事件（マルコポーロ事件）が起き耳目を集めた。南京事件や従軍慰安婦問題など、日本絡みの歴史修正主義は今現在でもあるが、ホロコースト絡みのものでその後の大きな事件は「アンネの日記破損事件」くらいか。だが、直接関係のない極東の日本においてもそんな騒ぎが起きるところがこの問題のセンセーションを表していると言えるだろう。

歴史修正主義が注目されるようになっているのは、SNS の発達、先進国各国での極右の台頭とヘイトスピーチなど複数の事象が関わりを持ちながら、ここ数年でますます肥大しているポスト・トゥルースの問題が大きいだろう。2016 年にはイギリスの EU 離脱、トランプ大統領の米国大統領選の勝利など、事前の予想を大きく覆す出来事が起きた。これらの投票において、大手メディアが発信した事実を基にしたニュースより、事実誤認や裏付けのない情報を基にしたフェイクニュースの方が多くの人々の感情を揺るがし、影響を与えたという調査結果が出た。

『否定と肯定』を劇場で観た時、少なくない人々の啜り泣きが聞こえた。普通に考えたらユダヤ人でもない限り泣いたりするのは行き過ぎなのだが、いかにポスト・トゥルースの時代の到来が人々の希望を打ち砕いていたか――そして、この映画によってその希望を取り戻したのか――に思い当り、胸をつかれた。

1996 年、ユダヤ人歴史学者デボラ・E・リップシュタットが、その著書で「史実を歪曲したホロコースト否定者」と批判したイギリス人歴史家アー

Denial

ブルーム・オブ・イエスタディ

Die Blumen von gestern［2016、126分、ドイツ、オーストリア］
監督：クリス・クラウス
出演：ラース・アイディンガー、アデル・エネル、ヤン・ヨーゼフ・リーファース
ポニーキャニオンよりDVD、Blu-ray発売

ドイツ人／ユダヤ人を、単純な敵／味方に分けて描くことの功罪と、その二項対立への抵抗を、被害者と加害者の孫同士の恋愛関係によって表現した映画だとひとまず言えるだろう。

監督自身が自らのダークなルーツを知った時のショックが映画を作るきっかけになったそうで、祖父がナチスの戦犯であるドイツ人のトトと、祖母がホロコーストの犠牲者であるユダヤ人ザジのような人間は今でも欧州に実在し、会うこともあるかもしれない。2人ともがホロコースト研究者であることは物語の誇張とも言えるが、トトは罪悪感から、ザジはトラウマからその道に進んだので、説得力がある。2人の性格や病理、恋愛関係に陥ってしまうことも、人間の複雑怪奇な面を表していて秀逸。空港にトトがベンツで迎えに行ったため、ベンツのガス・トラックで殺された祖母を持つザジが怒りだしてしまうシーンから、2人の対峙するシーンにはどれも、張り詰めた緊張感と痙攣するような甘美さがある。

収容所で懇《ねんご》ろになったドイツ人看守とユダヤ人女性は、のちにポルノグラフィとしてひとつのジャンルを作るに至るが、根底は同じだろう。極限状態でも——むしろ極限状態だからこそ——愛や性を手離せない人間の性《さが》を描いているとも言える。その筆致は『4分間のピアニスト』(06) で父親から性的虐待を受けた少女の成長を描いたクリス・クラウスならではの、胸をかきむしられるような過激な美しさがある。

この映画のもうひとつの見どころは、現代におけるホロコースト（業界）をユーモラスに描写しているところだろう。ベンツが研究所のスポンサーになる状況に、ザジが対峙する場面の気まずさ。講演を頼みにいったホロコーストの生き残りである著名な女優が、整形手術や安楽死のことばかり語る俗物である皮肉。ＰＣ的にはギリギリだが、ナチスを描く映画が性愛や皮肉を排除した行儀のいいものと、俗悪なキッチュ映画に二極化している現状を見ると、胸がすくところがある。　［夏目］

45

アイヒマンを追え！ ナチスがもっとも畏れた男

Der Staat gegen Fritz Bauer［2015、105分、ドイツ］
監督：ラース・クラウメ
出演：ブルクハルト・クラウスナー、ロナルト・ツェアフェルト、リリト・シュタンゲンベルク
アルバトロスよりDVD発売

2010年代になりナチスを題材にした映画のトレンドが変化してきた。ナチ時代そのものでなく、戦後における過去の克服をテーマにした映画が増えてきたことだ。特にアドルフ・アイヒマンが頻繁に取り上げられる。例えば『ハンナ・アーレント』（12）は1961年のアイヒマン裁判を中心に展開し、『顔のないヒトラーたち』（14）も60年代西ドイツでのナチ時代の犯罪を自国の司法で裁こうとする試みを取り上げる。

『アイヒマンを追え！』はこの2作をつなぐ位置にある。すなわちホロコーストの重大な戦犯アイヒマンをなぜドイツ国内で裁けなかったのかを扱っているからだ。本作の主人公ヘッセン州の首席検事フリッツ・バウアーは、アウシュヴィッツでおこなわれた犯罪を自国の司法で裁いた中心人物として名高い。それによってユダヤ人虐殺の実態がドイツ人の眼前で明らかになり、68年世代への橋渡しとなった。だがそこには生き残った数多くの元ナチ関係者による妨害があり、根強く残る反ユダヤ主義の誹謗中傷も引き起こした（バウアーはユダヤ人だった）。映画の原題『国家対フリッツ・バウアー』は、戦後西ドイツがある面でナチ時代の延長にあり、闘争はいまだ継続していることを示唆する。

本作はフランクフルト・アウシュヴィッツ裁判の前史として、アイヒマンをドイツの法廷に立たせようとするバウアーの駆け引きを政治スリラーの体裁で描き出す。アイヒマンという「氷山の一角」を切り崩そうとする試みを阻む壁は、しかしながら人間だけでなく法律自体にも存在した。映画では男性同性愛行為を犯罪とする刑法175条によりバウアーを失墜させようとする陰謀が描かれる。19世紀末に制定されたこの法律は、ナチ時代の同性愛者迫害に利用されただけでなく、戦後においても継続されていた。過去の克服とは、社会制度全般に踏み込むべき問題だと示すことが本作の重大なメッセージである。

［渋谷］

Der Staat gegen Fritz Bauer

ダヤ人やゾンダーコマンドが撮影をすることは不可能に近いと思われていた。だが、「アレックス」という名のゾンダーコマンドが、死体を焼却しているところなどを秘密裡に撮影した4枚の写真が存在していた。サウルはこのアレックスをモデルとしている。映画にはサウルが小屋から看守に見つからないように撮影するシーンがある。

ラースローは表象不可能だと言われるものを映画化するにあたって、「見せない」という選択肢ではなく、主人公の姿と彼自身がその時に対峙するものに視界を限定し、緻密な音響設計で観客の理解度と恐怖をコントロールする、大胆かつ緻密な戦略を取ったのである。ナチス看守が英語を喋るような映画に較べたら、いわばドキュメンタリー的だと言えよう。だが、視覚を限定したことで必然的に長回しが多くなるところは、『ブレア・ウィッチ・プロジェクト』(99)のヒットにより低予算ホラーの世界でブームとなったいわゆるPOV映画やフェイクドキュメンタリーとの類似を感じさせる。カメラがほぼ主人公しか追わず(だからこそラストシーン、少年に視点が移動するところが感動的)、突発的に降りかかる難題を処理していくところは、RPGゲームを連想させるところもある。

切り返しや各ショットの編集によって人間関係やその複雑さを描いたり、「神の視点」により審美的に高められた映画とは対極にある作品だ。その、現代的なもの――POV映画やゲーム――との接近により、我々は75年前のゾンダーコマンドの恐怖を"我々の物語"として今の時代らしい"体感"とともに受容することができるのだとも言えるだろう。

映画のなかで、サウルは息子を埋葬することしか目的がなく、そのシンプルさも撮影方法とマッチしている。死体をきちんと埋葬することが彼らユダヤ人が奪われていた「人間性」を回復することだということは、後付けで分かる理屈であり、映画のなかでは愚者か偏執狂のようにさえ描かれている。「映画」が何も制約がない時に辿ってしまう美学的な道程に対する唾棄のようで、胸がすく。ゾンダーコマンドにそんなことを考える余裕も、義理もあるわけがないし、神はそこにはいなかったのだ。

サウルの、自らが生き延びることや劇中で起きるゾンダーコマンドたちの蜂起さえも疎かになるほどの、少年の埋葬に対する妄執に、神の存在への切なる希求が見え、ラストシーンだけ登場する農民の少年に、彼が見出した希望が感じられる。誠実で過酷な映画だ。

［夏目］

ホロコーストの表象不可能性に対する誠実な回答

44

サウルの息子

Saul fia［2015、107分、ハンガリー］
監督：ネメシュ・ラースロー
出演：ルーリグ・ゲーザ、モルナール・レヴェンテ、ユルス・レチン、トッド・シャルモン、ジョテール・シャーンドル
Happinet より DVD、Blu-ray 発売

2015年のカンヌ映画祭で、ある無名の監督の作品が上映されると、場内は異様な興奮に包まれた。それは38歳のハンガリー出身のネメシュ・ラースローによる初長編作品『サウルの息子』、その年のグランプリに選ばれた。

舞台はアウシュビッツ＝ビルケナウ収容所。ゾンダーコマンド（同朋であるユダヤ人の死体処理に従事する労務部隊）として働くユダヤ人サウルが主人公である。サウルはガス室で生き残った少年を発見するが、少年はすぐさま殺されてしまう。サウルは少年を息子だと言ってユダヤ教の教義に則って埋葬しようと奔走する。

この映画は40mmレンズによる被写界深度が浅い映像により、周りにピントが合っていない。カメラはサウルのほとんど表情のない顔を映すか、せかせかと歩く背中を後ろから追いかけるが、何が起こっているかはっきりとは分からない。裸の死体が積み上げられているのがうっすらと見え、「ガス室で殺されたんだな」と想像する、といった調子だ。それは「いかに死体を効率的に処理するか」が生き残る方法であり、常にせかされ考える暇もなく働き続きけるサウルの状況を観客が体感することができる方法でもある。不鮮明な画面に、様々な言葉が暴力的に飛び込んでくる。8カ国語の声が録音され、撮影時の音声と組み合わされたといい、字幕が出ない言葉も多い。冒頭のガス室のシーン（扉を叩く音と阿鼻叫喚が段々と大きくなる……）のように、音や声によって何が起きているのかを示すこともあるし、サウルが理解できない言語に直面し、その過酷な環境を一緒に体験するような場面もある。

「表象不可能性」はホロコースト映画にとって最大の難題であり、深化を止めてしまった元凶でもあろう。クロード・ランズマンはホロコーストを表象＝再現することは不可能だと断言し、生存者たちの証言だけで成立する『ショア』（85）を撮った。ナチスは記録が残ることを恐れていたので収容所内の映像は極端に少なく、ましてやユ

Saul fia

手紙は憶えている

Remember［2015、95分、カナダ、ドイツ］
監督：アトム・エゴヤン
出演：クリストファー・プラマー、ブルーノ・ガンツ、ユルゲン・プロホノフ、マーティン・ランドー、ヘンリー・ツェニー、ディーン・ノリス
ポニーキャニオンよりDVD、Blu-ray発売

アドルノは「アウシュビッツ以後、詩を書くことは野蛮である」と文化を批判した。アウシュビッツは効率性を中心に据えたという意味において20世紀を象徴するものであり、その野蛮の極致とも言える事件こそ、まさに「文化」と見なされているものの効率性から生じたものだったというのである。ホロコースト以後も歴史は続いている。迫害されたユダヤ人たちがイスラエルを建国し、パレスチナ人を難民化させ、度重なる戦争によって殺害する。ドイツ人／ユダヤ人を単純な敵／味方に分け、ホロコーストの惨状のみを訴えることは、未だ続く憎しみの連鎖を後押しすることにもなりかねない。

現代映画がこの巨大な二項対立に対してできる抵抗のひとつとして、ドイツ人／ユダヤ人を交換可能なものとして描くことが挙げられる。ドイツ人の少年が収容所に入り込む『縞模様のパジャマの少年』（08）も、被害者と加害者の孫同士が恋愛関係に陥る『ブルーム・オブ・イエスタディ』（16）も、この文脈で捉え直すことができる。

この映画は、ナチス残党への復讐劇としてのクリシェを散りばめ（父親がナチスグッズの収集家であるユダヤ人嫌いの警察官の造形が見事）、観客をミスリードしながら、驚愕の結末へと導く。主人公ゼヴが認知症であり、『メメント』（00）ばりに常に手紙を読み直さないと自分の周りの状況を把握できない設定が素晴らしい。それがドラマに緊張感をもたらし、ゼヴに感情移入する観客に、容赦ない結末を突きつける。観客にアイデンティティの揺らぎを体験させ、被害者のアイデンティティとは何かを問うことにも繋がる秀逸な仕掛けである。

エゴヤン自身、アルメニア人虐殺の生存者の子孫だが、いつもの陰鬱なトーンは控えめだ。記憶がおぼつかない老人が独りで旅するロードムービーでもあり、観終わったあと人間の悲しい性《さが》や体温が残る。脚本のベンジャミン・オーガストの功績だろう。［夏目］

42

帰ってきたヒトラー

Er ist wieder da［2015、116分、ドイツ］
監督：ダーヴィット・ヴネント（デヴィッド・ヴェント）
出演：オリヴァー・マスッチ、カーチャ・リーマン、ファビアン・ブッシュ、クリストフ・マリア・ヘルプスト、フランツィスカ・ヴルフ
ギャガよりDVD、Blu-ray発売

アドルフ・ヒトラーが現代に甦るという話を安易なパロディやSFファンタジーとしなかったことが本作成功の最大の要因だろう。芝居がかったヒトラーに対する茶化しは最小限度に抑えられ、むしろ現代にヒトラーが存在したら何が起こるかをリアルなフェイク・ドキュメンタリーの形式で描いてゆく。これまで数多の映画で描かれてきた狂気の独裁者の姿は微塵もなく、むしろ穏やかで思慮深く、現代の世相を観察しながら人々の本音を引き出す触媒の役割を果たす。つまりこの映画は政治家とはいつの時代も民衆の鏡であることを赤裸々に示した作品といえる。おそらくヒトラーが再登場するべき時代は戦後復興という忘却の時期でも、68年の過去との批判的対峙の時期でも、ドイツ統一の進む20世紀末でもなかった。現実の基盤を見失い漠然と日常の不満や他者への不寛容が増大してゆく21世紀初頭の現代にこそ相応しい。そこで我々は考えざるを得ない、いまや本当にナチ前夜に回帰しているのではないかと。

ティムール・ヴェルメシュによる原作小説『彼が帰ってきた（邦題：帰ってきたヒトラー）』は、ヒトラー本人の一人称語りのスタイルを取るが、映画化でのヒトラーは登場人物として画面のなかに置かれ、カメラは突然現れた〈総統〉の姿に対し様々な反応を見せる周囲の姿を捉えてゆく。

ヒトラーはすでに時代を超越したキャラクター商品であり、街頭での一般人インタビューや討論番組での洒脱な受け答えなど、ヒトラーの〈魅力〉が観客に浸透してゆく様にはリアルな不気味さがある。だからこそホロコースト生き残りの老女によるヒトラーへの呪詛の場面が不可欠だったと言える。とはいえ本作のヒトラーは行動するよりむしろ受け身的な存在である。本当の危険は彼が政治的に動き始める時に他ならない。もし続編が作られるとしたら、それこそもっと恐るべきリアリティーショーとならざるを得ないだろう。

［渋谷］

Er ist wieder da

アイヒマンの後継者
ミルグラム博士の恐るべき告発

Experimenter［2015、97分、アメリカ］
監督：マイケル・アルメレイダ
出演：ピーター・サースガード、ウィノナ・ライダー、ジム・ガフィガン、アントン・イェルチン
Happinet より DVD 発売

ミルグラム実験とは、米・イェール大学のミルグラム博士が、アイヒマン裁判が始まった1961年から実施した実験。ユダヤ系アメリカ人であるミルグラム博士は“どうしてホロコーストは起きたのか”を実証するためにこの実験をおこなったため、別名「アイヒマン実験」とも呼ばれる。解答者が答えを間違えるたびに電圧を加算した電気ショックを与えるというもので、最大で450ボルトまでの電気ショックが用意されたが、最後までレバーを押す被験者などいないと、当初はどの精神科医や心理学者も予測したという。

だが結果は65%の被験者が450ボルトのレバーまでを押した。電圧が流れ叫び声が壁越しに聞こえるなか、緊張なのか恐怖なのか顔が引き攣る被験者。でも白衣の男に威圧的に促されるとレバーを押してしまう。この実験の結果、平凡な市民が一定の条件下では冷酷で非人道的な行為をおこなうことが証明された。実験から45年経った今も決して衝撃度を失わないこの結果は、その実験の様子を見るだけでも色々なことを考えさせられる。2009年にはフランスで実験のクイズバージョンが実施され、こちらはなんと81%が最後までレバーを押した。『死のテレビ実験――人はどこまで服従するのか』（河出書房新社、2011）を読むと、この問題に新たに付け加えられた“テレビ”というメディアの問題と、司会者を論破したり、観客を味方につけてレバーを押すのをやめた出題者の例が出てきて興味深い。

ミルグラム実験は倫理的な観点からの批判もあり、ミルグラム博士は終身教授の身分は得られず、51歳で心臓発作で急死した。だが、この映画は博士の伝記映画の側面もあり、美しい妻や子供との温かい家庭や、他に手がけた実験など、博士の興味深い世界を垣間見ることができる。アイヒマン裁判が世界的に注目を浴び、社会心理学がホロコーストの謎に迫った時代の息遣いを感じることができる秀作。［夏目］

40

顔のないヒトラーたち

Im Labyrinth des Schweigens［2014、123分、ドイツ］
監督：ジュリオ・リッチャレッリ
出演：アレクサンダー・フェーリング、フリーデリーケ・ベヒト、アンドレ・シマンスキ、ヨハン・フォン・ビュロー、ヨハネス・クリシュ
TC エンタテインメントより DVD、Blu-ray 発売

ナチス残党の逮捕劇や裁判を描くことが近年のナチス映画の潮流のひとつとしてある。その先鞭をつけた『スペシャリスト～自覚なき殺戮者～』(99) で描かれたアイヒマン裁判が最も有名だろう。

戦後のドイツでは、ナチス残党の多くがスペインや南米に逃亡し、特に南米には4～5万人のナチス残党が逃亡した。地理的な遠さもあり、アイヒマンの逮捕は1961年であったし、あるいは凄惨な人体実験で悪名高いヨーゼフ・メンゲレのようにブラジルに潜伏し、逮捕されることなくその生涯を終えた人物もいる。

この映画は1958年の経済復興の波に乗った西ドイツを舞台に、ひとりの検事が「フランクフルト・アウシュビッツ裁判」を起こすまでを描く。冒頭から元親衛隊員が教師やパン屋として市民生活を営んでいるという、ショッキングな描写が出てくる。多くの人々が戦争の記憶を過去のものとしようとしていた。駆け出しの検察官ヨハンは、バウアー主席検事のもとで、ナチスがアウシュビッツでどんな罪を犯したのか、その詳細を生存者の証言をもとに明らかにしていく。バウアーはアイヒマンを逮捕した有名なユダヤ人検事であり、その逮捕劇も劇中で描かれることから、アイヒマン逮捕劇をその端緒から描いているとも言えるだろう。

この映画では、ナチス残党を特定の個人や、大物などに絞っていないことが、勧善懲悪的な逮捕劇となる愚から救っている。ヨハンの父親もナチス党員であり、ともにナチス残党摘発に協力してきたジャーナリストのグニルカもまた収容所の看守だった。それらが何故ナチス政権が誕生し、ホロコーストが起こってしまったのかを考えるうえでは外せない「全体主義」の優れた描写となっている。そして戦後十数年経っても、それらが消えることなく温存されている西ドイツの人々の整然とした静かな佇まいが、今我々が生きている社会との類似を感じさせ、ゾッとさせる。

［夏目］

39

ハンナ・アーレント

Hannah Arendt［2012、114分、ドイツ、ルクセンブルク、フランス］
監督：マルガレーテ・フォン・トロッタ
出演：バーバラ・ズコヴァ、ユリア・イェンチュ、ジャネット・マクティア、ウルリッヒ・ネーテン
ポニーキャニオンより DVD 発売

20世紀を代表する政治学者であり思想家だったアーレントの伝記映画を作るに際し、若き日のハイデガーとの関係、ナチスドイツからの逃亡と収容所での日々、アメリカ亡命など劇的な場面を描く可能性が様々にあったはずだが、本作ではアイヒマン裁判に集中することで映画のアクチュアルなメッセージ性を強調することに成功した。彼女が生涯をかけて取り組んできた「反ユダヤ主義」と「全体主義」の問題が、「アイヒマン」という明らかな敵を置くことで劇的に際立つからだ。現代社会において人間が人間らしさを失ってしまうことで生まれる新しい「悪」の形を、ナチ体制下のアイヒマンが具体化していること、そのキーワードとして「悪の陳腐さ」を提示した。だがそれは新しいタイプの悪であるゆえ、人には受け入れがたい。通常は自身の欲得からの悪行を容易に想像するからだ。またアーレントは人間の思考を奪うファシズムの「悪」に対し、「徹底して思考すること」を対置した。映画のラスト8分間の長演説は『チャップリンの独裁者』（40）の演説を想起させる。人間の尊厳が失われゆく社会において、改めて人間であることの意味を伝えようとするメッセージが多くの観客の心を動かしたに違いない。

本作のさらなる重要な点は、アーレントが故郷のない状態で生きることの意味だ。ドイツ生まれでドイツ哲学の薫陶を受けながら、ナチスドイツの台頭で亡命を余儀なくされ、その後ニューヨークのユダヤ人として人生を終えた。だが『イェルサレムのアイヒマン』はユダヤ人同胞に対する裏切りであると激烈に非難され、それにより長年の交友関係も失う結果となる。その一方で、アーレントの夫ブリュッヒャーや友人メアリ・マッカーシーとの強い絆も強調される。こうした人間味ゆえに、アーレントの「徹底した思考」の真髄が見えてくる。それは単なる思考ゲームではなく、感情や行動を伴った生の態度であるということだ。

［渋谷］

Hannah Arendt

38

サラの鍵

Elle s'appelait Sarah［2010、111分、フランス］
監督：ジル・パケ＝ブランネール
出演：クリスティン・スコット・トーマス、メリュジーヌ・マヤンス、フレデリック・ピエロ、シャーロット・ポートレル、エイダン・クイン
ギャガよりDVD発売

タチアナ・ド・ロネのベストセラー小説を映画化。第二次大戦中、パリと近郊に住む1万3000人余りのユダヤ人がヴェルディヴという屋内競技場に連行され押し込められた。4000人余りの子供も含む彼らはトイレも使えず、満足に食事も与えられないまま6日間競技場に留め置かれたのち、ほぼ全員がアウシュビッツに送られた。小説ではヴェルディヴ事件で家族を失い、自分だけ生き残ったユダヤ人サラの数奇な人生と、彼女の足跡を辿るジャーナリストのジュリアの話が映画さながらのカットバックの手法で交互に語られる。

サラの人生に大きな傷を残すある悲劇で2つの時空を交錯させ、後半はジュリアがその後のサラの人生の謎を追う構成は、息つかせず読者を70年前の時空に引きこませ見事。タチアナ自身、パリ生まれながらイギリスの血を引くが、ジュリアが「巴里のアメリカ人」として、名家の夫の親族に常に疎外感を持っていることも効果的。ユダヤ人をヴェルディヴに押し込んだのはフランス警察だった。だがその事実はタブー視され、1995年にシラク大統領が謝罪するまで、この事件を知る人は少なかったという。ジュリアのフランスに対する醒めた距離がなければこの大胆な旅は不可能だっただろう。

映画は原作にほぼ忠実だが、夫と愛人のくだりはカットされ、ジュリアのアメリカ人としての疎外感も薄められている。小説はジュリアの「中年の孤独」が度を越したサラへの傾倒ぶりに説得力を持たせ、旅を進める推進力となっていたのだが、映画でその代わりになっているのは、ジュリアを演じたクリスティン・スコット・トーマスの透明な美しさと、成人になったサラを演じたシャーロット・ポートレルの浮世離れした美しさだろう。女性の美と特性（＝生命を育むこと）がフランスの歴史の暗部を抉り出す旅の推進力となる清々しさと神聖さが、この映画を平凡なホロコースト映画からも、安易なヒューマニズム的結論に陥ることからも救っている。［夏目］

愛を読むひと

The Reader［2008、124分、アメリカ、ドイツ］
監督：スティーブン・ダルドリー
出演：ケイト・ウィンスレット、レイフ・ファインズ、ダーヴィット・クロス
20世紀フォックス・ホーム・エンターテイメント・ジャパンよりDVD、Blu-ray発売

ベルンハルト・シュリンクのベストセラー『朗読者』は、戦後ドイツにおいてナチス加担者といかに向き合うかという問題に一石を投じる小説である。というのは過去の糾弾ではなく宥和を目的とするからだ。1950年代、15歳だった少年が21歳年上の女性ハンナと出会い、情熱的な逢瀬を重ねるなかで彼女に名作文学の朗読を聞かせる。だがハンナは突然失踪し、ふたりの関係は終わる。やがて60年代半ば、法学部生となった主人公はナチ戦犯の裁判を見学し、その被告のなかにハンナを見出す。彼女はかつて親衛隊に所属し、ユダヤ人殺害の罪に問われていた。複雑な思いに悩む主人公だが、やがて彼女の人生を受け入れることが親世代の過去を受け入れることだと考える。しかも彼女は非識字者であることを隠しており、そのせいで罪の責任を押し付けられてしまう。収容所の同僚たちも彼女のハンディキャップに気づかぬはずはなく、その秘密ゆえに当時も戦後も利用されつづける弱者の姿が浮き彫りになる。そんな彼女に主人公は優しく寄り添う。服役中の彼女に朗読テープを送り、釈放が決まると連れ立って散歩しながら出所後の相談をする。しかしハンナは出所の前日に自殺してしまうが、その理由は不明のままだ。

一方映画化ではナチ時代の罪に対する寛容さはない。服役したハンナと主人公は決して手を取り合って和解することもなく、裁判に証人として出廷したアメリカ在住のユダヤ人娘はハンナが遺した寄付金の申し出を拒絶する。こうしたドイツ人への批判的距離化は配役においても決定的だ。ハンナを演じる英国人女優ウィンスレットは脆さと決然とした意志を併せ持った孤高の悲劇性をたたえ、他のドイツ人被告女性たちの狡猾な態度とは対照をなす。またドイツ人裁判官に収容所での行為の責任を問われて「貴方ならどうしたか」と問い返す彼女の姿は、法廷で裁かれるのはむしろハンナを取り巻く他のドイツ人全員ではないかとさえ思わせる。

［渋谷］

The Reader

36

THE WAVE ウェイヴ

Die welle［2008、107分、ドイツ］
監督：デニス・ガンゼル
出演：ユルゲン・フォーゲル、フレデリック・ラウ、マックス・リーメルト、ジェニファー・ウルリッヒ
アットエンタテインメントよりDVD発売

1969年、カルフォルニアの高校の授業でおこなわれた心理実験をドイツに置き換えたこの映画は、スタンフォード監獄実験の映画化である『es［エス］』（01）の4倍ヒットした。その心理実験の中心となる「ザ・ウェイヴ」のマーク、敬礼、発言時必ず起立し「～様」と名前を呼ぶなどの様式はナチスを連想させる。生徒がその集団行動によって暴走していき、教師さえもコントロール不能になるというのが粗筋なのだが、原作では、ナチスにより強制収容所でおこなわれた残虐行為を撮った映像を生徒たちが観たことが、教師がその心理実験を思いつくきっかけとなる。映画では、歴史ではなく体育の教師が独裁の実習でおこなう設定に変えられている。

教師の人物像が、生徒に親しまれやすくリーダーシップもあるが、コンプレックスを持つものに変わったことにより、徐々にファシズム的な権力を持ち「独裁者」となる過程に説得力と恐ろしさをもたらしている。何よりも秀逸なのは、メンバー全員が白シャツを着てきたその日から、何か目に見えないものが動き出すようなところが捉えられているところである。白シャツの清廉なイメージ、また動きがあって魅力的なウェイヴのロゴや敬礼が生徒の全体主義を加速させていくところは、ナチスがデザインやファッション、敬礼などの様式美によっていかに民衆の心を摑んでいったかを再考するいい材料になるだろう。

「ナチスの心理実験」と呼ぶにふさわしい行儀のよさを持っていた原作に較べ、40年後に作られた映画は、労働者階級を象徴するような教師までもが暴走し、今の格差社会の世相を写し取った危うさを孕んだ秀作となっている。全体主義がファシズム的な集団の怖さというだけでなく、その“個”の埋没が、持たざるものにとって居心地のよい空間になるという描写も、今のSNS空間の荒れぶりを予言し、かつそれが行き着く先を予想させるようで、背筋を寒くさせる。［夏目］

Die welle

縞模様のパジャマの少年

The Boy in the Striped Pyjamas［2008、95分、アメリカ、イギリス］
監督：マーク・ハーマン
出演：エイサ・バターフィールド、ジャック・スキャンロン、デヴィッド・シューリス
ワーナー・ホーム・ビデオよりDVD、Blu-ray発売

アイルランド出身のジョン・ボインのベストセラーを映画化。ナチス長官の9歳の息子が家族で収容所の隣の邸宅に引っ越す。収容所に関する知識がない少年は、収容所のフェンス越しにユダヤ人の少年と仲良くなるが……。

ナチスやホロコーストをテーマにした映画は現在でも数多く製作される。虐殺は他にも存在するのに、何故それらばかり作られるのか、イスラエルによる資金提供を指摘する声がまずある。だがホロコーストの特異性は、虐殺と収容所が結びつき、それがジェノサイド（ある種族の抹消）に至ったところにある。収容所は元々は、政治犯などの囚人や戦争中に敵国の捕虜を財産の没収や捕獲のために留め置く場所でしかなかった。

ホロコーストは現代では広く知られた事実になっており、物心ついた頃にその史実に驚かなかったものはいないだろう。小説では子供の無垢な視点を上手く使って、強制収容所の異様さを我々のなかに改めて浮かび上がらせることに成功している。収容所を農場、ユダヤ人たちの囚人服を「縞模様のパジャマ」だと思い込む少年。原作にはないプロパガンダ映画――囚人たちが工場での労働のあと、栄養満点の食事をしたり、スポーツなどの余暇を楽しむ――の上映会を少年が覗き見し、信じ込むのが悲劇のもととなる。

不穏な予感が現実のものとなっていき、少年の無垢さが言葉を失うほどの悲劇を生むラストが見事。ナチス政権下の市民の冷淡さにも悲劇を生んだ原因があることもはっきり描いている。上の命令に従うだけの父親、ナチスの教えに心酔する姉、収容所の事実を知ってベルリンに逃げ帰ろうとする母親。

少年とユダヤ人の少年が友情を育んだのは収容所のフェンス越しだった。強制収容所は特異なものではあるが、壁やフェンスは現代でも至るところにある。少年がそのフェンスを越えたことが結果的には悲劇を生んだが、その瞬間の縞模様のパジャマを着た少年の上気した頬が忘れられない。　［夏目］

34

ベルリン・フィルと第三帝国 ドイツ帝国オーケストラ

The Reichsorchester［2007、90分、フランス］
監督：エンリケ・サンチェス・ランチ
出演：ハンス・バスティアン、エーリヒ・ハルトマン、マリーレ・ヘーファー＝スツェペス
Naxos より DVD、Blu-ray 発売

ナチ時代のベルリン・フィルについて、これまでは指揮者フルトヴェングラーの政治的責任ばかりが注目されてきたが、オーケストラ自体がどのような活動をしていたのか、なぜナチスを代表するオーケストラとなったのかという根本的な疑問に向き合った作品である。このドイツ史の暗部に対峙する映画がベルリン・フィル創立125周年を機に製作されたことに驚かされる。

監督はこの映画を「糾弾するのではなく、未来のために過去から学ぼうとする人」のための作品だと述べる。オーケストラにはユダヤ人もナチ党員も所属し、その彼らがひとつになって名演を生み出したのは事実である。果たして芸術にとって政治的立場は無関係でありうるのか。当時活動していたある団員は、「我々はナチのオーケストラではない」と断言するが、本編に挿入された記録映像では、ナチスの鉤十字やヒトラーの肖像画が飾られたホールで宣伝相ゲッベルスが演説し、ベルリン・フィルの芸術的成果を称える。とはいえ、この映像はベルリン・フィルへの有罪宣告ではなく、むしろ独裁と戦争のなかで人々に日々の喜びを提供するという使命の記録である。この暗い時代と対照をなすように、戦後最初のコンサートの映像では客席に仰々しい軍服の男たちの姿はなく、ラフな服装で詰めかけた一般観客の姿が見える。団員の姿も独裁時代の一糸乱れず統制された身振りではなく、リラックスしたムードに包まれている。

創設期からナチ時代に至る楽団運営の実情は、ミーシャ・アスター『第三帝国のオーケストラ——ベルリン・フィルとナチスの影』（早川書房、2009）に詳しい。潤沢な助成金を受けた公的団体と違い、民間運営だったからこそナチスの援助に頼らざるを得ず、一般聴衆に好まれるベートーヴェンなどの名曲を得意としたことでナチスのプロパガンダに利用された。芸術・政治・経済の関係について現代に通じる多くの示唆が得られる作品だ。［渋谷］

The Reichsorchester

フェイトレス〜運命ではなく〜

Sorstalanság［2005、140分、ハンガリー、ドイツ、イギリス］
監督：ラホス・コルタイ
脚本・原作：ケルテース・イムレ
出演：マルセル・ナギ、ダニエル・クレイグ
IVC より DVD、Blu-ray 発売

ホロコーストからの生還者を扱った文学や映画は数多いが、『運命ではなく』のユニークさはユダヤ人の迫害を民族の受難の物語へと単純化することに抵抗している点だ。原作者ケルテースの実体験を基にした本作は、ハンガリーに住む14歳のユダヤ人少年が理由もわからず拘束、移送され、アウシュヴィッツやブーヘンヴァルト強制収容所へ送られた体験を主人公の目線で描いてゆく。旧来のホロコースト描写に見られるような絶望や驚愕の身振りを示すことなく、語り手の少年はただ日々起こることを淡々と自分に引き受ける。そこには『ショア』（85）のトラウマを抉るような語りもなければ、『シンドラーのリスト』（93）のような劇的展開もない。主人公にとってブダペストの街も強制収容所も同様に疎遠な場所だ。この居場所の不確かさこそ、ホロコーストを道具化するアイデンティティの語りへの強烈なアンチテーゼとしてこの物語を際立たせる。強制収容所を生き延びた彼にとって、故郷に帰ることは使命でも大義でもない。そして実際にブダペストに戻って出会った人々は強制収容所の事実を知ろうとせず、ただ自分に都合のいい解釈で話を逸らしてしまう。小説の最終段落に登場する言葉、「僕は強制収容所での幸福について語らねば」は映画中でも引用されるが、もちろん主人公の収容所での体験を前にすると、この言葉が最大限の皮肉として受け取られるべきことは明白だ。

もともとカメラマンだったコルタイが監督した本作は、雪の舞う貨物列車内や夕闇の収容所の広場など、絵画的な美しさを湛えた撮影が印象的である。そのためドイツではハリウッド的な通俗映画だと見なされて酷評を受けた。だがケルテース自身が脚本を担当した本作は、映像表現においても旧来の収容所映画とは異なる描写を試みた作品として評価したい。紋切り型に満足せず自分の道を進んでゆく主人公の姿がこの映画の孤高の姿勢と重なり合う。

［渋谷］

32

普通の人々を感染させた狂気の総帥の正体

ヒトラー〜最期の12日間〜

Der Untergang［2004、156分、ドイツ、イタリア、オーストリア］
監督：オリヴァー・ヒルシュビーゲル
出演：ブルーノ・ガンツ、アレクサンドラ・マリア・ララ、ユリアーネ・ケーラー
TC エンタテインメントより Blu-ray、ギャガより DVD 発売

原作本『ヒトラー最期の12日間』の著者である歴史家ヨアヒム・フェストは1973年にヒトラーの伝記を出版、77年に共同監督でドキュメンタリー映画『ヒトラー』を公開し、当時西ドイツにヒトラーブームをもたらした人物である。その際ヒトラー個人をカリスマ的に描写したことで物議を醸したが、2004年に発表された本作の原作・映画どちらもヒトラーの描き方はその延長線上にある。敗戦間近のベルリンの地下壕という極限状況のなかで、総統ヒトラーは自分とともにドイツ民族が滅亡する運命を語る。時折カメラは地下壕から出て民間人を巻き込んだベルリンの地上戦の様子を伝えるが、前線の戦いや強制収容所で起こった出来事が描かれることはない。

本作の特徴はヒトラーを多面的なキャラクターとして人間らしく描いたことにある。ある場面では秘書たちから見た優しく部下を気遣う紳士であり、別の場面では戦況の不利を聞いて烈火のごとく怒りを爆発させる。独りになると憂いに満ちた表情で「千年帝国」の未来を夢想する。ブルーノ・ガンツの名演もあって観客はヒトラーに感情移入しつつ第三帝国滅亡のビジョンを追体験することになる。その反面周囲の人物の描き方はあまりに平板だ。理知的でヒューマニズム溢れる人物、自暴自棄になる人物描写の一方で、総統への忠誠を誓う者、とりわけゲッベルス夫妻は強迫観念に囚われたヒトラー崇拝者となる。つまりナチスの狂気は総統を中心に形作られ、普通のドイツ人はそれに感染したという解釈だ。

だが支配者の妄執に焦点を当てるだけではナチスの構造は描けない。映画はヒトラーの秘書トラウデル・ユンゲの自伝も原作とし、彼女は語り部役として登場するだけでなく冒頭と結末には80歳を越えた本人のインタビュー映像が挿入される。当時を語るユンゲは若くて何も知らなかったと述べるが、反ナチ運動で処刑されたゾフィー・ショルと同い年だというエピソードがこの物語を相対化する。［渋谷］

Der Untergang

戦場のピアニスト

The Pianist［2002、150分、フランス、ドイツ、ポーランド、イギリス］
監督：ロマン・ポランスキー
出演：エイドリアン・ブロディ、トーマス・クレッチマン、フランク・フィンレイ
アミューズソフトよりDVD、Blu-ray発売

ロマン・ポランスキーにとって、ユダヤ人という出自は大きな意味をもっている。1930年代のパリに生まれ、3歳のときに両親とともにポーランドへ移った彼は、ナチスドイツの台頭とともにクラクフのユダヤ人ゲットーで幼少期を過ごすことになる。やがて両親と姉がナチスドイツに捕らえられ、アウシュヴィッツ送りとなるなか、彼だけはかろうじてユダヤ人狩りを逃れフランスの各地を転々とする少年時代を過ごしたのだった。

死と結びついたナチスドイツから隠れ逃れ生き延びた体験が、ポランスキーの作品に、常になにか得体の知れない邪悪なものに脅かされ続ける主人公を召喚させ、さまざまに変奏されているように見える。

だが、その一方でナチスドイツを直接的に扱ったのはこの『戦場のピアニスト』のみ。さまざまなジャンルとテイストの作品を生みだし、そこに多面的な恐怖をまき散らしながら、その恐怖を生み出すものとしての悪（魔的な存在）を作品の根源的テーマにしてきたポランスキーではあったが、それがナチスドイツと正面から切り結ばれていったのは、現在のところ本作のみといえる。

主人公である、ポーランド・ワルシャワで活動していたユダヤ系ピアニストのシュピルマン像は、ポランスキー本人と重なることはない。むしろ、収容所で強制労働を課せられた父親像に重ね合わせてみたほうがよりぴったりくる。『シンドラーのリスト』（93）の監督を打診された折、過去のトラウマから断念したとも言われるが、父親の世代に近く、戦時下に父親と同じ経験をした人物の人生をたどり直すことによって、悪魔払いをしようとしたのだ。

それゆえにというべきか、ここにポランスキー作品を染める辛辣なブラックユーモアやグロテスクな装いは見られない。ヒューマニズムと善性を強調してゆくような展開に、もうひとりのポランスキーを発見することができるのではないだろうか——。　［杉原］

30

モレク神

Молох［1999、108分、ロシア、ドイツ、日本、イタリア、フランス］
監督：アレクサンドル・ソクーロフ
出演：：エレーナ・ルファーノワ、レオニード・モズゴヴォイ、レオニード・ソコル
紀伊國屋書店よりDVD発売

現在は「権力」4部作と呼ばれるようになった作品集――『モレク神』『牡牛座 レーニンの肖像』(01)、『太陽』(05)、そして『ファウスト』(11)――の端緒となった作品。ソクーロフはそもそもの企画の始まりについて以下のように語っている――「ヒトラー映画の構想は、まだ大学で勉強していた頃に生まれました。〔……〕ヒトラーもまた人間の歴史の一部なのです。そしてあなたやわたしも、その歴史がなければ今ここにはいない。だからこそ私たちは、不幸な歴史であればこそ、その真実を見つめ直さなければならないのです」(『アドルフの食卓――ヒトラー・ソクーロフ・モレク神』ラピュタ阿佐ヶ谷、2001）と。

本作でソクーロフは、伝説のなかにある人物ではなく、神格化、より正確に言えば〈悪魔化〉される以前のアドルフ・ヒトラーへとその関心を向ける。つまり、生成されつつある歴史のただなかへ、人物と観客を送り返すことに腐心する。悪魔的な権力＝権能をもつにいたった、もはや神話的領域に属する人物を、私たち観客が感応可能な存在へと還元することを目指したのだ。

ソクーロフはこうもつけ加えている――「巨大な権力を与えられた人間は、不可避的に芝居を始めます。自分の精神物理的可能性に従って、自分の役柄を考え、それを身につけるのです」(同前)。そこで重要視されたのは再演＝表象という問題だ。権力者たちが本来の自己からどう演じる存在＝権力者となっていったのかを検証すること。

その結果、本作はヒトラーと愛人エファとの〈日常〉を描くことを第一義とした。1942年、ベルヒテスガーデンの山荘におけるヒトラーほか取り巻きたちの日々が再現され、そこで人間＝ヒトラーが語り、演じ始める。ひとりの人間が権力を得て、次第に魔物的要素を肥大化させてゆく。一見すると凡庸に過ぎてゆく時間と物語にあって、だが、その空間の歪みと色彩の異様さが、物語の背後に隠された権力の歪な在りようを仄めかしている。　［杉原］

Молох

スペシャリスト
～自覚なき殺戮者～

Un spécialiste, portrait d'un criminel moderne
［1999、123分、イスラエル、フランス、ドイツ、オーストリア、ベルギー］
監督：エイアル・シヴァン
ポニーキャニオンよりDVD、Blu-ray発売

1961年イェルサレムでおこなわれたアドルフ・アイヒマンに対する裁判は、イスラエル国家がナチスのおこなったユダヤ人迫害の実態を世界に知らしめるための一大イベントとなった。全114回の公判は全てビデオで撮影され、現在では「スティーヴン・スピルバーグ ユダヤ人映画アーカイヴ」に保管されているが、この膨大な裁判記録を現代の観客に向けて再構成したのが本作である。ナレーションや字幕による解説を一切排して当事者の論告だけで裁判の行方を示しているが、不穏な緊張感を煽る伴奏音楽の使用や現実の裁判進行とは異なる映像と音声の編集などにより、作り手側のメッセージ性がはっきりと示されている。本作の製作企図は、まずハンナ・アーレントの『イェルサレムのアイヒマン』で提示された「悪の陳腐さ」の議論を下敷きにアイヒマンの犯罪を普遍化すること、そして監督シヴァンの反体制的な姿勢を反映してイスラエル国家の自己正当化を批判することである。

本作でのアイヒマンの発言は上官の命令に従って行動しただけだという官僚的答弁が強調され、一方で検察側はアイヒマン個人と直接関連しない暴虐行為の数々を証人に語らせることでホロコースト全体を俎上に載せようとする。またユダヤ人移送においてナチスに加担したユダヤ人評議会に対する非難が傍聴席から上がる場面も強調され、ホロコーストの問題をアイヒマンだけに帰責しない態度がうかがえる。

とはいえ本作最大の見どころは被告アイヒマンの姿を間近に観察できることだ。映画の結末は判決場面でも処刑でもなく、「命令に服従しただけだ」という彼の言葉が何度も繰り返される。だがアイヒマンは単なる命令遂行のロボットに過ぎなかったのか。実際の彼は確信的な反ユダヤ主義者として任務遂行中に残虐行為に手を染めていたことが明らかになっている。そうした悪魔的な側面を念頭に、この「陳腐な悪」という現象をさらに掘り下げて考察することが必要だろう。 ［渋谷］

極限状況でも楽天主義を貫く斬新な描写手法

28

ライフ・イズ・ビューティフル

La vita è bella［1997、117分、イタリア］
監督・出演：ロベルト・ベニーニ
出演：ニコレッタ・ブラスキ、ジョルジョ・カンタリーニ、ジュスティーノ・ドゥラーノ、セルジュ・ビーニ・ブストリッチ、リディア・アルフォンシ
ワーナー・ホーム・ビデオよりDVD、Blu-ray発売

ホロコーストを題材に心暖まるコメディを作ることは可能なのか。だが『ライフ・イズ・ビューティフル』をコメディと見なせば映画の核心を捉えそこなうとして本作を評したのは、ハンガリー系ユダヤ人のノーベル賞作家ケルテース・イムレである。彼はホロコーストの生き残りだったが、一方で戦後世代のベニーニにとってはユダヤ人迫害の只中にあっても希望を失わないことで、より普遍的な愛を描こうとする意図があっただろう。いずれにせよこの映画の斬新な描写スタイルには、ホロコーストという深刻な題材に人々が馴化されてしまうことへの警戒とともに、ホロコーストを直ちに運命論や敗北主義に結びつけまいとする作り手の意図を垣間見せる。

映画前半はイタリアの地方都市にやってきたユダヤ人グイドの恋愛と家族形成の物語がご都合主義的に展開するが、その語り口のままで後半の強制収容所の場面まで演出される。当然ながら飢餓、暴力、死をリアルに描くことは回避されるが、現実の強制収容所はこんなものではないと批判しようものなら、それは『シンドラーのリスト』(93) を始めとした全てのフィクション映画の意義を否定することになってしまう。

そこで注目したいのが、ケルテースの指摘する「コメディ」に収まりきらぬ要素である。主人公を見舞う数々の幸運な偶然の背後に厳しい現実を透かし見せることで、あまりに堪えがたい現実を多くの観客に許容できるように伝え得るのではないか？　超満員の貨物列車による移送、休息が許されぬ強制労働、日々の行動に潜む選別と死、それらが何気ない家族の日常会話のなかに入り込むことで、却って彼らを取り巻く状況の残酷さを際立たせる。幼いジョズエが「子供はシャワー室へ」という指示を拒んで逃げてきたのを父グイドが必死で説得しようとする場面では笑いが思わず喉元で凍り付く。こうしたブラックユーモアこそが本作の真髄である。［渋谷］

ベント／堕ちた饗宴

Bent［1997、116分、イギリス］
監督：ショーン・マサイアス
原作・脚本：マーティン・シャーマン
出演：クライブ・オーウェン、ロテール・ブリュトー、ミック・ジャガー、イアン・マッケラン
ポニーキャニオンよりVHS発売

ナチ時代に強制収容所に送られた同性愛者、いわゆるピンクトライアングルの男たちを取り上げた舞台劇の映画化である。物語はナチ政権が樹立して間もない1934年初夏の夜に始まる。バーではミック・ジャガー扮する女装歌手が歌い、臆することなく自由な性愛を楽しんでいる。そのなかにはナチスの褐色の制服も見られるが、突撃隊（SA）のリーダーであるエルンスト・レームは同性愛者として知られた存在だった。だがこの映画幕開けの夜は、レームを始め突撃隊の主要メンバーが親衛隊（SS）により粛清された「長いナイフの夜」だった。巨大組織となった突撃隊の力を奪うことが目的だったが、この粛清を機に同性愛者の取り締まりが一気に強まってゆく。

ベルリンのゲイシーンで気楽に生きてきたマックスは恋人とともに親衛隊に捕まり、ダッハウの強制収容所に送られる。移送列車のなかで恋人は拷問にかけられ息絶えるが、彼との関係を気付かれぬようマックスは他人のふりを通す。しかも自身が同性愛者でないと証明するために、親衛隊将校たちの前で死んだ少女との性交すら強いられる。結局マックスは収容所でユダヤ人の印である黄色い星を手に入れる。そのとき出会ったホルストはピンクの三角印をつけていた。彼らの間で次第に感情の交流が深まるが、ふたりは見つめ合うことも手を触れ合うこともできない。ドラマのクライマックスは、作業中に直立不動で並んだふたりが言葉だけで性交するが、誰に監視されているかも分からぬ状態で、暗い舞台上にふたりだけがぽつんの浮き上がる印象的な場面である。

映画では彼らの作業空間である採石場や倉庫内という具体的な場所が、現実感の希薄な人工的空間となる。そこにフィリップ・グラスの音楽のミニマルな音型が繰り返され、収容所生活の終わることなき理不尽さと共鳴する。同性愛者という設定を超えて極限的状況での愛という普遍的価値を描いたメロドラマである。　［渋谷］

26

レニ

Die Macht der Bilder: Leni Riefenstahl［1993、188分、フランス、イギリス、ドイツ、ベルギー］
監督：レイ・ミュラー
出演：レニ・リーフェンシュタール、ホルスト・ケットナー
キングレコードよりDVD、Blu-ray発売

20世紀ドイツを生き抜いたレニ・リーフェンシュタールにインタビューし、その波乱に満ちた生涯と作品を概観する長編ドキュメンタリー映画である。当時90歳の彼女は入念なメイクで堂々たる態度を示すが、ナチス協力の話題になるとヒステリックに声を荒げて否認し、時折挿入されるメイキング映像では自分の撮り方に口うるさく注文をつけるなど、彼女の演技者兼演出家としての舞台裏を垣間見せることに成功している。豊富な記録写真と映像により、若き日のダンサーとしての活動、山岳映画での果敢な撮影、初監督作『青の光』（32）からナチ体制下で『意志の勝利』（34）や『オリンピア』（38）2部作などの抜粋まで、彼女の前半生は輝かしくも呪われた時代と軌を一にし、キャリアの頂点に昇りつめてゆく。それだけに戦後の苦境から70年代のヌバ族写真集によるカムバックと製作中の水中撮影の映像作品は、まさに彼女が不死鳥の如く蘇る芸術家であるかのような印象を与える。

インタビュアーとして登場するレイ・ミュラー監督は、リーフェンシュタール本人にひたすら語らせつつ、その発言の矛盾を冷徹に記録する。『意志の勝利』の政治性を即座に否定しながらも、この映画のメッセージが雇用創出と平和であると明言し、彼女がナチスのプロパガンダを鵜呑みにしたことを露呈させる。またスーザン・ソンタグによる「ファシスト美学」の指摘も、リーフェンシュタール作品の様々なモンタージュにより検証される。本人の存命中の製作ゆえに批判的対峙はこれが限界だったかもしれないが、ナチ時代に関わる彼女の行動について客観的資料に基づく伝記も出版されるようになった現在では、この映画での彼女の言動や作品に対する批評的な見方がより可能になるだろう。

その意味で本作はリーフェンシュタールの人となりを知るための格好の入門編だが、同時に政治と芸術の関係性についていかに自覚的であるべきかを試される作品でもある。［渋谷］

断によるものだ。その彼のなかに次第に善意が芽生えてくる様が暗示される。シンドラーの二枚舌は資本主義の効率性とキリスト教的隣人愛で、アメリカ的には常識的態度といえるかもしれないが、問題はナチスドイツの人種絶滅政策がこうした合理性と人倫性の範疇外で遂行された実情にある。映画のなかでシンドラーが出会うナチス親衛隊の将校たちは欲得や良心の呵責に揺れる人間味ある存在であり、だからこそシンドラーのユダヤ人救済の駆け引きが功を奏する。だがそれはアーレントが「悪の陳腐さ」と呼んだ全体主義体制の非人間的な悪のあり方を完全に捉えそこなっている。

人間性という点ではユダヤ人たちも類型的な人物描写が少なくない。彼らも信仰心やしたたかさを持つナイーヴな存在であり、一方で唯々諾々と殺戮を受け入れる受け身の存在としては描かれない。そして虐殺をめぐるスピルバーグの演出はまさにスリリングだ。ぎりぎりの幸運で命をつなぐか、結局非情に命を奪われるかの賭けとなり、いわば『ディア・ハンター』(78)のロシアンルーレットの法則に支配されている。

だからこそ映画は命を救われた個人を強調するためタイトルにある「リスト」を強調する。アメリカ映画のドラマトゥルギーを用いて個人の努力が報われるヒューマニズムの成果としてホロコーストを語りなおそうとする大胆な試みが『シンドラーのリスト』なのであり、その埋め合わせに救われなかった者たちにできる限りの注視を向けようとする。ほんの一瞬映される名もなき人々の姿だけでなく、モノクロ画面に唯一赤い服で登場する少女の姿は犠牲となった者たちのかけがえのなさを象徴する。

本作のタイトルのもうひとつの含蓄は、ホロコースト自体をカタログ的に記録するという意図である。点呼の場面でのユダヤ人たちの顔のアップと名前が読み上げられる場面は記録写真のようであり、強制収容所内の髪の毛の山、カバンの山、引き抜かれた金歯の山などのイメージが再現される。ホロコーストについて私達がすでに知っている資料や映像の数々が画面に登場し、ドラマの中に有機的に統合される。つまり『シンドラーのリスト』はすべてのホロコースト映画を包括する作品であろうとする。実際にこの1本の映画が、他のすべてのホロコースト関連作を合わせたよりも多くの観客に届いたことが本作最大の意義といえるかもしれない。

［渋谷］

25

シンドラーのリスト

Schindler's List［1993、195分、アメリカ］
監督：スティーヴン・スピルバーグ
出演：リーアム・ニーソン、ベン・キングズレー、レイフ・ファインズ、キャロライン・グッドール、ジョナサン・セガール、エベンス・デイヴィッツ
ユニバーサル・ピクチャーズ・ジャパンよりDVD発売

ドイツ人企業家オスカー・シンドラーがユダヤ人をナチスの大量虐殺から救った物語は、生存者の証言を基にトーマス・キニーリー『シンドラーの箱舟（邦題：シンドラーのリスト）』として1982年に小説化され、約10年後に映画化される。その監督がハリウッド映像スペクタクルの第一人者スピルバーグだったことは、ホロコーストの通俗ドラマ化の是非に対し、ショウビジネス側からの決定的な解答となり得ることが予想された。ホロコーストを題材に、観客をスリルと感動でドラマに巻き込むことは可能なのか。だが描写の真正性を損なうことは生存者に対する敬意からも許されない。しかも、ホロコーストを人々の記憶に刻みつける作品にならねばならない。

本作は先立つ様々なホロコースト関連の代表的映画を観客がすでに知っているという前提で、映像においても総括をおこなおうという野心を随所に感じさせる。その結果、旧来のハリウッド的ドラマのスタイルからは逸脱する描写が随所に現れることも見逃せない。『シンドラーのリスト』というタイトルは良くも悪くもホロコースト映像のカタログ化を示唆している。しかもそこにスピルバーグ流のＳＦ的次元すら盛り込まれている。アウシュヴィッツ収容所の鉄道ホームは数多くの投光器で明るかったという証言から、サーチライトを用いて『宇宙戦争』（05）のようなスリリングな効果が生み出され、まさにワーグナー的な意味での総合芸術が試みられるかのようだ。その一方でそこにいた人々を記録するというルポルタージュの特性も忘れておらず、とりわけユダヤ教の儀式を丁寧に捉える点も見逃せない。

本作における最大のタブーへの抵触は、主人公シンドラーをドイツ人のナチ党員でありユダヤ人を利用して金儲けを企むエゴイストと設定したことである。彼がポーランドにおけるユダヤ人絶滅政策のなかで救世主的な立場になった理由も、ユダヤ人熟練工を連続雇用するほうが安価だという合理的判

Schindler's List

督におけるイスラエル擁護として批判される部分と関わるものだろう。

もう1本の映画は、ユダヤ人集団移送に際してナチス親衛隊に協力したため、ユダヤ人生還者から激しく非難されたユダヤ評議会の長老を主人公とした『不正義の果て』(13)である。最後の生き残りベンヤミン・ムルメルシュタインへのインタビューは70年代におこなわれ、彼の饒舌な語りによってウィーンのユダヤ人地区からテレージエンシュタット強制収容所へとアドルフ・アイヒマンとともに移動した過去が回想される。テーマは2つあり、アイヒマンが凡庸な官僚ではなく反ユダヤ主義の狡猾な悪魔だったと明かすこと、もうひとつはユダヤ人長老として時に仲間を見殺しにせざるを得なかった行為についての弁明である。この2点はハンナ・アーレントによる『イェルサレムのアイヒマン』の論点に対する挑戦でもある。アイヒマン裁判において物議を醸したこれらの問題について、ランズマンはむしろイスラエル側の視点からアイヒマン糾弾の意義を補強しようと試みている。本作にはムルメルシュタインの没後、自身も老齢に達したランズマン監督が単独で映画の関連地を巡りつつ、時代の変化を回顧的な気分で語るパートが挿入され、どこか鎮魂的な作風となっている。

現在『ショア』を観直してみると、本作がスピルバーグの『シンドラーのリスト』(93)とは手法こそ違え、ユダヤ人虐殺について歴史の位相を超えて巨大な記念碑を残そうという野心的企図において共通点があることは見過ごせない。ランズマンの劇的手法は、生存者をもう一度かつての収容所時代の状況に置いて想起を強要するというものだが、それは人々を日常から引き離して極限的状況を再体験させるというフィクショナルな効果を持つ。取り乱して語れなくなる人々の姿、それは『ショア』の映像の強烈な喚起力を保証する。

さらに両義的ながらも最後に付加しておきたいのは、ランズマン監督は映画のエモーションの力を誰よりも信じた監督だったのではないかということだ。通訳の不備を非難する際も当事者の声で聴かせたいという強い願望が示される。そして現在のポーランドの人々に反ユダヤ的な心性が残っていることを生還者の前で発露させる設定は、証言者の身の安全が脅かされかねないという恐怖すら与える。その意味でもランズマンの映画はハリウッドの全てのホロコースト映画より残酷なリアリティドラマだといえるかもしれない。

［渋谷］

24

映画の表象不可能性を問う試金石

ショア

Shoah［1985、567分、フランス］
監督：クロード・ランズマン
出演者：フランク・ズホーメル（元ナチス親衛隊）、ラウル・ヒルバーグ（歴史家）、シモン・スレブニク（収容所からの生還者）
ポニー・キャニオンよりDVD発売

数あるホロコースト映画のなかで『ショア』は試金石となる一作である。ナチ時代の欧州ユダヤ人への組織的な大量虐殺を映画化する方法として、フィクショナルな再現ドラマもアーカイヴ映像も使わず当事者の語りだけに集中させる。11年の製作期間に20名を超える被害者、加害者、傍観者、研究者に聞き取りをおこなっている。声と表情の表現力、記憶の真正性への信頼によって想像を絶する出来事を想像させるというジレンマに解答を与えている。当人のトラウマを抉るようなつらい聞き取り行為になったとしても、それを乗り越えて語り伝えることが記録映画としての『ショア』の使命といわんばかりだ。ときには隠し撮りを敢行し、当時を思い起こさせるためにわざと現場の設定を再現するシーンもあり、劇的効果を狙った演出も随所に見られる。例えば鉄道の長い移動シーンはかつてのユダヤ人移送を想像させる再現シーンとして機能する。『ショア』は単なる取材映像の集積ではなく、観客の想像力を刺激するドラマ的作品であることは疑いない。

様々に議論の重ねられてきた『ショア』の現代における位置づけを考えるためには、本作の本編には含まれなかった2つのインタビューを、後年それぞれ単独で発表した2作と併せて考えると分かりやすい。ひとつは2001年公開の『ソビブル、1943年10月14日午後4時』で、『ショア』で言及されなかったソビブル絶滅収容所の生き残りのひとりイェフダ・レルネルが、ワルシャワのゲットーから移送され様々な収容所を転々とし、最終的にソビブルでの蜂起に参加して脱出に成功するまでの体験を語る。ホロコーストをめぐる偏見、すなわちユダヤ人は抵抗せずおとなしく殺されたという言説に対する反証として、『ショア』本編の最後がワルシャワ・ゲットーの蜂起を生き延びた闘志たちの語りであることにも通底する。人種絶滅を生き延びた者が真実を語り続けることは闘争の継続なのである。それはランズマン監

Shoah

ナチスに翻弄された女性の過酷な人生の選択

ソフィーの選択

Sophie's Choice［1982、150分、アメリカ］
監督：アラン・J・パクラ
出演：メリル・ストリープ、ケヴィン・クライン、ピーター・マクニコル、リタ・カリン
ジェネオン・インターナショナル・エンターテインメントより DVD、Blu-ray 発売

時代は1947年、アメリカ南部出身の作家志望の青年がブルックリンで出会った破天荒な男女の重大な秘密が明らかになってゆく。ただし物語はサスペンス調ではなく、語り手の一人称視点で友人たちとの活気に満ちた関係を捉え、やがて彼らの人生に覆いかぶさった重い過去が紐解かれてゆくにつれ、深刻な歴史悲劇の様相を呈してゆく。

登場人物の設定は極めて象徴的だ。ソフィーはナチ信奉者だった教授を父に持つポーランド人で、やがてアウシュヴィッツに送られるが解放されてアメリカに移住する。ナチ加担者／犠牲者という二重の刻印を受けた彼女は亡命地にも居場所はない。彼女の唯一の拠り所である恋人ネイサンはユダヤ系アメリカ人であり、ホロコースト体験者ではないが密かにナチスの犯罪を調査している。そんな彼らと出会ったスティンゴはアメリカ南部の農家出身でネイサンに黒人差別の伝統を揶揄されるが、本人は繊細な青年である。それぞれ歴史の重責を負った3人が互いに寄り添い、生の喜びを束の間謳歌する。だが冒頭でネイサンがソフィーに「俺たちは死ぬんだ」と語るように、彼らの破滅はすでに決定づけられているかのようだ。ソフィーはアーリア系ゆえに強制収容所でも比較的優遇されたが、そのせいで子供たちを死に追いやった過去に苛まれる。ネイサンは実は妄想型統合失調症であることが明らかになり、激しい感情と嗜虐性をもってユダヤ人の死の運命に過剰に同化する。スティンゴはこの混沌からソフィーを救い出すことに唯一の望みを賭けるが、ソフィーはどちらを選ぶのか。映画タイトルの「選択」とは、強制収容所でソフィーに課せられた子供の選別ではなく、むしろ死の世界から自分だけ生還してしまった者が抱えるその後の人生の選択を意味する。結局ソフィーは死を選ぶが、それはスティンゴにとって「最後の審判」ではなく、普通の朝の始まりだった。本作をホロコースト犠牲者の追悼劇とは見なさず、魅力的な人間描写を味わいたい。［渋谷］

22

政治と娯楽産業の不可分な関係への風刺

リリー・マルレーン

Lili Marleen［1980、120分、西ドイツ］
監督：ライナー・ヴェルナー・ファスビンダー
出演：ハンナ・シグラ、ジャンカルロ・ジャンニーニ、メル・ファーラー、ハルク・ボーム、カール＝ハインツ・フォン・ハッセル
パイオニアLDCよりDVD発売

第二次大戦中のナチスドイツで生まれた歌曲《リリー・マルレーン》は敵味方関係なく愛聴されたが、現在ではマレーネ・ディートリヒが英語で歌った連合国側のバージョンで知られている。そこで本家ドイツがこの曲をモチーフに映画を製作し、世界にアピールしようとしたのが企画の始まりだった。当時西ドイツの映画界でもっとも国際的名声のあったファスビンダーが監督に抜擢されたが、68年世代として社会批判やタブー破りをおこない続けた彼が単なる娯楽感動作をつくるはずがなかった。

物語はこの曲でスターにのし上がった歌手ララ・アンデルセンの自伝を自由に脚色している。ナチ時代初期にスイスでユダヤ人の恋人と暮らしていた歌手ビリーは、恋人と別れてドイツに留まることを余儀なくされるが、偶々手にした曲《リリー・マルレーン》が大ヒットし、しかもこの曲がヒトラーに気に入られ、彼女はナチスの人気歌手として大観衆や前線の兵士を魅了する。その一方、ユダヤ人抵抗組織で活動する恋人からの密かな依頼で、ホロコーストを証拠立てるフィルムを密輸する任務も果たす。やがてドイツは敗戦し、戦後しばらく潜伏していたビリーは恋人に再会するためスイスに向かうが、彼の脇にはユダヤ人の妻がいた。ビリーはひとり決然と夜の闇のなかに歩き去ってゆく。

この映画の見どころは様々に繰り返される《リリー・マルレーン》の歌唱場面と激しい戦争シーンの交差である。この曲が鳴り響くところでは必ず騒乱や戦闘がカットバックされ、挙句には拷問の手段として同じフレーズがエンドレスで繰り返される。映画の製作者には戦時中へのノスタルジーを喚起する狙いがあったのは明白だが、ファスビンダーはまさにその企画意図の裏をかいて娯楽と政治は切り離すことができないことを見せつけ、ひとつの流行歌がメッセージ性を変転させながら流通してゆく様子に、現代の娯楽産業への痛烈な批判を込める。　［渋谷］

Lili Marleen

終電車

Le Dernier Métro［1980、134分、フランス］
監督：フランソワ・トリュフォー
出演：カトリーヌ・ドヌーヴ、ジェラール・ドパルデュー、ジャン・ポワレ、アンドレア・フェレオール、ハインツ・ベネント
ポニーキャニオンより DVD、KADOKAWA より Blu-ray 発売

かつてフランス映画の伝統的傾向に対する激烈な批判をおこなったフランソワ・トリュフォーが、まさにその伝統路線に回帰したという意味で問題作である。ナチス占領下にあった1942年パリを舞台に、戦時下の演劇人たちの舞台公演の顛末と裏側の人間模様が絡み合う。モンマルトル劇場の座長ルカがドイツ系ユダヤ人だったため、妻のマリオンが劇場を継承する。だがルカは海外逃亡したと見せかけて劇場地下に身を潜めていた。そこへ怪奇劇場出身の若きベルナールが参加し、新作舞台が準備される。不穏な戦時下で舞台の幕を開けられるか、また稽古中に急速に接近する妻と若い俳優の関係を地下室で窺う夫という3名の男女のスリリングな関係の行方が、二重のサスペンスを生み出す。

劇場を中心にドラマは展開するが、社会背景は随所で取り入れられ、ユダヤ人の迫害、闇市での物資調達、ナチシンパの批評家との確執などが時代色を生み出している。劇場人の反応も迎合、無視、反感といった微妙な差異で描き出され、不意に出会ったドイツ人にどう対応するかなど、さりげない場面にも占領下ならでは緊張が巧みに表される。だが基本的に映画のトーンは、明るく活気ある人々の群像劇である。映画的快楽の称揚と親密な人間関係の描写はトリュフォーにとって通常のスタイルだ。登場人物は政治的信念よりも自身のプライドや恋愛感情に従って行動する。そこではフランス人、ドイツ人、ユダヤ人といった特性を単純な対比では描かず、それぞれの登場人物を皮膚感覚で捉えることで繊細な読みを獲得している。だが主人公がナチスに屈することは決してなく、その意味では占領時代フランスを安全に回顧するドラマに収まっていることは否めない。むしろトリュフォーは第二次大戦中のパリにどれだけ自由な恋愛模様を盛り込めるかという実験をおこなったと見るべきだろう。登場人物たちにとって舞台公演もレジスタンスも等価な愛の行為なのだ。［渋谷］

20

少年の目を通して描かれるナチス社会の奇形

ブリキの太鼓

Die Blechtrommel［1979、142分、西ドイツ、ポーランド、フランス、ユーゴスラビア］
監督：フォルカー・シュレンドルフ
出演：ダーヴィット・ベネント、マリオ・アドルフ、アンゲラ・ヴィンクラー
KADOKAWAよりディレクターズ・カット版、Blu-ray発売

ドイツにおける映画とナチス第三帝国との関係には、察し難い密接な共犯関係が存在していた。のちのニュージャーマンシネマは、この負のレガシーをいかに批判し壊すかというところから出発したという事実を思い起こす必要もあるだろう。

その端緒となった「オーバーハウゼン宣言」がマニフェストされたのが1962年のこと。その道筋をさらに推し進めた、いわばオーバーハウゼン第二世代が本作のフォルカー・シュレンドルフをはじめとするニュージャーマンシネマ世代である。なかでも最も早い時期においてナチスドイツ時代を正面から批判し、世界から認められた作品が本作『ブリキの太鼓』だ。

原作はギュンター・グラスが1959年に上梓した小説だが、映画が中心的に取り上げるのは、3巻構成の小説のうち、前2巻。主人公のオスカーが誕生する1924年前後からナチスドイツ時代の半ば、1930年代まで。つまり、ヒトラーによるミュンヘン一揆の頃からその全盛期の期間と重なり、その時代を、ひとりの少年のまなざしを通して描いてゆく。

グラスの小説は、マジック・リアリズムにも通じるような豊穣なイメージと多彩なエクリチュールによって評価されているが、シュレンドルフはより直裁的なイメージをスクリーンに召喚する。一見するとふつうの子どもに見えながら、その根底のところで奇形性を秘めたオスカー少年という存在は、ダーヴィット・ベネントを得ることによって、原作以上の強度が与えられているように見える。ヒトラーが理想とした金髪碧眼の純粋アーリア系という表象が、周囲の大人たちに影響を及ぼしてゆくのだから。その一方で、件のオスカー少年の目を通して描くことによって、時代と社会の奇形ぶりをとらえてもゆく。その相互作用が、本作に異様な相貌を与えているのだ。

なお、本作は公開当時より20分長いディレクターズ・カット版が2010年に初上映されている。［杉原］

Die Blechtrommel

ホロコースト〜戦争と家族〜

Holocaust［1978、計447分、アメリカ］
監督：マーヴィン・J・チョムスキー
出演：メリル・ストリープ、ジェームズ・ウッズ、マイケル・モリアーティ、ジョゼフ・ボトムス、フリッツ・ウィヴァー、ローズマリー・ハリス
ポニーキャニオンより DVD、Blu-ray 発売

『シンドラーのリスト』(93) を頂点とするホロコーストの通俗ドラマ化の口火を切ったのがこのテレビ用のミニシリーズである。これまで歴史家による詳細な検証や、『夜と霧』(55) や『我が闘争』(60) などのドキュメンタリー映画により、ナチスドイツによる想像を絶する大量虐殺の事実を語り伝える試みは続けられたが、幅広く大衆を掴むために涙を誘うホームドラマの形式は極めて有効だった。何より実際のホロコーストから30年以上経ってのドラマ化はアメリカ在住のユダヤ人のアイデンティティを強固にする役割を果たしている。1978年アメリカでの大反響に続いて、翌年西ドイツで放映され2000万人以上の視聴者を得た。ドイツ人は初めて自国の歴史としてユダヤ人の迫害とアウシュヴィッツなどの大量殺害についての具体的イメージを突きつけられた。もちろん正視に堪えない程リアルな残酷描写はないにせよ、それまで人々が目を背け、口をつぐんできた事象を明るみに出すには十分なインパクトを持っていた。実際に西ドイツでは本作が放映された年に、ナチスの犯罪に対する時効が廃止されることとなった。

物語の主要人物は架空の2つの家族であり、一方に迫害されるユダヤ人ヴァイス一家、他方にジェノサイドを実行する親衛隊ドルフ一家が対比される。35年のナチ政権初期から45年の終戦までを追いつつ、ユダヤ人迫害が次第に過激化してゆく様を両サイドから描き出してゆく。当初は国外追放だったが、やがて移送先での大量処刑、そして絶滅収容所の建設へとエスカレートする。歴史的な事件「帝国水晶の夜」「バビヤールの虐殺」、また障害者の安楽死からガス室の設計なども丁寧に描写され、犠牲者としてのユダヤ人像が強調される一方で、ドラマの結末近くには「ワルシャワ・ゲットーの蜂起」と「ソビボル収容所からの脱走」を置くことで、ユダヤ人の抵抗と解放の結末をバランスよく提示する。［渋谷］

ヒトラー再生を目論むダークファンタジー

18

ブラジルから来た少年

The Boys from Brazil［1978、125分、イギリス、アメリカ］
監督：フランクリン・J・シャフナー
出演：ローレンス・オリヴィエ、グレゴリー・ペック、ジェームズ・メイソン
Happinet より Blu-ray 発売

原作者のアイラ・レヴィンは『ローズマリーの赤ちゃん』（68）の原作者でもあり、さりげない展開のなかで徐々にスリルを盛り上げる手法が共通している。ただし本作に登場するのは実在の悪魔だ。ナチ時代に残虐な人体実験をおこない、戦後はアルゼンチンに逃亡したヨーゼフ・メンゲレ博士である。彼の陰謀を追うリーバーマンは現実のナチハンター、サイモン・ヴィーゼンタールをモデルにしている。監督シャフナーは『猿の惑星』（68）や『パットン大戦車軍団』（70）で知られ、本作でもアクションの見せ場が目立つ。そのせいで物語の背景事情については殆ど説明されず、南米に逃亡した元ナチ亡命者がヒトラー式敬礼で式典をおこなう場面など、真に受けるべきか困惑させられる。

ただしメインプロットであるメンゲレ博士のマニアックな野望はダークファンタジーとしては魅力的だ。彼はアドルフ・ヒトラーの身体の一部を密かに保存し、戦後単性生殖による大量のクローンを生み出し、そのなかから「第四帝国」の指導者の誕生を待望するという遠大な計画を実行する。医療技術の進歩した現代において、ヒトのクローンはリアルに普遍的なモラルの問いを投げかける。なお原題では「少年」が複数形となっているが、実際に映画に登場する少年は全て同一人物により演じられるため、一見単数形に見える日本語題名の方がストーリーの核心に迫っているといえるかもしれない。だが同一遺伝子であっても、全員が同様にクローン親と同じ性格を持つのか、という問いが最後に投げかけられる。それについて映画は二通りの結末を用意しており、ひとつは罪のないクローン少年を抹殺から守るもの、もうひとつは少年のひとりが邪悪な性格の片鱗を表しているのを見せるものだ。

なお本作では最後に絶命するメンゲレ博士だが、映画製作時にはナチハンターの追跡を逃れてブラジルのサンパウロに潜伏しており、映画公開の翌79年に潜伏先で死亡したという。［渋谷］

The Boys from Brazil

パリの灯は遠く

Monsieur Klein［1976、123分、フランス］
監督：ジョセフ・ロージー
出演：アラン・ドロン、ジャンヌ・モロー、シュザンヌ・フロン、ミカエル・ロンダル、ジュリエット・ベルト
KADOKAWAよりDVD、Blu-ray発売

ヨーロッパにおいて、それとすぐ分かるユダヤ系の姓は数多い。一方で、それが誤った結論を導き出すこともある。本作はこのレトリックを下敷きに、もしかしたら自分も……という疑惑と宙吊り状態を巧みに利用した作品だ。

本作の主人公である「Klein」氏の姓は、ドイツ、オランダに多いユダヤ系の姓として知られている。彼の出自はアルザス地方となっており、ドイツからフランスに渡ってきた可能性を示唆しつつ、歴史的背景をも暗示する。

ナチス占領下のフランス・パリ、亡命を図るユダヤ人から手もちの美術品を二束三文で買い上げるあくどい商売をおこなう画商にかけられた、ユダヤ人ではないかという疑惑。同姓同名の人物を捜すという筋立てのなかで明らかになってゆくのは、ヨーロッパにおける民族系統の奇怪さと複雑さ、そしてその不透明さ。つまりはアイデンティティの不確かさだ。カフカ的とも形容される本作の中心にあるものは、一個人のアイデンティティをめぐる問いであるのみならず、ナチスドイツが標榜したアーリア系人種という国家的アイデンティティの欺瞞をも曝け出す。

実際、近代ドイツが成立するのは1871年のこと。それ以前、17世紀後半にドイツ国という呼称が成立したとされるが、実際にはハプスブルク帝国とプロイセン帝国が権勢を誇っていた。そして1871年、普仏戦争がプロイセンの勝利によって終結した年にドイツは成立する。つまり近代ドイツの誕生は戦争と不可分に結びついているのだ。

ところで、本作で注目されるのは、この主人公をアラン・ドロンが演じているということ。監督のロージーとは『暗殺者のメロディ』（72）で組んで以来となるが、本作はドロンの強力な後押しによって映画化までこぎ着けた。ドロンが演じてきた人物にドッペルゲンガー的キャラクターが多いのは事実だが、つねにグレイゾーン感がつきまとっていたドロンが演じることによって、映画そのものの不確定性が多重化されているようでもある。［杉原］

Monsieur Klein

ナチスの性的倒錯を表層的に見せたポルノ

16

サロン・キティ

Salon Kitty［1976、124分、イタリア、西ドイツ、フランス］
監督：ティント・ブラス
出演：ヘルムート・バーガー、イングリッド・チューリン、テレサ・アン・サボイ
アネックよりDVD発売

ナチスとエロスを結び付けた映画は硬軟取り混ぜて数多いが、本作はファシズムを心理的に掘り下げ考察する身振りは一切ない正真正銘のポルノである。当初の日本公開題名『ナチス女秘密警察 SEX親衛隊』が如実に示すとおり、作中に登場するナチスはタブー視された性愛の記号となり、鉤十字の旗の下での全裸のスポーツ競技やインモラルな性交場面など極めて悪趣味な見世物となって展開する。ティント・ブラスはローマ皇帝を主役にした『カリギュラ』(79)や、谷崎潤一郎の『鍵』(83)の映画化で知られたポルノ映画作家だが、本作の退廃的なエロスの魅力は娼館サロン・キティでの見世物やファッションに端的に表されるように、むしろヴァイマール時代の自由な風俗の産物である。そこにナチスの表層的なフェティッシュが交差する。70年代にスーザン・ソンタグが「ファシズムの魅惑」で取り上げたサブカルチャーとアンダーグラウンドの安易なナチイメージ消費に結びつく。

物語はヴァイマール時代末期にベルリンに開かれた高級娼館「サロン・キティ」をナチス親衛隊が利用し、ナチスに共鳴する娼婦を送り込んで館を訪れる要人たちにスパイ活動をおこなったという史実に基づく。娼館を取り仕切るのはヘルムート・バーガー演じる親衛隊将校であり、彼の倒錯した性的嗜好は独裁者気取りの誇大妄想と性的不能の病理となって露呈される。当初は忠実に任務を遂行していた若い娼婦も、彼女が愛した兵士の反ナチ的発言が盗聴され処刑されたため、陰謀のからくりに気づいて親衛隊将校に復讐を試みる。一見ナチ時代は性的に抑圧されていたと思われがちだが、実際には様々な抜け道があり性愛の自由度も高かったとされるため、むしろこうした作品がナチスの性的倒錯イメージを増大させたといえる。硬派なサスペンスとして描けばフリッツ・ラングの『怪人マブゼ博士』(60)に比較される作品を生み出す可能性もあったに違いない。

［渋谷］

Salon Kitty

嘘つきヤコブ

Jakob der Lügner［1974、100分、東ドイツ］
監督：フランク・バイヤー
出演：ヴラスティミール・ブロドスキ、エルヴィン・ゲショネック
『嘘つきヤコブ』DVD 日本未発売
『聖なる嘘つき』はソニーよりDVD 発売

第二次大戦中、ポーランド東方のあるユダヤゲットーが舞台。ゲットーの住人ヤコブはドイツ兵の気まぐれで警察署へ出頭させられ、そこで偶々ラジオ放送を聞き、ソ連軍が近くまで進軍していることを知る。ひょっとしたらゲットー解放も間近かもしれない。いつ終わるとも知れない強制労働の日々に絶望していた仲間たちに対し、ヤコブはその小さな情報で人々に希望を取り戻させる。だが情報の出所はどこか？　そこでヤコブはユダヤ人が所有禁止のラジオを隠し持っていると口走ってしまう。それ以来、人々はヤコブのラジオが伝える最新情報を聞きにやってくるが、誰もラジオの存在を確かめようとはしない。ヤコブは嘘に耐え切れず親友に真実を打ち明けるが、それは最悪の結果をもたらす。やがてゲットーのユダヤ人たちは貨物列車で、どこかの強制収容所に送られてゆく。

東ドイツ作家ユーレク・ベッカーの原作脚本による本作は、抵抗者を英雄的に描く物語へのアンチテーゼとして皮肉とともに希望を語るヒューマンドラマである。そもそも物語は非現実的な寓話だが、ホロコーストを題材にした映画としては残酷な描写を回避しながら、ゲットーで生きることの不安や理不尽を繊細かつ説得力をもって描き出し、ユニークな世界を構築した。当時は壁の向こう側だったベルリン映画祭において東ドイツ映画として初めて銀熊賞に輝き、東ドイツ唯一のアカデミー外国語映画賞候補作となる。

本作は1999年にアメリカでリメイクされた。ペテ・カソヴィッツ監督、ロビン・ウィリアムズ主演の『聖なる嘘つき』である。オリジナル東独版では回避された過激な暴力シーンや、ゲットー内でユダヤ人たちが反乱を企てようとするエピソードが盛り込まれ、クライマックスのヤコブも嘘をつき通す悲劇の英雄として描かれる。また結末も移送の現実と解放への夢が二重に置かれることで、物語の背景事情を知らないものにも理解しやすい作りとなっている。

［渋谷］

14

愛の嵐

Il Portiere di notte［1974、118分、イタリア］
監督：リリアーナ・カヴァーニ
出演：シャーロット・ランプリング、ダーク・ボガード、フィリップ・ルロワ、ガブリエル・フェルゼッティ、マリノ・マッセ、ウーゴ・カルデア
ブロードウェイよりDVD、KADOKAWAよりBlu-ray発売

リリアーナ・カヴァーニ作品において、戦争とエロスというテーマはきわめて大きな位置を占める。テレビ局時代の1962年から翌年にかけ、ドイツ第三帝国についての政治的ドキュメンタリーをつくっており、これはもっとも早い時期にナチスドイツを批判的にとらえた作品として知られる。

その後も数多くの政治ドキュメンタリーをテレビ局で制作していたが、1970年代、映画へと移行したときに浮上してきたのが、女性というテーマだった。『愛の嵐』は、そのもっとも端的な例と言っていいだろう。

戦争とエロス、さらに言えばタナトスとエロスというテーマは、その後のカヴァーニ作品に通底するものでもあるが、ここでは死の表徴としての強制収容所が背後に匂わされ、つかの間のエロスの閃きに搦めとらえられたユダヤ人の少女とドイツ人将校の生（と死）が俎上に載せられてゆく。

そこでは、支配する側とされる側というサド／マゾ的関係とナチスドイツ時代における優勢／劣勢関係が並置されるのだが、時間の経過とともに、その関係が歪に反転される可能性が示唆されてゆく。その究極のシーンが、ヒロインのルチアがSSの制服のうちズボンとサスペンダーだけを素肌にまとってフリードリッヒ・ホレンダーの《また恋してしまったの》を歌うシーンだ。倒錯のロール・チェンジは、そのエロティックな外面にディゾルヴするように、死を思わせる不吉さを湛える。勃起した性器は、その状態のままで機能不全に陥る。

スーザン・ソンタグは、1970年代に登場したナチスドイツをめぐる映画が、たぶんにエロスの匂いと不可分であることを指摘しているが、そのエロスが同時にサド／マゾ的関係性とその反転構図を下敷きにしていることにも気づくべきだろう。その先にあるのは、当然のこと生ではない。

ナチスドイツが発した強烈な死とエロスの匂いを、ここまで掬いとった作品もないだろう。［杉原］

Il Portiere di notte

キャバレー

Cabaret［1972、124分、アメリカ］
監督：ボブ・フォッシー
出演：ライザ・ミネリ、マイケル・ヨーク、ジョエル・グレイ、ヘルムート・グリーム、マリサ・ベレンソン、フリッツ・ヴェッパー
JVC エンタテインメントより DVD 発売

ブロードウェイ・ミュージカルの映画化だが、歌とダンスはキャバレーのショー場面に限定される。舞台の原作クリストファー・イシャーウッドの小説『さらばベルリン』の設定を取り入れ、1931 年ナチ前夜のベルリンに生きるアウトサイダーたちの姿を描くシリアスなドラマとなった。主人公は英国からドイツにやってきた若い学生ブライアンと、アメリカ人の歌手サリーである。キャバレー舞台のグロテスクに誇張されたメイクや下品な身振りは、20 世紀ドイツを代表する画家ジョージ・グロスの風刺画を思わせる。

ハリウッド映画『キャバレー』は、ヴァイマール期ドイツの特徴である同性愛と異性愛の揺らぎや、路上でのユダヤ人迫害の暴力など、きわどい設定を映像化したもっとも初期の作品である。歌われる曲もブレヒトやホレンダーの社会諷刺的なカバレットソングを彷彿とさせ、刹那的な拝金主義やシニカルな現実逃避など不安な世相を反映したものが多い。しかも大胆な編集により、舞台上で陽気に踊る女優たちの姿が、夜の路地裏でナチス突撃隊に暴行される酒場の主人の映像と交差する。結末近くでサリーが歌う「人生はキャバレー」という歌詞そのままに、グロテスクに誇張されたショーは現実を映す歪んだ鏡となる。

物語中ではナチスの存在感は次第に増してゆく。郊外の庭園で金髪のヒトラー・ユーゲントが《明日は我がもの》を歌う場面は、集った老若男女が次第に唱和、最後はリードする青年が堂々とヒトラー式敬礼をおこなう。居合わせたブライアンと友人のドイツ人貴族は白けた気分でその場を去るが、結局彼らは暗雲漂うドイツから逃げ出すしか方法はなかった。

映画のラストは再びキャバレーの場面となり、客席はいつの間にか鉤十字の腕章をつけた男たちで埋め尽くされる。最も自由な文化の花開いたベルリンが、反動的な勢力に蝕まれてゆく様を描くことでナチスの恐怖を表現した野心的な作品といえるだろう。［渋谷］

Cabaret

12

地獄に堕ちた勇者ども

The Damned［1969、157分、イタリア、西ドイツ］
監督：ルキノ・ヴィスコンティ
出演：ヘルムート・バーガー、ダーク・ボガード、イングリッド・チューリン、ラインハルト・コルデホフ、シャーロット・ランプリング
ワーナー・ホーム・ビデオよりDVD発売

ルキノ・ヴィスコンティ監督「ドイツ三部作」はナチ時代の探求から始まり、20世紀初頭の芸術家『ヴェニスに死す』（71）、そして19世紀の国王『ルートヴィヒ』（72）へと時代を遡る。近現代ドイツ史を連続体として捉える試みが、まさに68年の政治闘争の時代を出発点としたことが興味深い。過去の忘却により復興した当時のドイツや欧州に対し、隠蔽された陰部を暴露し突きつける強烈なインパクトが本作を貫いている。反ファシズムを掲げたネオレアリスモの作家ヴィスコンティが貴族やブルジョワ社会を描いた意義は、多様な社会階層を横断しつつナチズムの実態をダイナミックに捉える本作の視点に見事に結実している。ドイツ貴族出身の鉄鋼業一家の崩壊の過程は、伝統的なドイツの教養がナチス台頭の前に全く無力であることを露呈する。ナチズムとは外部から欧州を侵食する災厄ではなく、ヘーゲル哲学やロマン派芸術と緊密に結び合って花開いたという指摘こそが、本作のもっともおぞましい主張だろう。作中では親衛隊の制服や鉤十字の旗が壮麗な舞台美術のように登場する。映画の副題「神々の黄昏 Götterdämmerung」が象徴するように、ヴィスコンティの演出は人物に大げさな演劇的身振りを纏わせ、しかもクローズアップで感情を強調しながら、壮麗かつキッチュに滅亡のオペラを展開させる。

68年運動のなかにこの作品を置いてみると、古臭い芸術的身振りは時代錯誤に見える。何より真摯に取り扱うべきナチスという題材を卑俗かつ通俗的に描いた点が当時非難されたが、小児性愛、母子相姦といった性的倒錯はナチスの発案ではなく、むしろそれらをナチスが利用して人々を取り込む様を描いた点が画期的だ。本作をきっかけに70年代のファシズムと退廃的性愛を結び付ける『愛の嵐』（74）のようなナチ・ポルノのブームが始まった。だがスキャンダラスな挑発の点では後続映画を遥かに凌ぐエポックメイキングな作品である。［渋谷］

様々な政治的思惑が交錯する重厚な法廷闘争

ニュールンベルグ裁判

Judgment at Nuremberg［1961、186分、アメリカ］
監督：スタンリー・クレーマー
出演：スペンサー・トレーシー、バート・ランカスター、リチャード・ウィドマーク、マクシミリアン・シェル、マレーネ・ディートリヒ
20世紀フォックスよりDVD発売

ナチスドイツの犯罪を連合国が裁いた国際軍事裁判の映画化だが、現実のケースを基にした架空の裁判が全編に渡って展開される。3時間弱の長尺だが緊張感は途切れることなく、しかも裁く側と裁かれる側の双方に陰影豊かなキャラクターを配置することで、善悪の対立も図式的になることなく重厚なドラマ作りに成功している。また一般映画としてはもっとも初期に強制収容所の衝撃的映像が用いられたことでも知られている。

被告は、ナチ時代に制定されたニュルンベルク法に従って劣位民族の断種やアーリア人と性的関係を持ったユダヤ人を有罪にした4人のドイツ人判事たちである。彼らは確信的なナチ信奉者ばかりではなく、我欲や小心から体制に加担した者、元来良心的で高名な法学者だった人物も含まれている。若きドイツ人弁護人は舌鋒鋭く裁判の不公正を指摘し、検察側の証人を次々と追いつめる。息詰まる法廷闘争の背後には、一枚岩ではない普通のドイツ人の生活があり、米ソ対立による東西冷戦の緊張も高まっていた。被告のひとりは、「ナチスは共産主義の防波堤となった」とドイツの闘いを正当化する。また裁判長を務めるアメリカ人判事は、かつて地元で有力者を有罪にしたため失職した過去を持つ。法廷には様々な思惑が交差する。

本作はナチスの過去が次第に忘れられつつある時代に製作された。映画の問題提起も、ドイツ人全員に罪を問えるのか、ナチスを生み出した国際的な問題は何か、戦争犯罪を戦勝国が裁くことは適切なのか、とかなり相対化されている。

その一方で映画が公開された1961年は、イスラエルでアドルフ・アイヒマンの裁判がおこなわれた年でもある。ナチ体制下で命令に従いユダヤ人の大量虐殺に加担した者の責任について改めて人々の注目を喚起したが、少なくともハリウッドスターが一堂に会した本作はアイヒマンの「悪の陳腐さ」のイメージとは程遠い。［渋谷］

即物的に歴史を描写したドキュメンタリー

10

我が闘争

Den Blodiga Tiden［1960、117分、スウェーデン］
監督：エルヴィン・ライザー
出演：ポール・クリンガー（ナレーション）
是空よりDVD発売

監督ライザーは15歳の時にナチスドイツからスウェーデンに亡命したユダヤ人である。戦後はジャーナリストとして活動し、50年代に映画『夜と霧』が成功したことを受けてナチスに関する長編ドキュメンタリーを自ら製作しようと考え、生まれたのが『我が闘争』である。ナチ時代当時の記録映像だけで構成され、観客が客観的に歴史の流れを実感できるよう、説明も最小限に留めている。ヒトラー個人やナチス内部のエピソードに終始せず、第一次大戦から共産主義革命の失敗、ヴァイマール期の混乱、ナチス政権内での葛藤、第二次大戦中の各国の戦況を時系列で追う。連合国が撮影した映像だけでなく、ナチスドイツのニュースやプロパガンダ作品も数多く取り入れられ、とりわけ『意志の勝利』(34)の引用が目立つ。それらの映像は当時東ドイツにあったベルリン郊外バベルスベルク・スタジオのアーカイヴに保管されていたもので、なかにはナチ親衛隊が反ユダヤ主義プロパガンダのために撮影したが公開を見送られたワルシャワ・ゲットーの映像も含まれている。終盤に登場する強制収容所の壮絶な映像は『夜と霧』でも用いられたものだが、詩的なナレーションも劇的な伴奏音楽もなく即物的に事実を提示する本作の姿勢は、歴史の授業の素材として極めて有益だろう。

原題はスウェーデン語で「血塗られた時代」という。海外公開に際してライザーは意図的にヒトラーの自伝と同じ「Mein Kampf」を冠した。この映画によってヒトラーとナチスに対抗する意図を明確にするだけでなく、映画が提示する歴史の流れがまさにヒトラーが予言したことの現実的帰結であることを訴えかける。本作の後ライザーはスイスに移住し、61年にはアイヒマン裁判を契機にナチスのユダヤ人絶滅計画の経緯を追った『アイヒマンと第三帝国』を、68年にはナチ時代のプロパガンダ映画の抜粋で構成した『ドイツよ、目覚めよ！』など、ドキュメンタリーを数多く発表している。［渋谷］

灰とダイヤモンド

Popiół i diament［1958、103分、ポーランド］
監督：アンジェイ・ワイダ
原作：イエジー・アンジェイエフスキ
出演：ズビグニェフ・ツィブルスキ、エヴァ・クジジェフスカ、ヴァーツラフ・ザストルジンスキ
KADOKAWAよりDVD発売

東欧諸国ではソ連の指導下で映画は啓蒙的手段として利用された。ナチスドイツを敵とする反ファシズム映画も数多く製作された。ただし作り手は上層部の指示に盲従していたわけではなく、表向きとは別のメッセージが映画に込められた。ポーランドにおけるワイダの「抵抗三部作」もその例にもれず、ナチス占領下のポーランドでの愛国者たちの闘いを描いてはいるが、映画が製作された1950年代後半はむしろソ連主導の国家体制との対決が重要な問題だった。とりわけ第三作『灰とダイヤモンド』はドイツが降伏した1945年5月8日の出来事を描いており、解放されたポーランドを共産主義体制で固めようとする指導層に対して、戦時中から抵抗運動に身を投じた愛国者たちはそれを拒絶し新たな争いが勃発する。ワイダ監督にとってソ連のスターリニズムが標的であり、近作『カティンの森』（07）でも第二次大戦中のナチスドイツによるポーランド兵大量虐殺が実はソ連軍によるものだったという事実を白日の下に晒した。

本作は田舎の路上でパルチザンがソ連と通じたポーランド人の次期大臣候補を暗殺しようとする場面から始まる。だが殺した相手は人違いで、本来の標的を始末するためにパルチザン青年は田舎の宿屋でチャンスを狙う。その際に宿の飲み屋で働く若い女性と知り合い、これまで根無し草として活動してきた彼は初めて愛に生きるという選択肢を前に葛藤する。

この典型的な青春アクション映画に織り込まれた愛国心と現実社会の対立は両義的だ。ナチスから解放された新生ポーランドは別の支配を受けつつある。ポーランド映画の検閲はソ連や東ドイツよりも自由があったといわれるが、終戦直後の混乱期を描きながら、反ナチスの闘いではなくソ連側を敵に回した主人公を置き、報道の自由を唱えて政治の闇を揶揄する記者を登場させるなど、その大胆な製作姿勢に瞠目させられる。

［渋谷］

8

記憶と記録を断片化した詩的なモノローグ

夜と霧

Nuit et Brouillard［1955、32分、フランス］
監督：アラン・レネ
脚本：ジャン・ケイヨール
ナレーション：ミシェル・ブーケ
音楽：ハンス・アイスラー
IVC より DVD、Blu-ray 発売

ホロコーストの表象不可能性をめぐる議論の後で、映画『夜と霧』について考えることは有益だろう。理由は本作の独自のスタイルにある。過去と現在を交差させる映像モンタージュ、ケイヨールの詩的なナレーション、ハンス・アイスラーのエモーショナルかつ異化的な伴奏音楽、個々の要素がそれぞれに強靭な表現力を備えており、それらが弁証法的に対置されて観客に冷静な熟考を促す。収容所内を捉えた凄惨な記録写真・映像は大変なショック効果で観客の思考力を停止させかねないが、その直接性をも詩的なスタイルのなかに統合することで、表象できないもの、想像を超えるものを記憶し継承する芸術行為となる。それは何気ない表層の奥にある闇を観通す試みでもある。見えないものを忘却することへの抵抗だ。『夜と霧』はホロコーストだけでなく、あらゆる時代に起こる戦争と虐殺の記憶について普遍的かつアクチュアルな問いを発する。

アラン・レネは『夜と霧』に続く『二十四時間の情事』（59）で注目を集めたことにより、『夜と霧』もアート系映画と見なされることがある。後になって見過ごされがちな点だ。通俗的な再現ドラマ（TV ドラマ『ホロコースト』）とも、生存者に取材するルポルタージュ（ランズマンの『ショア』）とも異なり、断片化された詩的モノローグという構成は、物語への感情移入によっても客観的事実の構築によっても表象しえない現実を示唆する。

アドルノの有名な警句「アウシュヴィッツ以降、詩を書くことは野蛮である」という言葉が思い出されるが、これは現代における「詩」の存在意義を示すポジティヴな言葉と捉えるべきだろう。『夜と霧』は詩だ。題材は想像を絶する野蛮である。その野蛮に向かい合うとき詩（映画）は表象可能性との格闘によって傷を負い断片に砕かれる。現代の芸術はどこまでの表現が許容されるのか、その極限を示唆した作品として今こそ見る価値があるのではないか。

［渋谷］

ベルリン陥落

Падение Берлина［1949、167分、ソ連］
監督：ミハイル・チアウレリ
出演：ミハイル・ゲロヴァニ、ボリス・アンドレーエフ、アレクセイ・グリボフ、ニコライ・リャボフ、アレクサンドル・カンス
IVC より DVD 販売中

第二次世界大戦を扱ったソ連の戦争映画といえば、1970年の『ヨーロッパの解放』5部作が知られている。本作は戦後間もない時期の製作だけに戦場の生々しい雰囲気が見どころであり、また終結したばかりの対独戦をソ連国家に望ましい歴史的事実として定着させようするという意図が明白に伝わる。ソ連の領土に侵攻してきたドイツ軍を撃退し、最終的にいち早くベルリンに乗り込んだ赤軍の活躍は現実だが、その際隠蔽されてきたソ連軍の民間人に対する略奪や暴行行為を暴露する映画が作られるようになるのはずっと後のことだ。

作品として見ればスターリン賛美を貫いたプロパガンダ映画の典型例なのだが、戦争スペクタクルとして存分に楽しめる娯楽作である。作品中では各国の首脳を容姿の似た俳優たちに演じさせていることもあり、ヤルタ会談を始めとした歴史的場面の見応えも十分だ。そのなかでもっとも印象的なのがヒトラーである。チャップリンのように道化として戯画的に演じられるのではなく、ひたすら真剣に誇大妄想的な独裁者として鬼気迫る迫力で登場する（もちろんロシア語による演技なのだが）。一方でヒトラーを取り巻く党幹部、秘書たちが次第に総統への懐疑と反感を強めてゆくところが描かれ、ドイツ滅亡の原因がひたすらヒトラー個人にあるかのように表現される。その反面スターリンは知的で威厳ある振舞いと人望の厚さが際立つように対比される。

戦闘場面における兵器の圧倒的な物量は、まさに東側諸国の軍事パレードの劇映画版といっても過言ではない。音楽はショスタコーヴィチの勇壮な調べが全編を貫いているが、ベルリンの総統地下壕でヒトラーとエファ・ブラウンとの結婚式がおこなわれる場面では、あろうことかメンデルスゾーンの《結婚行進曲》が響き渡る。ナチ時代にはユダヤ人作曲家として音楽界から完全に抹消された作曲家だけに、こうした時代考証の甘さが本作のキッチュさを露呈させる。［渋谷］

Падение Берлина

6

ドイツ零年

Germania anno zero［1948、78分、イタリア］
監督：ロベルト・ロッセリーニ
出演：エドムント・メシュケ、エルンスト・ピットシャウ、バーバラ・ヒンツ
IVCよりDVD発売

1940年代のイタリアで台頭した文学・映画運動であるネオレアリスモは、名前の通り新たなリアリズムでファシズムに対抗する社会参加を人々に促した。映画としてはロベルト・ロッセリーニの『無防備都市』（45）が代表作で、第二次大戦末期のドイツ軍に占領されたローマのレジスタンス活動が、ゲシュタポの拷問を含め赤裸々に描写される。やがて戦争が終結すると、ロッセリーニはナチスドイツの首都ベルリンに赴き、戦後を生きる人々にカメラを向けた。熱い闘争を扱った前作とは対極的に、『ドイツ零年』はひたすら冷徹に観察するまなざしが特徴的だ。冒頭では、この作品の目的がドイツ人の糾弾でも擁護でもないと説明されるが、本編は戦後においてなおファシズム思想の犠牲となる少年を描くことで疑問の余地ない道徳的批判となっている。

敗戦後の貧困状態のなか、ベルリンに生きる人々は破壊を免れた建物に寄り集まるように居住し、互いの不満と猜疑心を膨らませていた。闇市では弱者が犠牲になり、馬車馬が死ねばたちまち食用肉と化す。主人公は12歳の少年エドムント。一家は厳しい生活状況にあった。病床の父、家に引き籠る元従軍兵士の兄を助けるため、エドムントは街頭で仕事を探すが、大人たちからことごとく排除される。偶然出会ったナチ時代の小学校教師による、弱者は淘汰されるべきという助言を真に受け、エドムントは病院から毒薬を盗み出して父を毒殺してしまう。だがその行動を受け入れてくれる大人は誰もいなかった。完全に孤立しさすらうエドムントの前に、廃墟と化したベルリンの光景がひたすら広がる。教会からオルガンの荘厳な調べが響くが、もはや彼の心には届かない。最後に彼は廃墟のビルに昇り飛び降り自殺する。

敗戦後ドイツの至るところにヒトラーとナチズムの影が取り付いていることをリアルに映し出した本作は、後の社会批判的なニュージャーマンシネマに大きな指標を与えている。［渋谷］

Germania anno zero

死刑執行人もまた死す

Hangmen Also Die!［1943、134分、アメリカ］
監督：フリッツ・ラング
出演：、ブライアン・ドンレヴィ、ウォルター・ブレナン、アンナ・リー、ジーン・ロックハート、アレクサンダー・グラナッハ
アイ・ヴィー・シーよりDVD発売

レジスタンス、あるいはパルチザン運動を扱った映画は、第二次大戦中より散見される。『海の沈黙』(49)『栄光の日々』(45)……当然、そうした作品はヨーロッパで製作されているわけだが、亡命ドイツ人の手によってもつくられた。本作『死刑執行人もまた死す』は、アメリカからヨーロッパを臨みつつ、レジスタンス運動を鼓舞する役割を担った作品とも言えよう。

舞台となっているのは旧チェコスロヴァキアのプラハ。ヒムラーに次ぐナチス親衛隊(SS)の実力者として権勢を誇り、〈死刑執行人〉としてプラハ市民から恐れられたラインハルト・ハイドリヒが暗殺される。秘密警察ゲシュタポは犯人を挙げるため、市民に対する容赦ない取り調べをおこなっていった。困難な状況にあって主犯の男を匿った女性とその父親に危険が迫る。レジスタンス運動の同調者によって、ナチス側のスパイだった男を暗殺犯に仕立て上げる作戦が敢行される……。

ここで描かれるのは、ナチスドイツの恐怖政治下にある市民の蜂起であり、その闘いをスリリングかつみごとなドラマとして誂えた極上のサスペンスだ。そこにあるのは、一個人にその手柄を委ねる英雄主義的なものではなく、個人レヴェルでの内的葛藤をも含めた闘いの重要性を訴えたものであり、同じくラインハルト・ハイドリヒの暗殺を取り扱い、同じ年に製作されたダグラス・サークの『ヒトラーの狂人』とは大きく異なった作品となっている。

ところで、物語の主たる筋立てはラング同様ナチス政権下のドイツを逃れたブレヒトの手になるもので、彼にとっては唯一のハリウッド作品となる。一個人ではなく市民＝群衆へとその闘いの裾野を広げ、アンサンブル劇へと仕立て上げていったあたりにブレヒトの本領と狙いが覗く。だが、ブレヒトによる原案がジョン・ウェクスリーによって許可なくリライトされたとも言われており、本作には謎も多い。それをまとめ上げたラングの豪腕こそ讃えるべき作品かもしれない。　［杉原］

4

生きるべきか死ぬべきか

To Be or Not to Be［1942、99分、アメリカ］
監督：エルンスト・ルビッチ
出演：キャロル・ロンバード、ジャック・ベニー、ロバート・スタック、ライオネル・アトウィル、フェリックス・ブレサート、シグ・ルーマン
KADOKAWAよりDVD、Blu-ray発売

時事ネタをもち込むのはコメディ映画の常套ながら、それがいまだ古びないのは、ルビッチの名演出もあるとはいえ、ナチスドイツ、あるいはアドルフ・ヒトラーという表象が現在なお有効であるという証左でもあるだろう。

第二次大戦下のポーランドを舞台として、シェイクスピア劇を上演する一座に渦巻く恋と戦争をからめつつ、そこにスパイをめぐる騒動をまぶした本作は、ルビッチ作品のなかでも1、2を争う出来とも言われる。実際、テンポのよい展開に加えて、どう転ぶのか分からないサスペンスフルな筋立ての妙が本作の白眉ともなっている。

ルビッチはサイレント時代の1922年にドイツからアメリカにやって来て、ソフィスティケイテッド・コメディの潮流をつくり上げていった。その後のトーキー時代、パラマウント社の方向性を決定したのも、ルビッチの洗練されたコメディ・センスあればこそと言っても過言ではない。それほどまでルビッチが戦前のハリウッド・コメディにおいて果たした影響は大きかった。

だが、その一方で彼は東欧系のユダヤ人《アシュケナジム》であり、本作の製作にはその事実が無視できない役割を果たした。当時、亡命ドイツ人監督たちが「ヨーロピアン・フィルム・フォンド」なる支援財団を組織しており、ルビッチはその会長職にあったという事実。本作の成功は財団支援のためにも是が非でも求められていたものだったのだ。

こうした事情ゆえ、ルビッチがここで料理しようとしているのはコメディ映画である以上に、ヒトラーと彼が表象するナチスドイツそのものだった。ドイツ国民を熱狂させている表象を笑いのめすことによってその幻想を打ち砕こうとしたというのが、本作の悲願にほかならなかったろう。

だが、ただ笑いものにするだけではない。シェイクスピアの著名な台詞をダシに使うシットコム的シチュエーションの粋と妖艶、政治とは対極にあるものから、もっとも政治的なものを抽出することに成功しているのだ。［杉原］

ユダヤ人ジュース

Jud Süß［1940、98分、ドイツ］
監督：ファイト・ハーラン
出演：フェルディナント・マリアン、ハインリヒ・ゲオルゲ、ヴェルナー・クラウス、クリスティーナ・ゼーダーバウム
DVD 日本未発売

ナチスドイツの反ユダヤ主義プロパガンダとして、劇映画『ユダヤ人ジュース』は悪名高い作品だが、それだけに映画の完成度は高い。ハーラン監督はナチ時代のメロドラマ映画の名手であり、本作以外にも戦争末期の攻防戦を描く『コルベルク』(45) などのプロパガンダ映画で知られる。戦後は「人道に対する罪」に問われたのち無罪となったが、映画界への復帰は人々の抗議行動で阻止されるなど、リーフェンシュタールと並んでナチ時代の悪しき象徴と見なされた監督である。

ジュース・オッペンハイマーは18世紀前半に実在した宮廷ユダヤ人である。当時のドイツは小さな領邦国家に分かれており、その一国ヴュルテンブルクの大公と領邦貴族の対立のなかで、ジュースは大公の助言者として次第に発言権を強めてゆく。だが大公の急死とともに彼は逮捕され様々な罪を着せられ、最も重大なものがキリスト教徒の女性との姦淫であった。結局ジュースは公衆の前で絞首刑となる。

1934年にイギリスで同名映画が先に製作されているが、誕生したばかりのナチ政権の反ユダヤ主義に抵抗する内容だった。史実のジュースはむしろ大公に利用されて犠牲になる存在だが、後にナチスドイツはジュースを確信犯的な悪役にして反ユダヤキャンペーンに利用した。宣伝相ゲッベルスが製作を指示し、彼の命令によりジュース役には人気俳優マリアンが強制的に起用された。そのせいか、物語上は狡猾な策略家のジュースの演技にエレガントで人間味のある魅力が添えられ、むしろユダヤ人を侮蔑し忌み嫌う人々の態度が過剰に硬直したものに見える。

本作でのジュースは横恋慕する女性を得るために彼女の夫を捕らえて拷問にかけ、その釈放と引き換えに行為を迫る。夫への貞節を破った彼女は絶望から入水自殺する。演じるのは「帝国水死体」の異名を持つクリスティーナ・ゼーダーバウムだ。ラストの絞首刑に重なり、子孫の代までユダヤ人を追放すべしとナレーションが語る。 ［渋谷］

2

独裁者が内包する欺瞞をコミカルに暴く

チャップリンの独裁者

The Great Dictator［1940、124分、アメリカ］
監督：チャールズ・チャップリン
出演：チャールズ・チャップリン、ポーレット・ゴダード、ジャック・オーキー、ヘンリー・ダニエル、レジナルド・ガーディナー、ビリー・ギルバート
KADOKAWAよりDVD、Blu-ray発売

総統アドルフ・ヒトラーと喜劇王チャールズ・チャップリンは、わずか4日違いでこの世に生を受けた（チャップリンのほうが4日だけ年長）。ちょび髭をめぐって、また本作をめぐって、両者はつねに比較検討の対象となってきた。チャップリン研究家として知られる大野裕之は、『チャップリンとヒトラー』（岩波書店、2015）のなかで「両者の〈闘い〉については、これまでも多くのことが語られてきた。〔……〕当然のことながら二人は直接的には闘っていない。つまり、これまでは、二人の存在を20世紀の光と影として、両者の闘いが比喩的に論じられてきたのだ」と記している。大野氏は、両者のイメージ戦略という観点からその闘いを描き直すのだが、その主戦場こそ、まさに本作『独裁者』である。

当然のこと、チャップリンにとっての武器は笑いだ。ルビッチがヒトラーを茶化しまくったように、チャップリンもまたヒトラーを笑いの対象にする。だが、ルビッチがヒトラーをその外面において嘲笑したのとは異なり、チャップリンは自らがヒトラー化することによって、独裁者というものが内包している欺瞞を曝すのだ。その象徴的な場面が、最後に用意された6分間にわたる演説シーンだ。独裁者と間違えられた本業は床屋のソックリさん（チャップリンの二役）による、独裁者を廃し、民主主義を擁護する演説は、最初はおずおずと、次第に熱を帯びてゆく。

だがこの手法は、チャップリン独自のものではない。すでにフランク・キャプラは『スミス都に行く』（39）のなかで、新米上院議員が起死回生の民主主義擁護の長演説をぶつシーンを描いていた。映画におけるアメリカ民主主義の根幹とその流れの発露が、直接に『独裁者』とつながっていることを見落としてはならないだろう。チャップリンは、本作を通じてヒトラー＝ナチス批判をおこなっているだけではない。アメリカ民主主義を、ヒューマニズムという観点からつなげていっているのだ。

［杉原］

The Great Dictator

代表作を発表してゆくことになる。

『意志の勝利』は、わけても決定的な意味合いをもつ作品だ。その直前、ヒトラー直々の命を受けて、1933年9月、ニュルンベルクで開催されたナチスの第5回党大会の模様を撮った『信念の勝利』では、『青い光』に見られたような神話的演出は見受けられず、大会のドキュメンタリーという枠を出ない。だが、同じニュルンベルクでの第6回党大会（1934）の模様をとらえた『意志の勝利』こそ、まったく異なった様相を包含しており、それがナチス党のさらなる躍進をもたらした。

総統を乗せた飛行機からの景観に、神話的世界の再創造がまず提示される。人間のまなざしではない、神々の領域からのまなざしから、それを迎える人々の熱狂へ。ドキュメンタリーではない、きわめて巧みな演出が施された再表象。群衆と個人とが対比的に編集され、総統アドルフ・ヒトラーがバラバラの断片をつなぎ止めるメディウムとなるようモンタージュされる。見ている者は、そのただ中にいてすべてを目撃しながら、同時に自身も体感する。壮麗さと偉容と、その中心に刻まれる鉤十字に目を奪われてゆく。巧妙に計算された空間演出と編集術。

しかして『意志の勝利』は、ナチス党のプロパガンダ映画として最上の地位と影響力をもつにいたる。なかば強制的に観客動員がかけられたという事実もあるが、この後の『オリンピア』にも引き継がれてゆくその美学的側面は、やはりリーフェンシュタール作品中の白眉と言えるのではないだろうか。

本作『意志の勝利』が目指したもの、それはなにより当然のこと、ナチス党の党利と価値を人々に知らしめるということだ。1933年にヒトラーは首相に就任し、全権委任法を制定して一党独裁体制を確立、次第にそれを強化してゆく過程にあって、最大の後ろ盾となったのが、イメージ戦略、そして『意志の勝利』に表明されたその圧倒的な力の誇示とヒトラーの個人崇拝へとつながる魔的な引力だった。レニ・リーフェンシュタールは、デモーニッシュなイメージ戦略に成功しており、その結果、『意思の勝利』はたんなる映画を超えて、ナチスドイツの象徴的作品となったのだ。

だが、さらにその結果として、レニ・リーフェンシュタールの名は、ナチスドイツ、あるいはアドルフ・ヒトラーと切り離して扱うことができなくもなっていったのだった。

映画史家のリアム・オレアリーは、「芸術家としては天才ながら、政治的には愚か者」とリーフェンシュタールを断じているが、果たして——。［杉原］

1

意志の勝利

Triumph des Willens［1934、114分、ドイツ］
監督：レニ・リーフェンシュタール
脚本：レニ・リーフェンシュタール、ヴァルター・ルットマン
是空より DVD 発売

レニ・リーフェンシュタールとナチスドイツとの関係については、これまでもさまざまな言説がなされてきた。だが、実態としてあるのは、ナチスドイツが、当時としては最先端のイメージング・テクノロジーである映画というメディウムの最大活用をおこなう過程で、それに率先して加わっていったのがリーフェンシュタールだったというのが、妥当なものではないだろうか。ナチスとリーフェンシュタールとの関係を、ここで問い糾すことはしない。まずなにより、その事実関係の確認と、それによってなにが生じたのか、そしてまた両者がなにを理想とし、狙ったのか、そのことから見てゆきたい。

リーフェンシュタールが映画というステージに立つのは、1920年代に盛んとなるドイツ山岳映画においてだ。『聖山』(26)、『死の銀嶺』(29) など、アーノルト・ファンク作品にヒロインとして出演する一方、映画製作への思いを強くし、1932年、処女監督・主演作『青い光』を撮る。神話的景観、屹立する山脈、超自然的な光と影……ムルナウやヴィーネらを引き継ぎつつも、より神話的世界に接近することを意図したような映像が注目される。

この作品の封切り後、総統アドルフ・ヒトラーは『青い光』の映像美と、なかんずくリーフェンシュタールの存在美に感銘を受けたと言われている。同年の5月、総統とリーフェンシュタールは初めて顔を合わせることとなり、これをきっかけに彼女はナチスドイツお抱えの映画作家となってゆくのだが、邂逅に先だって彼女は総統に宛て手紙を書き送っている。そのなかで彼女は、総統の人物像と群衆の熱狂に圧倒された旨を記し、知己を得たいとの申し出をしている(『回想——20世紀最大のメモワール』文藝春秋、1991)。総統とリーフェンシュタール、両者の思惑が合致したその発端だった。

そして、1933年の『信念の勝利』、34年の『意志の勝利』、35年の『自由の日』、38年の『オリンピア』と、ナチスドイツと総統の庇護のもと、その

NAZIS MOVIE

50 ナチス映画

1 1934 意志の勝利
2 1940 チャップリンの独裁者
3 1940 ユダヤ人ジュース
4 1942 生きるべきか死ぬべきか
5 1943 死刑執行人もまた死す
6 1948 ドイツ零年
7 1949 ベルリン陥落
8 1955 夜と霧
9 1958 灰とダイヤモンド
10 1960 我が闘争
11 1961 ニュールンベルグ裁判
12 1969 地獄に堕ちた勇者ども
13 1972 キャバレー
14 1974 愛の嵐
15 1974 嘘つきヤコブ
16 1976 サロン・キティ
17 1976 パリの灯は遠く
18 1978 ブラジルから来た少年
19 1978 ホロコースト〜戦争と家族〜
20 1979 ブリキの太鼓
21 1980 終電車
22 1980 リリー・マルレーン
23 1982 ソフィーの選択
24 1985 ショア
25 1993 シンドラーのリスト
26 1993 レニ
27 1997 ベント／堕ちた饗宴
28 1997 ライフ・イズ・ビューティフル
29 1999 スペシャリスト〜自覚なき殺戮者〜
30 1999 モレク神
31 2002 戦場のピアニスト
32 2004 ヒトラー〜最期の12日間〜
33 2005 フェイトレス〜運命ではなく〜
34 2007 ベルリン・フィルと第三帝国
35 2008 縞模様のパジャマの少年
36 2008 THE WAVE ウェイブ
37 2008 愛を読むひと
38 2010 サラの鍵
39 2012 ハンナ・アーレント
40 2014 顔のないヒトラーたち
41 2015 アイヒマンの後継者
ミルグラム博士の恐るべき告発
42 2015 帰ってきたヒトラー
43 2015 手紙は憶えている
44 2015 サウルの息子
45 2015 アイヒマンを追え！
ナチスがもっとも畏れた男
46 2016 ブルーム・オブ・イエスタディ
47 2016 否定と肯定
48 2016 ゲッベルスと私
49 2017 ヒトラーを欺いた黄色い星
50 2018 ヒトラー VS. ピカソ

野崎 歓（のざき・かん）

フランス文学・映画論。放送大学教授、東京大学名誉教授。

著書に『ジャン・ルノワール 越境する映画』（青土社、2001）、『香港映画の街角』（青土社、2005）、『アンドレ・バザン——映画を信じた男』（春風社、2016）、『夢の共有——文学と翻訳と映画のはざまで』（岩波書店、2016）、訳書にアンドレ・バザン『映画とは何か』（共訳、岩波文庫、2015）など。

鴻 英良（おおとり・ひでなが）

演劇批評家、ロシア芸術思想。

著書に『二十世紀劇場——歴史としての芸術と世界』（朝日新聞社、1998）、共著に『エイゼンシュテイン解読』（フィルムアート社、1986）、『クリス・マルケル 遊動と闘争のシネアスト』（森話社、2014）、『歌舞伎と革命ロシア——一九二八年左団次一座訪ソ公演と日露演劇交流』（森話社、2017）、訳書にアンドレイ・タルコフスキー『映像のポエジア——刻印された時間』（キネマ旬報社、1988）、タデウシュ・カントール『芸術家よ、くたばれ！』（作品社、1990）など。

古後奈緒子（こご・なおこ）

舞踊史、舞踊理論研究。大阪大学大学院文学研究科文化動態論専攻アート・メディア論コース准教授。

論文に「マイノリティのパフォーマンスを引き出すメディア空間——『フリークスター3000』にみる空間の多重化」（『a+a 美学研究』第10号、2017）、「批判的反復による失われた舞踊遺産のアーカイヴ」（『舞台芸術』第21号、2018）など。シュリンゲンジーフ作品のドキュメンタリー映像や、主にドイツ語圏の舞台芸術作品の字幕翻訳を手がける。

杉原賢彦（すぎはら・かつひこ）

映画批評、目白大学メディア学部准教授。

編・共著に『サウンド派映画の聴き方』（フィルムアート社、1998）、『ゴダールに気をつけろ！』（フィルムアート社、1998、）、『映画のデザインスケープ』（フィルムアート社、2001）、『アートを書く！ クリティカル文章術』（フィルムアート社、2006）など。そのほか、クシシュトフ・キェシロフスキ作品、ジャン＝リュック・ゴダール作品などのDVD解説を手がける。

生井英考（いくい・えいこう）
視覚文化論、アメリカ研究。立教大学社会学部教授。
著書に『ジャングル・クルーズにうってつけの日』（1987、2000、2016 岩波現代文庫）、『負けた戦争の記憶』（2000、三省堂）、『空の帝国 アメリカの20世紀』（2006、2018 講談社学術文庫）など。

田野大輔（たの・だいすけ）
ナチズム研究。甲南大学文学部教授。
著書に『魅惑する帝国――政治の美学化とナチズム』（名古屋大学出版会、2007）、『愛と欲望のナチズム』（講談社選書メチエ、2012）、編著書に『教養のドイツ現代史』（共編、ミネルヴァ書房、2016）など。また「ファシズムの体験学習」という特別授業を実施している。

高橋秀寿（たかはし・ひでとし）
ドイツ現代史研究。立命館大学文学部教授。
著書に『再帰化する近代』（国際書院、1997）、『ホロコーストと戦後ドイツ――表象・物語・主体』（岩波書店、2017）、『時間／空間の戦後ドイツ史――いかに「ひとつの国民」は形成されたのか』（ミネルヴァ書房、2018）、共編著に『グローバリゼーションの植民地主義』（人文書院、2009）など。『善き人のためのソナタ』（フロリアン・ヘンケル・フォン・ドナースマルク監督、2006）、『バーダー・マインホフ 理想の果てに』（ウーリ・エーデル監督、2008）で字幕監修を担当した。

四方田犬彦（よもた・いぬひこ）
映画・比較文学研究家。明治学院大学教授、コロンビア大学客員教授、テルアヴィヴ大学客員教授などを歴任。
著書に『見ることの塩――パレスチナ・セルビア紀行』（作品社、2005）、『パレスチナ・ナウ――戦争・映画・人間』（作品社、2006）、『わが煉獄』（港の人、2014）、『親鸞への接近』（工作舎、2018）、『すべての鳥を放つ』（新潮社、2019）、『聖者のレッスン――東京大学映画講義』（河出書房新社、2019）などが、訳書に『パゾリーニ詩集』（みすず書房、2011）、イルダ・イルスト『猥褻なD夫人』（現代思潮新社、2017）などがある。

[編者紹介]

渋谷哲也（しぶたに・てつや）

ドイツ映画研究。東京国際大学国際関係学部教授。

著書に『ドイツ映画零年』（共和国、2015）、編著書に『ファスビンダー』（共編、現代思潮新社、2005）、『国境を超える現代ヨーロッパ映画250――移民・辺境・マイノリティ』（共編、河出書房新社、2015）など。また『わすれな草』『あやつり糸の世界』『イエロー・ケーキ』などドイツ映画の字幕翻訳を多数手がける。

夏目深雪（なつめ・みゆき）

批評家・編集者。

映画を中心に演劇やダンスなどについても執筆。『ユリイカ』や『キネマ旬報』などに寄稿。アプリ版「ぴあ」で「水先案内人」。共編書に、『国境を超える現代ヨーロッパ映画250――移民・辺境・マイノリティ』（2015、河出書房新社）、『アピチャッポン・ウィーラセタクン――光と記憶のアーティスト』（フィルムアート社、2016）、『躍動する東南アジア映画――多文化・越境・連帯』（論創社、2019）など多数。

[執筆者紹介]（掲載順）

田中 純（たなか・じゅん）

思想史・表象文化論。東京大学大学院総合文化研究科教授。

著書に『冥府の建築家――ジルベール・クラヴェル伝』（みすず書房、2012）、『過去に触れる――歴史経験・写真・サスペンス』（羽鳥書店、2016）、『歴史の地震計――アビ・ヴァールブルク『ムネモシュネ・アトラス』論』（東京大学出版会、2017）など多数。

森 達也（もり・たつや）

映画監督、作家。明治大学情報コミュニケーション学部特任教授。

テレビ・ドキュメンタリー、映画作品を制作。近年の映画監督作品に『FAKE』（2016）、『i 新聞記者ドキュメント』（2019）など。著書『A3』（2010）で第33回講談社ノンフィクション賞受賞、近年の著作に『FAKEな平成史』（KADOKAWA、2017）、『ニュースの深き欲望』（朝日新聞出版、2018）、『虐殺のスイッチ――人すら殺せない人が、なぜ多くの人を殺せるのか』（出版芸術社、2018）など。

ナチス映画論——ヒトラー・キッチュ・現代

発行日……………………………2019年12月11日・初版第1刷発行

編者………………………………渋谷哲也・夏目深雪
発行者……………………………大石良則
発行所……………………………株式会社森話社
〒101-0064 東京都千代田区神田猿楽町1-2-3
Tel 03-3292-2636
Fax 03-3292-2638
振替 00130-2-149068
印刷・製本………………………株式会社シナノ

ISBN 978-4-86405-144-6 C1074

フレームの外へ——現代映画のメディア批判

赤坂太輔　あらゆる画面が我々を囲み、新たな「自然」となりつつある現在。文字情報に奉仕する映像と音に操られてしまわないために、我々はこの環境といかにして向き合うべきか。フレームの「内」と「外」、画面と音声の関係を軸に、ロッセリーニ、ブレッソン、ゴダール、ストローブ＝ユイレ、さらにアメリカや日本の戦後映画をたどり、ロシア、南米、中東などの先鋭的な映画作家まで、「フレームの外へ」と分析の眼差しを向ける、ポスト・トゥルース時代の現代映画論。
四六判 304 頁／ 2900 円＋税

ジャン・ルーシュ——映像人類学の越境者

千葉文夫・金子遊編　シネマ・ヴェリテの創始者にして映像人類学の巨人、ジャン・ルーシュ。本書は、「カメラと人間」をはじめとした作家自身による代表的な著作の翻訳と、多彩な研究者、作家による論考、詳細な資料からジャン・ルーシュの広大な世界を探る。　A5 判 416 頁／本体 4300 円＋税

ストローブ＝ユイレ——シネマの絶対に向けて

渋谷哲也編　文学・音楽・演劇・美術・歴史・思想・政治など、広範なモチーフを作品に取り入れながら、なお「映画」でしかありえない特異な演出法において極北の存在である映画作家ジャン＝マリー・ストローブとダニエル・ユイレ。多言語を駆使し、説明性を排除した難解さゆえ、ときに観客を尻込みさせる彼らの作品を、その背景や原作との関係から多角的に読み解く。
A5 判 384 頁／本体 4200 円＋税

クリス・マルケル　遊動と闘争のシネアスト

港千尋監修／金子遊・東志保編　映画、文学、写真、ＣＧ、インターネット、アクティヴィズム。空間とメディアを横断し創作を通して闘い続けた稀代の表現者の謎に包まれた世界を多角的に考察する、本邦初のマルケル論集。
四六判 320 頁／本体 3500 円＋税

戦時下の映画——日本・東アジア・ドイツ

岩本憲児・晏妮編　満洲事変後、映画は娯楽としてだけでなく、ニュース映画などをとおして一大映像メディアへと急成長した。その影響力の大きさから、体制側は国策遂行の一環として映画に強い期待を寄せた。本書では、国内外の映画領域に関する考察を交差させ、多様な視点から「戦時下の映画」の様相を探る。
A5 判 368 頁／ 4500 円＋税